《青年人必读的求职圣经》

求职密码

告诉你公司雇佣员工的秘密

金金 ◎ 编著

内蒙古出版集团
内蒙古文化出版社

图书在版编目(CIP)数据

求职密码 / 金金编著 .—呼伦贝尔：内蒙古文化出版社，2010.12
ISBN 978-7-80675-861-8

Ⅰ.①求…Ⅱ.①金…Ⅲ.①职业选择—基本知识Ⅳ.① C913.2

中国版本图书馆 CIP 数据核字（2010）第 238657 号

求职密码
QIUZHI MIMA
金金　编著

| 责任编辑 | 王　春 |
| 装帧设计 | 大象设计 |

出版发行　内蒙古文化出版社
地　　址　呼伦贝尔市海拉尔区河东新春街4－3号
直销热线　0470－8241422　　邮编　021008
排版制作　北京鸿儒文轩文化传播有限公司
印刷装订　三河市华东印刷有限公司
开　　本　710mm×1000mm　1/16
字　　数　210千
印　　张　17
版　　次　2011年1月第1版
印　　次　2022年4月第2次印刷
印　　数　8001—13000 册
书　　号　ISBN 978-7-80675-861-8
定　　价　48.00元

版权所有　侵权必究
如出现印装质量问题，请与我社联系。联系电话：0470-8241422

前 言

"糟糕,我失业了,该怎样才能找到一份理想的新工作呢?"本书解答了最让求职者感到困惑的问题。

求职与每一个身在社会、即将步入社会以及终究会步入社会的人息息相关。

对于很多人来讲,经济危机致使他们失业,不得不成为百万求职队伍中的一员。与此相反的是,同样在经济危机时期,有人却跳槽成功,薪金丰厚,对这些求职成功者来说,当下是一个美好的时代。

不管怎么样,如今对于大众来说,想找一份适合自己且真正心仪的工作实在不易,正是因为如此,求职技巧类的书籍,如雨后春笋般纷纷而至,让人眼花缭乱,不知该选择哪一本。

在求职的过程中所面对的困难,是随着时间的推移、发生的重大的经济、政治事件,不停地改变着的。

求职是一个漫长的过程。与其说是战斗,不如说是约会,不要仅仅依赖于一种求职方式。

求职又是一件痛苦而愉快的事情,因为你不知道自己会被哪所公司录用,也不知道自己的能力可以发挥到什么地步。

工作要靠一定的运气,但更要靠方法,靠技巧。

你了解什么样的求职方式失败率比较高吗?你知道求职者应该时刻谨记的事情是什么吗?你知道如何克服你面试时的羞怯情绪吗?你知道你的求职简历应该如何写吗?你知道面试前应该做点什么吗?

这些问题,都是《求职密码》要给你解答的。它会给你提示,给你力量,给你答疑解惑,教你怎样面试,它缓缓地提出建议,它也慢慢地指明方向。它不仅给你求职的理念,还告诉你求职的经验和方法。同时,它也会告诉你成功求职不在于经济萧条时期或经济繁荣时期,也不在于"出身名门"或幸

运指数;而是在于了解自我,掌握求职技巧,并投入激情和努力。那样,梦寐以求的工作将唾手可得!

在内容方面,面对当下社会日益严峻的就业形势,编者把着力点从"职场应该如何如何"这种形而上的命题回归到了最敏感,对大众来说也属于最实用的求职问题。正如一位名人所说,就业不仅关系到一个人的生计,而且关系到一个人的尊严。编者之所以策划编撰这本《求职密码》的初衷,就是为了维护求职者这个群体的尊严而努力。

可是,一个求职者在求职的时候有多大的竞争力,并不是一朝一夕的结果,而是取决于他之前的人生经历。从这个意义上来说,求职这场战役早已经打响了。要想能够具备足够的核心竞争力,就必须从一开始就做好职业规划,明确目标。为了让求职者能够有这种意识,从现在开始努力,而不是等到真正求职的时候才失措应对。编者用心良苦,特意采用了《求职密码》这样一个书名,就是为了更好地为读者把与求职相关的各种密码解开。

本书完全针对一般求职者包括应届生在招聘中遇到的各种求职问题,介绍了求职前的准备,求职类型及应对技巧,各类面试题型以及面试之后要注意的事项。结合当下求职市场的形势,本书不仅解答了求职男女面临的诸多问题,还提供了实用有效的职业规划方法和求职技巧,能有效帮助求职者找到职业目标和理想工作,用激情和努力点亮人生梦想,追逐幸福和美好的生活。

当然,书中的一些技巧,对于看过很多类似书籍的读者来说,是熟悉的,但相信这本书会让你情有独钟:其一,本书更适合求职者自己探讨学习,指导性的语言虽多,但具有操作性;其二,书中说到各种各样的求职密码,包括要考虑对方因素,比如面试官的心情、喜好等等;其三,书中重在提倡一种思想,即了解自己,肯定自己,相信自己。

本书可供广大应届毕业生及广大求职者阅读。它会教你最有杀伤力的求职技巧,教你如何巧妙地处理求职中面临的各种问题。

如果你还是个学生,它会让迷茫的你明白"不走弯路即捷径"这个简单的真理;如果你将步入社会,它会让彷徨的你马上拥有战斗力,你会发现亡羊补牢还来得及;害怕失业、不想沦为"蚁族"的你,将获得智慧与勇气去改写命运的轨迹!

最后,编者提醒读者朋友们,书是一方面,面试又是一方面。不能光想着啃透本书,以为这样就能面试成功,找到一个好工作。一定不要忽视实践的重要性,这是书本所不能给予的。

"纸上得来终觉浅,绝知此事要躬行"。加油吧!请勇敢地面对求职中的各种问题,勇敢地面对自己,这样,成功也会勇敢地面对你了!

目 录

Chapter 1　你正在被拒绝

密码1：谁将你淘汰出局 / 2

密码2：你是这样被拒绝的 / 8

密码3：遭遇无条件的拒绝 / 12

密码4：求职者的棱角刺痛谁 / 16

密码5：求职者的"地狱" / 19

密码6：跨越不了心理障碍的求职者 / 22

密码7：解密面试官的用人尺度 / 24

Chapter 2　面试陷阱多多

密码8：试用陷阱几时休 / 28

密码9：忽悠求职者，招而不聘 / 31

密码10：招聘圈套何其多 / 34

密码11：求职路上"李鬼"多 / 42

密码12：面试中充满陷阱 / 46

密码13：揭示面试语言陷阱 / 50

密码14：面试中的非语言陷阱 / 55

密码15：慧眼识陷阱 / 57

密码16：压力面试里的陷阱 / 62

密码17：机智应对面试陷阱 / 67

密码18：沉着应对面试陷阱 / 77

密码19：跳出面试陷阱 / 80

Chapter 3　找到自我破解密码

密码20：别让挫折感绊住你 / 84

密码21：求职者面试时的通病 / 87

密码22：在求职中找到自我 / 91

密码23：求职者的致命缺陷 / 95

密码24：求职者必备的素质 / 98

密码25：挖掘自己的核心竞争力 / 101

密码26：提高面试的表达能力 / 104

密码27：面试前念好"真经" / 106

密码28：在面试中的压力前鼓起自信 / 111

密码29：面试常见问题全新解读 / 115

密码30：求职中的诚信与智慧 / 119

密码31：寻找有可能聘用你的雇主 / 122

Chapter 4　简历的"秒杀"

密码32：把握5秒钟,莫让简历石沉大海 / 126

密码33：简历中的"秒杀" / 132

密码34：简历中的瑕疵 / 136

密码35：简历成功的"秘密" / 140

密码36：简历中的"秀" / 143

密码37：简历要"简"而有"力" / 146

密码38：简历的"历"与"投" / 149

密码39：小简历，大文章 / 152

密码40：简历是块敲门砖 / 155

Chapter 5　攻破面试关

密码41：面试时，求职者本身就是介绍信 / 160

密码42：看清面试提问背后面目 / 166

密码43：面试的基本形式汇总 / 168

密码44：轻松应对面试压力 / 175

密码45：面试中的潜台词 / 178

密码46：面试中"问"暗藏玄机 / 181

密码47：如何让面试官喜欢你 / 184

密码48：面试中的聆听 / 187

密码49：面试中的沟通 / 189

密码50：面试中的晕轮效应 / 194

密码51：面试中的度 / 198

密码52：面试中的妙招 / 203

密码53：谁输在第一面 / 208

密码54：面试中的焦点问题 / 211

密码55：面试中的脱颖而出 / 215

密码56：面试官的心理 / 219

密码57：面试中的自我介绍 / 224

密码58：面试中的"说" / 227

密码59：面试中难缠的面试官 / 233

密码60：面试中的"死穴" / 239

Chapter 6　管好细节胜券在握

密码61：别让细节成为面试的败笔 / 244

密码62：面试中时间上的细节管理 / 247

密码63：面试中肢体上的细节管理 / 250

密码64：面试时心理素质上的细节调整 / 253

密码65：面试中起决定性"负面作用"的细节 / 256

密码66：面试前改头换面的细节管理 / 260

密码1 —— 谁将你淘汰出局

求职者在面试中,常常会因为自己的一时疏忽大意、无知、冲动以及习惯性的负面行为表现,被面试官淘汰出局。

晓飞,毕业于北京某大学工科类专业,他接到一家大型企业研发部门的面试通知。晓飞在校时学习成绩优异,曾在学术刊物上发表过论文,而且实际动手操作能力比较强,非常适合从事研发工作。尽管晓飞有这么多的有利条件,但是由于竞争者太多,他感到信心不足。

晓飞面试迟到了,没有向面试官解释原因,面试官也没问为什么,等晓飞坐下后,人事主管先简单地问了一下晓飞对公司有什么看法,然后,就是问了晓飞的身高、恋爱了没有等问题。

晓飞回答着面试官的提问,心里开始浮躁起来,心存轻视的表情不觉在脸上流露出来。面对无聊的面试,晓飞不自觉地撸起袖管,随意地把手中的塑料水杯捏得嘎吱嘎吱,双腿习惯地抖动起来,连碰响了桌子都没有停下来。

当时有两位面试官,他们分工不同,人事主管问完后,就由招聘专员单独与晓飞交流。突然,那位人事主管暂时离场,晓飞认为主管对他失去了兴趣,不禁心慌意乱起来,有几次需要面试官重复提问,他才做出应答。轮到晓飞提问时,晓飞简单地问了一些相关专业的问题,而面试官不太了解,用略显厌烦的语气敷衍晓飞。

在整个面试过程中,晓飞一直低着头,不敢和对方进行眼睛交流。只有在回答问题时,才偶尔抬一下头。晓飞没有想到还要参加商务英语笔试,他没学过商务英语,看了试卷以后,什么也没有写,便交了试卷,脸色阴沉沉的,没有和面试官打声招呼就走出了考场。

面试官对晓飞的面试评价是:"……专业研究能力较强,有很好的发展潜力,在面对压力时,心理素质表现较差,不成熟,人际交往能力较差,对雇主不够重视……"

从事例中我们不难看出,面试中晓飞的消极心态和行为对面试的结果产生了直接而重大的负面影响。面试中的心理消极活动或习惯行为通过面部、肢体上的有意识或无意识动作暴露无遗。

据调查表明:在影响面试结果的因素中,求职者的语言交流影响低于35%,求职者肢体语言交流影响则高于65%;求职者的肢体语言,如求职者积极的眼睛接触、笑容、倾听的姿态、较小的人际距离等,有利于面试官做出积极的评价。

借鉴晓飞的经验,求职面试时应该注意以下几点:

第一,面试时,求职者要积极主动地与面试官进行语言和眼睛的沟通与交流。

求职者在面试的过程中,和面试官进行眼睛的交流时间应占面试时间的 50%~70%。晓飞在面试时的错误行为,在于他总是低着头,不敢抬起头来和面试官主动交流。除了暴露自己紧张、缺乏人际交往能力的缺点之外,还显示出了他对面试官的不尊重。

在面试时,求职者如果注视面试官的时间在 1/3 以下,则表示自己不诚实,内心恐慌;求职者如果注视面试官的时间在 2/3 以上,则表示真诚与友好。此外,求职者注视面试官,也是给面试官一个积极的信号——我对你的谈话很感兴趣。但是,求职者如果一直瞪视着面试官,会让面试官感到不舒服。

第二,求职者在面试中要做到站如松、坐如钟。

在面试中,求职者应该表现出严谨、自律的精神面貌,不要做出各种散

漫的动作，避免给面试官留下一个轻浮、傲慢的不良印象。

第三，求职者要沉稳面对面试中的压力。

面试中，不管面试官是有意或无意为之，求职者的内心不要慌乱，应从容应对，切忌采取对抗性措施。面试过程中，求职者时常会遇到各种各样的难题，处理是否妥当，直接影响面试时的心态以及面试官的评价。在压力面试中，求职者能否处理好面试官提出的压力问题，已经成为求职者能否被录取的关键因素。

第四，面试过程中，求职者要严格控制情绪对外在行为的影响，尤其是负面情绪的影响。

面试中，求职者应保持镇定，尽量避免情绪的大起大落，以免影响面试成绩。晓飞在面试过程中，由于对面试官离场做出错误判断，导致漏听、错听面试官的提问，给面试官留下了"轻视对方"的印象。晓飞消极的情绪，都通过外在行为展现出来，直接导致他的面试失败。

通过事例可以看到，面试时常常会因为求职者的一时疏忽大意、无知、冲动、习惯性的负面行为表现而遭到拒绝。求职者以下这些消极的行为表现，面试官比较反感，也是求职者被拒绝的主要因素：

1. 求职者面试时迟到。

求职者面试迟到，是让面试官最为反感的事情。因为迟到本身就意味着不尊重，它不仅体现了求职者的态度、性格，也折射出求职者的观念和处世方式，所以，在面试时最好不要迟到，更不要迟到得很久。

求职者面试时应遵守的准则是：早到几分钟，不要迟到。如果迟到了，要主动解释原因，对面试官表示歉意后，不要去编荒谬的理由为自己开脱。求职者不管是因为什么而迟到，都会造成一种不好的影响。求职者也要看到迟到的积极一面，在解释时要做到诚实坦率。迟到后，求职者要保持心态平静，不能太过紧张焦虑，以免影响下面的面试。

2. 求职者的高傲自大、态度无礼粗鲁。

求职者的态度无礼粗鲁是使面试失败的最大错误行为表现。高傲自大的求职者只顾自己，不会为别人着想——不会关注面试官的问话、随意打断面试官的谈话。在不征求面试官的同意下，肆无忌惮地抽烟，不去顾及面试官的反应。就这一点而言，也会使面试官心生厌烦。其实，人心里都有一种被注意、被尊重的需要，在一起工作的时候，彼此需要能够很好地协调与沟通。所以，求职者在面试时，一定要排除不良行为，杜绝让面试官心里产生厌恶的行为。求职者面试时要表现出来：如果我们在一起，工作合作一定非常愉快。

3. 求职者幼稚，控制不住自己强烈的表现欲。

面试中，求职者为了让面试官尽可能详细全面地了解自己，在自我介绍的时候会尽量多说一些。如何通过自我介绍得体地展现自己是有一定学问的。有些求职者为了加深面试官对自己的印象，在自我介绍中大谈"我想是这样……""我认为"、"我觉得"，竭尽全力要表现出自己特能干，应聘的岗位非他莫属，其结果却是给面试官留下了"华而不实"、"大言不惭"、"过于自负"的坏印象而遭淘汰。

4. 面试时，求职者的回答说不到点子上。

求职者在回答面试官的提问时，表达的话语里要有丰富的信息含量，自我介绍里一定要有几个重量级的信息点，要先挑重要的说。因为，求职者的自我介绍，随时可能被面试官打断，一旦打断，重要的东西就没机会说了。不要先来一大段做铺垫，然后才入正题。有的求职者说话啰嗦，一件事要摊开几个层次，各个层次下又有几个小层次，反反复复的层次，最后连自己都给绕进去了。

面试时，求职者要先弄清楚问题的本质含义，不需要展开细说，面试官若感兴趣，会挑出一段细问。有的求职者在不该提问时提问，比如，求职者没有听完，就打断面试官的谈话，冒昧地去提问；有的求职者，在面试前没有做好准备，轮到自己向面试官提问时，不知说什么好。其实，求职者在面试时的一个新颖的回答或者提问，胜过简历中的无数笔墨，会让面试官对求职者刮目相看的。

5. 求职者在面试的过程中表现木讷，不敢打破沉默。

在求职面试中，求职者由于胆怯，内心满是顾虑，不敢去主动说话，傻坐在那里，消极地等待面试官先说话，面试官问一句，就答一句，僵硬尴尬的笑脸没有一丝热情的表现。求职者不主动交流的后果使面试出现冷场，有

些求职者即便能勉强打破沉默，但因太激动，致使说话的语音语调变得极其生硬刺耳，使场面更显尴尬，反映出了求职者的欠缺沟通能力的缺陷。有的面试官会提出或触及一些让求职者难为情的事情，很多求职者对此面红耳赤，或闪烁其词，或撒谎敷衍，就是不去诚实地回答、做正面的解释。其实，求职者的诚实回答、正面解释更能让面试官满意。实际上，无论是面试前或面试中，求职者如果主动致意与交谈，都会留给面试官热情和善于交流的良好印象。

6. 面试的时候，求职者颠倒了主次，反客为主。

一般的面试过程是由面试官主导整个面试的顺序，并向求职者提出想要了解的问题，最后才是求职者向面试官提出自己想要了解的情况。但有些求职者却反客为主，不等面试官开口，就不断向面试官发问，特别是那些关于工资福利等待遇问题，诸如："你们开给我的工资是多少？提供什么样的福利待遇？"、"是不是经常加班？加班工资怎么算？"等等，这样的求职者容易引起面试官的反感，认为求职者对工作以外的东西更为关心。求职者主动向面试官打听工资福利等情况，结果是欲速则不达。具备求职素养的人是忌讳这种行为的，如果雇主对求职者感兴趣的话，自然会谈及薪水情况。其实，面试官通常是希望求职者先不要问"公司能为我提供什么"，而是先告诉公司"我能为公司做什么"。

7. 求职者定位不明，职位目标不确定。

求职者切忌：对雇主不甚了解，对自身的求职定位也不明确。有的求职者由于非常渴望得到一个"饭碗"，于是，在面试中便问面试官："要我干什么，我就干什么！"求职者摆出一副俯首贴耳的样子，想向面试官表达自己的求职诚意。但是，这给面试官的印象恰恰是：一个连自己都不知能干什么的人，今后他的工作肯定干不好。还有在面试结束后，求职者对面试官纠缠不放，在经过一段时间的交谈后，面试官会明示或暗示求职者："今天就谈到这里吧，改天再谈。"但是，有些求职者却继续缠着面试官问这问那，虽然面试官出于礼貌，耐着性子解答求职者的问题，时间久了，其厌烦情绪自然会流露出来，对求职者以前的一点好印象也会大打折扣。

8. 求职者在面试时，别让自己的偏见左右了自己的情绪。

有时，在面试前，求职者听到一些有关面试官的情况，或是对该招聘单位的流言蜚语。这些信息都会左右求职者在面试中的态度。误认为貌似冷淡的面试官或是严厉，或是对自己不满意，因此十分紧张。还有些时候，面试官是一位年轻的女孩子，心中便开始嘀咕："她怎么能有资格面试我呢？"，心中便有些不平衡。

其实在面试这种特殊的关系中，求职者需要积极面对不同风格的面试官。求职者的态度决定求职者的走向，别让自己的态度过于偏激，要在面试的过程中反复提醒自己这一点。

9. 求职面试时，最好不要和面试官套近乎。

和面试官套近乎是求职者面试时十分忌讳的事情，如果面试中双方关系过于随便，则会影响面试官的评判。求职者过分地去套近乎，会占用自己宝贵而短暂的面试时间，影响自己在其他方面的发挥。精明的求职者，只需要说出一至两件有根据的事情，赞扬一下新雇主，来说明自己对新雇主的兴趣就可以了。如果对面试官一个劲地去拍马屁，即使是求职者的诚心佩服，也会遭到面试官的误解，认为求职者是个拍马溜须的人。

10. 面试结束，求职者不知如何收场。

当面试结束时，求职者要是连句客气话也不说，就神色慌张、逃跑似地夺门而出，可以想象，这样收场的结果逃脱不了被淘汰的命运。在面试结束时，求职者要注意自己的礼节，可以简短地向面试官表示感谢，再次说出自己的愿望："希望能听到您给的好消息！"、"谢谢您！再见！"，然后，从容镇定地离去。

密码 2 —— 你是这样被拒绝的

求职者的自卑和定位不准是求职面试时的大敌,面试官在连续面试若干个求职者以后,同样的问题已经问了若干遍,类似的回答也听了若干遍。因此,面试官会有乏味、枯燥之感。惟有那些具有独到的个人见解和新颖的回答,才会引起面试官的兴趣和注意。

蔡晓云去一家外资公司应聘求职。她通过了一道道面试关后,剩下一个和她竞争的男性求职者。

面试官是个外国人,在与他们闲聊中,只是非常随便地问了三句话:"你们会打羽毛球吗?"

男的说:"我会打。"

蔡晓云答道:"我打得不是很好。"(其实,她打羽毛球非常棒的。)

面试官又问:"会开车吗?如果为你们俩配一辆小汽车,在一星期的时间内,有没有把握学会开车?"

男的说:"一个星期的时间内,我有把握开车来上班。"

她说:"这我可不敢保证。"(尽管她在学校已学过开汽车)

面试官再问:"我的厨房里现在只有蔬菜,你们谁愿意给我做几道自己拿手的好菜,我这人不挑剔。"

男的立马站起来,说:"没问题。我这就给你做去。"

蔡晓云犹豫了一会,最后腼腆地说:"我做得不好。"(其实她能做出色香味俱全的佳肴来的)

面试官最后录取了那位男性求职者,这位男性求职者回答问题的语气和态度,受到面试官的好评。

你想知道这其中的原因吗?

蔡晓云默守"谦虚"是最大美德的古训,不敢表白自己的工作能力。如果从更深一层来讲,她内心有点自卑感,面对机遇不敢迎接挑战。求职者在面试中,要勇敢地克服自卑情绪,敢于展示出自己的特长,更要善于去推销自我,只有这样才不怕在求职中受挫。缺乏自信的求职者会让面试官产生"此人学习能力差、推诿塞责"的联想,结果肯定是不受欢迎的。

每个求职者的心愿,就是找到自己喜欢的工作,在实现这个愿望的过程中,付出与回报是不会成正比的,关键在于用什么样的心态去付出,选对了态度,前途就是光明平坦的,选错了态度则会陷入泥泞崎岖的沼泽里。

在求职的道路上,有的求职者成了"惊弓之鸟"而不敢迈足。

王志远是一名应届毕业生,还没有毕业的时候,就一直担心自己找工作的问题。总感觉自己的专业不是需求热门,上的学校也太普通,在求职的时候没有任何竞争优势。加上现在的就业形势不乐观,上届毕业的学生也没有几个能找到如意的工作,有的到现在还没有稳定的工作。在这样的求职状况下,王志远更是忐忑不安,对求职找工作没有一点信心,就连简历的制作也成了他的心病,不清楚自身有什么优点和特长可以介绍,越是这样他就越没有了自信。最后,简历倒真成了他的简单经历,这样的简历寄出去了,当然也是石沉大海,求职无门。

求职其实是一个怎么样去推销自己的过程,在这个过程中求职者要做的无非是如何让雇主认可自己。要得到雇主的认可,求职者首先得有信心,如果连自己都认为自己不行的话,那又如何说服雇主接受你。

王志远就是典型的自卑者,对自己没有一点自信,觉得自己比别人差得太多。其实,每个求职者都有着不同于他人的自身优势,就看自己会不会去挖掘,别人不行,不等于自己不行,不要让一些消极的情绪控制了自己的信

心。

在求职的道路上,有的求职者又因自信过了头,看不清自己而屡遭拒绝。

程丽娜上的是新闻专业,毕业后顺利地进入一家杂志社当了坐班编辑,这让她高兴了很长时间。在工作一年以后,程丽娜的心里开始不满,不再像当初那样喜欢在这个小杂志社工作了。心里开始骄傲起来,她认为:自己刚毕业时都能顺利找到合适的工作,现在的自己要学历有学历,要专业有专业,而且还积累了一年多的工作经验,以这样的资格去正规的大报社应该不成问题,这样以后才有更大的发展机会。

辞职后的程丽娜没有像想象中的那么一帆风顺,在屡次的面试中最后都遭到淘汰。屡次面试的失败让她越来越迷惑,这到底是为什么呢?

求职者有自信是件好事情,但是一旦脱离了自身的实际情况,就容易变得骄傲自大,在求职的时候定位不准,致使目标变得盲目。记住:什么事情都是"过犹而不及的",自信和骄傲有时就在一线之间,自信过了头就只剩下骄傲了,骄傲的人没有团队合作的概念,用人单位绝不会喜欢一个单打独斗的独行侠。

与王志远的例子恰好相反,程丽娜是自信过了头,而且,这种信心并没有建立在对客观情况的了解之下。有时候,优势是在比较之下产生的,只有知己知彼才能做出正确判断。求职就是在适合当中寻找最适合自己的工作,求职者有了点经验,那只是适合而已。在没有拥有绝对优势之前随时都会被淘汰的。

程丽娜的自大是表现在她忽视了大报社的实际情况,对于在全国都具有影响力的报社来说,求职者的一年经验是远远不够的。另外,程丽娜还犯了定位不准的错误。

在求职的道路上,有的人漫无目的,简历中无法突出自己的优点。

陈悦军到处求职,这种情况已经持续了一段时间了,投出去的简历是石沉大海，杳无音讯，偶尔接到一两个面试的通知也都不如意。

陈悦军以前有过几次短暂的工作经历，但相互之间几乎没有什么关联，找不出有什么相通的地方，他也不知道自己理想的工作是什么，总觉得以前接触过的几类工作，做起来似乎都可以。在他的简历中主要是上学时的荣誉证书，这对找工作丝毫没有作用。

求职就和做别的事情一样，是要有目的的，如果没有目的就失去了动力，失去了行动的方向。若是一个连自己都不清楚自己要做什么的求职者，面试官又如何能来定义你的能力！像陈悦军这样简单无目的地罗列证书和经历，能给雇主提供哪些有效信息？在众多求职的简历中，一份内容杂乱的简历，是很难得到青睐的。要明白，雇主看简历，不是想知道求职者以前是什么样的，更多的是想了解求职者现在具有什么样的能力。所以，求职者的简历要有针对性和突出性。

陈悦军求职失败，主要原因是自己没有定位好目标，不清楚自己要做什么，其结果反映在简历上，就是罗列了很多无用的信息，无法突出自己的优点。

这三个求职事例反映出了一个共同的问题——如何定位。求职者首先要做的就是深刻地认识自己，给自己一个准确的求职定位。这一点如果做不好，求职者就很容易走上弯路。不管是王志远、程丽娜还是陈悦军，他们都没有去客观地认识自己、分析自己。像他们这样的求职者与其懊恼、抱怨，还不如冷静地分析自己的定位，为今后打好求职基础。

密码3 —— 遭遇无条件的拒绝

有一家赫赫有名的中外合资公司在报纸上刊登了招聘广告,当沈小雨看到这份广告时,他的心顿时蠢蠢欲动起来……

出发之前,沈小雨觉得自己没有足够的信心,因为,按照招聘启事上的要求,他还有很多不足的地方。但在名企的魅力诱惑下,沈小雨毅然来到了公司的面试现场。

这家企业简直是一呼百应,为数不多的几个职位,却招来几百个求职者。看着走廊里都挤满了的人群,沈小雨不禁有些目瞪口呆。

沈小雨的面试时间被排在最后一天,在等待面试的日子里,沈小雨天天和一群等待当天面试的求职者呆在一起。他的目光紧盯着面试室的大门,密切注意着走出来的求职者的表情。他们看上去都是垂头丧气的样子,大约是面试失败了。沈小雨几乎问遍了每个面试出来的求职者,他们有的说自己是被以莫名其妙地理由拒绝了,有的讲自己竟然是被无条件拒绝的,真是气死人……

轮到沈小雨面试了,他心中有点忐忑不安,在敲开门的时候,沈小雨告诉自己豁出去了,说不定幸运就降临到自己身上。沈小雨坐在凳子上,对面是面试官和外籍老总。面试官热情细致的询问,让沈小雨心底感觉暖暖的。当面试官得知沈小雨比较爱好文学,并且已经有很多篇作品发表时,满脸是惊讶。随着这个话题的深入,面试官对沈小雨是好感大增,还鼓励沈小雨说了一些对公司的建议。

面试气氛在轻松融洽中进行,沈小雨觉得此次面试自己是十拿九稳了。面试官扭头问一边的外籍老总:"是否现在就决定录用沈小雨"。谁知道,外籍老总想都没想,沉着脸说:"不要!叫下一个。"

面试官礼貌地向沈小雨摆摆手,眼里流露着遗憾。沈小雨找不到自己被拒绝的原因,更不想莫名其妙地被拒绝。于是,礼貌地询问老总自己被拒绝的原因。外籍老总说:"我拒绝你,不需要任何理由!"听到这样的回复,沈小雨大怒道:"我是来应聘求职的,不是浪费自己宝贵的时间,陪你玩无聊游戏的。您的这种拒绝是对求职者的一种伤害,恐怕你很难说出无礼拒绝的理由!"

沈小雨说完这些,起身准备告辞,不想却看到外籍老总站起身,一脸笑容。老总说:"我需要的是有骨气、有恒心的求职者,如果求职者被无条件拒绝,却还保持沉默,不问原由,那不是我所需要的人才。我已经无条件地拒绝了几百名求职者,只有你敢指责这种无条件的拒绝,向我追问理由。其实,我这只是在考验求职者的胆量和正义感,请原谅!你愿意加入我们公司吗?"

沈小雨越过了无条件拒绝,成功地加入了他梦寐以求的公司,开始了他人生的新篇章。

从上面的求职事例中,有几个问题需要注意:

第一,求职者如何看待大公司与小公司的问题。

在比较小的公司里,由于职位分工不明确,往往一个人要做很多种事情。对于求职者来说,在这里能充分学到各方面的知识和技能,不利的一面是由于规模小,在市场上的竞争力和生存能力较弱,不易立足,对求职者来说容易造成失业。规模较大的公司相对来说比较有优势。由于它规模大,资金及技术力量雄厚,市场竞争力较强,相对较稳定,求职者不用担心失业。但是,大公司里人才众多,分工明确,不利于提高求职者的综合能力。

第二,求职者如何看待行业的冷与热现象。

求职行业的冷热是随着市场的需求来变化的,有的求职者在择业时一味追赶时髦,哪个行业热,就向哪个行业钻。其实行业的冷热是在变化之中的,

有一冷就会有一热,热门行业也会冷下来。前几年,很多人抢着进入IT业,不愿进传统行业,随着需求人才的饱和,在IT业求职是愈加困难。

求职者如果放弃自己的专业,改行去做别的,这本质上是砍掉了自身优势。当求职者的专业不是热门行业时,最好量身择业,不放弃自己所学,更不要去盲目跟风,要立足本专业,脚踏实地,一个脚步一个坑地做事情,去积累自己的专业经验。在心中把求职看成是走向事业成功的第一步,清醒地认识到事业的成功的过程是漫长的,犹如一场马拉松比赛,比拼的是耐力和毅力,别妄想一时的幸运。开始跑在前面,到最后未必是胜出者。求职也是如此。

所以说,求职者要学会先从自己的脚下去看,把自己当成"半成品",雇主之所以聘用你,并不是因为你拥有一纸文凭,他是希望能招到有很好素质的学徒,通过培训后能成为后备的骨干人才。求职者在认清自我、摆正位置后,就不会患得患失,更不会变得浮躁不安,而是能够轻装上阵,战无不胜。

第三,怎样来对待求职时遭到的拒绝。

求职者在面试中遭到拒绝这是常事,遭遇到这些挫折、摔上几跤是在所难免的,这是人生求职中的挑战,这样的挫折在日后的岁月里还将不断面对。求职者拥有的最大资本是年轻,年轻时经历的挫折磨难,将是今后人生和职业生涯发展的宝贵财富。求职者要抱着积极的心态,不过分看重成败,积极行动,对求职过程中的一时成败淡然处之。

在找不到适合自己的工作时,不要去归罪于自己的学非所爱、学非所用。不能找到自己感兴趣的工作的时候,就要学会在工作中培养自己的兴趣。

求职者的玩世不恭的态度,盲目追求新潮前卫,求职时嫌工资低待遇不好,一说找工作就是自己要当老板,非好职业不去,甚至不愿出去找工作的消极心态等,这些都说明求职者缺乏审时度势的能力。求职者要有务实的精神,切实地认知自我、认知职业、认知社会,找准自己的定位。

求职需要在务实的基础上去作出选择,对职业的选择,求职者不需要挑挑拣拣,左顾右盼。如果求职者犹豫不决,往往是无从下手的,最终只能错失良机。造成这样的结果是因为求职者自己给了自己过多的压力。

求职者在求职的过程中用"煎熬"来形容是再恰当不过。从求职开始时的茫然无序，到面试中的手足无措，再到遭到拒绝时的忧愁困顿，每个步骤都让求职者劳心伤神，常常是处在两难甚至多难选择的境地之中。求职者面临着来自各个方向和层面上的压力，如果把握不好，心情就陷入烦躁、消沉的旋涡，进而寻找出气的地方，将自己的坏情绪发泄到父母、兄弟姐妹乃至恋人身上，抱怨家庭成员对自己没有尽心，责怪自己没有能毕业于名牌学校。这是不对的。

求职者要知道，求职只是人生的又一个开始，不是世界末日，人的一生中各种机遇是千变万化的。好的开始不见得就是成功的一半，平淡的开局并不能淹没精彩的过程和结果，求职者心态平和，积极主动，不乱方寸，就会在求职的各个关键点上拥有主动。

求职密码 password

密码 4 —— 求职者的棱角刺痛谁

在大学毕业时，魏志恒信心十足地去应聘一家杂志社编辑。

魏志恒在不少报刊上发表过作品，还担任过校刊编辑，对采编业务比较熟悉。这些实践经历让魏志恒充满了信心，认为自己去当个编辑，准是十拿九稳的事了，在面试的时候，没想到却遭到了拒绝。

这家杂志社隶属于一个效益极好的文化集团公司。魏志恒看中的是这家文化集团公司的知名度及其发展前景，心里对应聘的编辑职位有些看不上眼，只是想把应聘编辑作为跳板，进入公司后好再谋求别的职位，因此，在面试前魏志恒没做什么准备。

魏志恒没有想到，这个在他看不上眼的职位，却引来了众多的求职者。前来求职的人，个个是有备而来，手里拿着包装精美的个人简历。

魏志恒坚信只要是金子，就会发光，他觉得自己实力非常占有优势。

面试开始后，众多的求职者坐在环形桌前，先填写笔试问卷，回答一些"你为什么来应聘"、"你对未来有什么期盼"之类的问题。

魏志恒觉得笔试显示不出自己的专业水平，答完之后就东张西望，无聊地看着那些紧张的求职者。

等求职者全部交了问卷之后，面试官进来给他们进行集体面试。

先是每个求职者自我介绍。大部分的求职者，只是详细地说自己的姓名、专业、特长、得过什么奖之类的。

听着这种按部就班的自我介绍，魏志恒觉得没有一点新意，他就别出心裁地自我介绍一番，赢来了面试官关注的目光，魏志恒心中暗暗得意起来。

回答主面试官的提问时，魏志恒才发现自己犯了一个不能原谅的错误——事先没有详细地了解该公司的情况。魏志恒所知道的只是一般人表面了解的形象。对于公司的业务，特别是一些技术方面的问题知之甚少。在回答这类问题中，魏志恒插不上嘴。

等到面试官问有关编辑的专业问题时，魏志恒逮住这个机会，然后滔滔不绝地讲了起来。魏志恒看到面试官都在注意听他讲，心想：自己这下应该能通过面试了！

几日后，满怀希望的魏志恒等来的却是自己被淘汰的消息，更让他受打击的是杂志社竟然录取了一个理科专业的女生。魏志恒开始怨天尤人了，觉得面试官太没水准，觉得上天对他太不公平！

在魏志恒情绪十分低落之时，他的老师找他谈了一次话。老师告诉魏志恒："你面试时的主面试官是我的同学。他告诉我，你没有被录取的原因不是你的业务素质和个人能力不行，而是你不适合他们招聘的职位。他们认为，以你的个性和自我期望值，是不会安心在他那里做编辑的。还有，就是你的团队意识比较差，与他人的合作精神很欠佳……"

老师的话让魏志恒明白：把面试失败的责任完全归罪于面试官是没有道理的。

在下一次的面试中，魏志恒吸取上次教训，不敢再掉以轻心，顺利地被雇主录用。工作后，魏志恒踏踏实实地做好本职工作，成了公司里的骨干，经常陪同老总去招聘新员工。

在魏志恒当面试官时，有一个帅气的男孩子表现得不错，聪明机灵、阳光十足，个人素质比较突出，这让魏志恒一下子想到了年轻气盛时的自己。出人意料的是，老总并没选择他，而是选择了一

个外形普通,看起来文静踏实的女孩。理由是这个女孩知道自己并不十全十美,所以她会努力工作,不会想入非非。而那个帅气的男孩子过于自负,恐怕不会安于平凡的工作。

原来如此。魏志恒这才真正明白自己当初输在哪里了。

雇主挑选员工,看重的是求职者是否适合某个职位。也可以说,是按职位所需要的性格特征和专业知识去挑人。求职者在面试时应该强化的是自己的职位特征,而不是个性特征,要尽量把自己的"棱角"藏起来。

密码 5 —— 求职者的"地狱"

王佳欣以优异的成绩毕业于首都经济贸易大学,她的梦想是做一个跨越欧美、走遍世界的大牌商人。毕业后,她认为留在北京会有更好的发展前途,于是,放弃了家人为她已经找好的工作。

北京的工作机会是很多,但是找工作的人更是如过江之鲫。王佳欣一心想找到一个更接近自己理想的跨国贸易公司,一个多月过去了,简历投出30多份,有回音的却只有3份,面试后又全无音信。

面对眼花缭乱的招聘广告,王佳欣茫然了,自己不甘心,于是,又是一个月的四处求职,工作依旧没有着落。眼看身上的钱所剩无几,王佳欣可真着急了。难道找工作真这么难吗?当初那令人羡慕、自己骄傲的专业就这样被冷落了吗?这样回去,无颜面对家中的父老。如果不回家,在北京还能漂到什么时候?

其实,求职的过程就是一个复杂的心理变化过程。在这个过程中必将受到很大的阻力,在强手如林的残酷竞争中,求职者的心理会产生巨大的落差和压力。要想获得求职成功,没有充分的心理准备,没有良好的精神状态是不行的。

王佳欣的盲目自信为自己打开了求职的地狱之门。

王佳欣认为自己在求职中具备种种优势:学习成绩好,毕业于名牌学校,专业需求旺盛,求职门路广,因而盲目自大,把求职目标定得很高,在挑来

挑去中挑花了眼,她被自己的得意、焦虑、傲慢、浮躁等情绪控制着,在面试中不能沉稳对答,又无形中流露出一副盛气凌人的模样,回答与提问的语气咄咄逼人、应聘的职位好像是非她莫属。殊不知,对于狂妄自傲、急功近利、洋洋得意的人,面试官往往是很反感的。结果是求职者的自身优势不是雇主所需要的,而雇主需要的工作经验等要求求职者又不具备,到头来求职者由于对自己的优势估计过高,对自己的劣势估计不足而在求职中受挫。从而陷入求职"地狱"之中,心态一落千丈,萌生出生不逢时的感觉,感觉自己出身名校名系,从小到大都是天之骄子,现如今连个工作都找不到,窝囊到还不如去死好了。

王佳欣的问题出在:她的理想太远大,没有看到现实的残酷性,要知道理想与现实的差距是一条不可逾越的鸿沟。要想做大,就要从小做起。理想和梦想离求职者都很遥远,从小和基层做起才是求职者的合理选择,这是让求职者先生存下来的现实。王佳欣没有认识到自己刚刚毕业,没有实战的能力和经验,太过理想化,所以在求职的时候,犹如水中捞月、雾里看花。

如今很多求职者如同王佳欣一样,追求名企、向往高薪。在求职时,将"大、名、公、外"(大企、名企、公务员、外企)定为首选目标。求职者盲目跟风,在实力不够的情况下,还硬冲死拼,结果是碰得头破血流、丢盔卸甲。

夏霖武本科毕业后,参加了考研,但他与研究生只有一步之差。考研的时候,夏霖武的专业成绩不错,外语只差1分,本来可以列为3类,可是在二选一的时候,一个排在他后面的人,因为有关系,将夏霖武挤掉。

这件事情,让夏霖武领悟到什么是权力。于是,夏霖武下决心考公务员,考公务员谈何容易。夏霖武连考三年,前两年明明感到成绩不错,就是没有上线,第三年终于获得了一次面试机会,只不过是充当了一次摆设,最终,夏霖武公务员的梦还是没有实现。

夏霖武还是不甘心,不肯脚踏实地地去找工作,夏霖武认为:给别人打工就是在下地狱,只有当上公务员,才是进入了高高在上的天堂,既然自己与天堂只有一步之遥,那就不能心甘情愿地去下地狱,就这样,夏霖武将自己吊在求职的半空中,不上不下,进入天堂不知要等到何年何月,在家里啃老倒是成了他的现状。

求职者把求职目标理想化,是择业的盲点。自己的目标才是第一位的,不要盲目跟风。求职者还是要以提高自身素质为前提,不能盲目追求利益,理想是要通过自己的能力来实现的。

如今人们对求职的理解已经和以往不同了。在全球经济日趋融合的今天,人们对职业和生活的观念也发生了巨大的改变。未来的求职就业将是"赚钱、充电、憧憬"的循环模式贯穿人们的整个职业生涯。

比如,求职者找到一份工作,这个循环将从你与新雇主开始。首先,求职者将才智和精力投入到新公司中;接着求职者通过不断学习来提高工作能力,直到这个职位不再能满足自己;然后求职者使用更高级的职业技能,以便得到更好的工作,使事业更上一层楼。

这样的求职循环模式让求职者充满自信,可以按照自己设定的目标,来完善自己的事业和人生。

面对新的形势,求职者只有跟上职业变化的节奏,快速进入求职就业的快车道,才能跟上飞速奔驰的列车,求职者必须明白世界在变化、社会在变化、行业在变化、企业在变化、工作环境在变化、周围的人在变化、自己也必须随之变化,而只有"变"是不变的。如果求职者不去不断地提高自己,不定哪一天就会被丢在某个角落里了。

求职者面试时,只有迈过雇主的门槛,才能打破被拒绝的命运,这里的门槛其实就是雇主对求职者的知识、技能、个性、潜质、动机、素养等的综合要求,对于不同的工作,这些组成的侧重点是不一样的。简单地说,雇主需要有经验的人、有潜力的人、忠诚的人和敬业的人。对求职者而言,清楚了雇主的用人要求,明白了自己身上的不足,才能扬长避短、趋利避害,合理地设计出适合自己的求职方案,只有这样才能够获得求职成功。

密码 6 —— 跨越不了心理障碍的求职者

求职者的信心不足，如果跨越不了这种心理障碍，也必将身陷被淘汰的深渊。求职者产生信心不足的原因很多，有的是因为生理有缺陷；有的是因为成长的家庭环境比较贫困；还有社会等原因，但更多的还是求职者自己心理不成熟造成的。

求职面试失败后，开始觉得自己这也不行，那也不如别人，如果从心理层面来讲，就是求职者不敢面对机遇、迎接挑战。有的求职者没有竞争勇气，缺乏信心，一走进面试考场就心里发怵，在面试时心里就忐忑不安，在回答问题时总是自己拿不定主意，过分退缩。一旦中途受到挫折，心理上的承受能力就要崩溃，甚至觉得自己确实真的不行，面试中也不敢说"行"，总是说"试试看"，显得十分没有自信心。

于小娜是个腼腆的女孩，每次应聘，最后都是输在面试这一关上，于小娜见了面试官，心里紧张到如履薄冰的程度，手脚不知怎么样放才好，回答面试官的问题连头都不敢抬，眼睛只看着自己的脚尖，低着头在那儿等过关，本来平时都回答上来的问题，这一刻是脑子一片空白，出现了答非所问，回来后又懊恼不已，自惭形秽。越是这样，就越是严重影响下次面试的心态，产生的自卑心理最后形成恶性循环，自己慢慢失去了信心。

于小娜的问题是个心理问题，属于信心不足，一朝被蛇咬，十年怕井绳，她的心态不成熟。求职者要有一个好的心态，心态决定思维，思维决定行动，行动改变结果,结果构成命运。

在激烈的求职竞争中,于小娜的这种心理障碍是走向成功的大敌,必须认真加以克服。求职者只有经过求职面试的洗礼,才会变得成熟、勇敢。其实,求职者心理上的最大障碍是自己,阻碍成功的最大敌人也是自己。不要一想到自己要在面试官面前说话,就开始想象负面的结果,那样就会怯场。举个例子:世界500强外企大公司向来受到优秀毕业生的青睐,却因为招聘门槛高、应聘者太多,令不少自身条件很好的毕业生或知难而退或无功而返。但有一位只有大专学历的女生,凭着勇气和自信,连闯数关,被法国欧尚公司录用;也有连闯9关,经过6小时奋战进到微软的职场新人。求职者多向他们学习,就会战胜自己,充满信心。

跨越心理障碍的最好的办法——就是求职者把自己的优点一一列举出来,形成一个优势。所谓的优点是求职者能运用的才干、能力、技艺与人格特质,这些优点也就是求职者能有贡献、能继续成长的要素,这个优势就是求职者竞争的法宝。

求职者要时刻鼓励自己、相信自己,在求职的行动中磨炼自己。一个人的自信心并非与生俱有的,而是在不断战胜困难中逐步培养起来的。一定要挑战自我、充满信心,求职者要是自己先躲起来,相信没有雇主会聘用你的。

密码 7 —— 解密面试官的用人尺度

蔡骏大学毕业后,参加了几次招聘会,但都没有结果,有一次他独自走进人才招聘市场。在翰林文化公司的招聘台前,他被公司提供的优厚待遇吸引住了。

翰林文化公司招聘的名额只有 4 个,报名应聘的却有 200 多人。初试中,面试官给应聘者每人一张白纸,要求每个人写 3 个字。

这道看似简单的试题,难倒了众多的求职者。简简单单的三个字,没有任何要求,没有任何范围,想写什么就写什么。

蔡骏思索了一段时间,看到一些应聘者开始动笔,就偷望一眼,写得可谓是五花八门,"多加班"、"再努力"、"好好干"……

正在热恋中的蔡骏,想了很久,突然觉得"我爱你"是最合适不过的三个字。它的含义广泛,比如:爱公司、爱工作、爱岗位……

写完这 3 个字,在一旁的应聘者不由笑起来:"这是找工作,不是找对象!"蔡骏没有作过多的解释,工工整整地填上自己的名字,交给了面试官。

三天后,翰林文化公司通知蔡骏进行复试。公司老总拿着那张纸条问蔡骏:"你为什么要写这 3 个字?当时是怎么想的?"

蔡骏就将自己当时想到的全盘说出时,室内一片掌声。公司老总说:"是啊,找工作跟找对象一样,当你遇到自己喜爱的女孩时,只有全身心地对她付出你的爱,才能赢得女孩的欢心……"

由蔡骏的故事可以联想到，求职时的态度就是求职者的另一种能力。同样的能力，在不同的态度下，发挥的作用是完全不可同日而语的。

王艳去应聘一个会计职位。由于有相关工作经历和较高的职称，她的竞争对手们纷纷落马，剩下一个其貌不扬的人与她去进行最后的面试。

该企业的会计主管接待了她们，他拿出一堆账本，要她们统计一下某个项目的年度收支情况。约一个小时左右，王艳完成了任务。15分钟后，王艳的竞争对手也收工了。会计主管叫她们在一旁等待。然后拿着她们的"试卷"去老总办公室。

结果令王艳吃惊和恼火：她落聘了！

王艳不服气地问面试官："我为什么落选？"

会计主管回答："你没有做月末统计，而她不但做了，还做了季度统计。"

王艳又问："不是要年度统计吗？"

会计主管笑道："是啊，但年度统计数据应该从每月合计中得到，这不算什么会计学问，但反映了做会计的严谨态度。也许你们能力相当，所以，我们最后要看的就是各人的态度了。"

从这次面试以后，"态度"一词在王艳心中生了根，同样的能力，在不同的态度下，会导致完全不同的未来。态度是求职者的一种招牌，有时比能力更重要。

面试时，求职者的态度其实就是一种招牌，面试如"相亲"，是求职者和雇主能否最终"联姻"的关键一环。在这个关键环节上，求职者所要把握的是雇主密藏在心中的用人标尺。

第一，雇主要考查求职者的人际沟通交流能力。

面试官和求职者交流的时间虽然很短，但就是在这样的交流中，面试官也能对求职者的许多能力进行考查，从而进行初步的选择。首先要求的就是求职者要具备良好的应变能力和表达能力。许多雇主对求职者的人际交流沟

通能力有很高的要求，就连那些整天与机器设备打交道的技术人员也不能例外。这主要是因为求职者良好的表达能力，会在他们今后与客户洽谈项目以及与内部人员间的相互配合中，起到关键作用。

第二，雇主要考查求职者是否有务实的态度。

面试官除了要考查求职者的语言表达外，他们还通过交谈了解求职者的思维模式。通过交谈，面试官会发现，哪些求职者思维封闭，哪些求职者思维活跃，这些都是面试官判断求职者是否适合被招聘的岗位的标准。

除此之外，面试官通过与求职者的交谈，还能了解求职者做事的态度。在与求职者的交谈中，面试官会问求职者是为了什么而工作的问题。有的求职者直接回答是为了挣钱，还有的求职者还要遮掩一下，回答是为了实现自身价值……

这些答案在面试官眼里不是太现实就是太浮夸，他们需要的职员是抱着一步一个脚印、踏踏实实工作的务实态度，能否吃苦耐劳是面试官考查求职者的重点，那些只看重工资有多少，工作是否辛苦的求职者，一般是不会被考虑的。因为如果雇主聘请了一个看重金钱或是懒散的人，他很有可能不会安心工作，那么就会对雇主的整个团队造成不良的影响。另外，求职者是否容易相处，也是面试官关注的一点，因为这一点同样会影响团队员工的心情，进而影响工作效率。

第三，雇主要考查求职者在细节上的各种表现。

在面试的过程中，面试官除了对求职者的各项专业素质进行考查外，求职者的一些细节也是他们颇为关注的地方。

对于求职者细节上的考查，主要就是求职者的气质形象与行为举止方面。面试官就是通过观察，去感觉这些求职者像不像自己公司的人，其标准就是以公司内部员工的言谈举止为标准，去衡量求职者的气质是否符合本公司的需要，是否与本公司的团队相协调。想想看，当面试官看着众多求职者，他会选择什么样的人呢？他自然会以身边的同事为标准去进行选择，而这样的选择就要凭借面试官的经验了。

Chapter 2

面试陷阱多多

密码8 —— 试用陷阱几时休

对求职者来说，求职的道路曲折艰难，在找工作的过程中多是雇主有选择权，如果被选上，能被雇主试用已经是一件幸运的事情了，求职者会非常珍惜这来之不易的试用期。在求职难的情况下，有些雇主利用试用期来获取廉价劳动力。这些雇主为降低人力资本，大量招募短期员工，且不签订劳动合同，待三个月试用期满，就以各种各样的借口予以解雇。这样一来，求职者总是辛辛苦苦给雇主低薪干几个月，然后被扫地出门。试用期成为求职者在求职路上的一道陷阱。

余晓玲大学毕业后，到北京一家新开的广告策划公司应聘行政助理，她的面试出乎意料地顺利。在面试结束的时候，王经理对她说："现在由于公司刚刚成立，非常缺人手，你能不能再推荐几个同学过来面试。"

余晓玲回到学校，把这个好消息告诉了还没有找到工作的同学，大家都觉得天上掉馅饼了。认为这次试用期结束后，就能正式就业了。

余晓玲很快就为这家公司找来了6个同学。在集体面试的时候，王经理只是随意问了大家一些问题后，接着说："你们明天就可以来上班，试用期为三个月，试用期间月工资是800元，看你们的表现，表现好的，试用期结束后就签协议。"听王经理这么讲，余晓玲和她的同学非常高兴，王经理最后非常诚恳地告诉她们："公司在北京刚起步，你们是我招进的第一批员工，将来等公司发展好了，稳定下来以后，你们都是公司的元老了。"本来几个人都还有些顾虑，觉得工作来得太容易，听到这句话后，也都放心了。

第一天上班，余晓玲就感觉怪怪的，除了她们新来的7个人外，连王经理带员工就3个人。

余晓玲忍不住就去问王经理："咱们公司的人怎么这么少？"

王经理解释说："总公司在厦门，北京只是分公司，现在刚起步，所以人不多。"

不久，公司接手了一个广告生意，余晓玲被派去负责文案策划，而不是公司一开始给她定位的"行政助理"岗位。在公司里，余晓玲她们几个人什么活都干，跑腿、打杂、做策划，甚至去拉广告。大家想：现在公司缺人手，分工也还没那么明确。尽管每天工作得很辛苦，忙时，甚至没有过节假日，可大家还是在尽心尽力地干。

大家在忙碌中一个月很快就过去了，可是王经理根本就不提工资的事。

余晓玲又忍不住，找到王经理，"王经理，什么时候给我们发工资？"

王经理见余晓玲提发工资的事，脸上有点阴沉，说道："现在资金有些紧张，你们大家再等等，这样吧，两个月后一起发，你们觉得怎么样？"

余晓玲觉得反正都干了一个多月了，干到两个月再发工资也可以接受。

两个月后，公司走入轨道，基本稳定了下来，王经理又去人才市场上招进了一批新人。新人上班后，王经理非常主动地把两个月的工资发给了她们。

余晓玲一看，她们的工资全变成了300元。余晓玲和她的同学一起去问经理这是怎么回事，经理说她们六个人全都是以实习名义来到单位的，也没签协议，实习生本来是没工资的，但公司考虑到她们干得那么辛苦，所以才给每个人发300元的工资。

余晓玲她们这时才明白过来：公司根本就没有聘用她们的诚意，只是由于公司刚建立，要找几个廉价劳动力罢了。大家协议也没签，

多说无用，只好愤愤不平地离开了公司。

类似余晓玲所遇到的试用陷阱，很多的求职者已是见怪不怪，甚至认为这已经是求职过程中的必然经历。求职者为什么会有这种想法呢？

雇主和求职者本应是平等的双方，都有自己的选择权，可实际情况不是这样。在僧多粥少的就业局面下，对于众多的求职者来说，求职过程一帆风顺是少之又少，很多的求职者在一轮、两轮、三轮的面试中惨遭淘汰，自信心不仅倍受打击，而且是身心疲惫。不少求职者渴望能够得到雇主给的一个"试用"机会。再说一个岗位的竞争少的几十人，多的上百人，在这种情况下，如果有单位让求职者去试用，就算是假试用真实习，很多求职者也是愿意去的。

一位求职者这样说："面试时，我往往是连薪水问题都不敢贸然提出，总担心会给公司面试官留下不好的印象。从内心来讲，我也知道这里面很可能就埋藏了陷阱，我可能会成为一些雇主谋取利益的牺牲品，要是拒绝试用，这就意味着我失去了一次就业的机会。因此即使有1%的希望，我也必须100%地去争取，毕竟现在找工作的人这么多，我拒绝了试用，别人却愿意试用，那最后的可能或许就是别人找到工作了，我却没有找到。"

那么，求职时如何才能尽可能地避免掉入"试用陷阱"？

求职者避免掉进"试用"陷阱，主要还是要依靠自己，多学习掌握有关法律知识，在求职过程中多留心眼。对自己所应聘的雇主要有所了解，例如了解公司成立的时间，大致规模，以及用人制度上是否规范。对公司所提供的"试用"或者"实习"机会，求职者一定要区分清楚——自己获得的究竟是实习机会还是试用机会。对于某些雇主的口头"试用"，尤其要当心，尽量把与雇主的"口头协议"形成文字内容写进就业协议，这样在合法权益受到损害时才有依据。进入公司开始无协议试用，更要多留个心眼，观察一下公司里面的员工是否已经签约，或者打听一下"试用"自己的雇主近年来是否经常招聘新人，如果发现周围的工作人员都是临时工或者有其他疑问的时候，最好及早从公司脱身，避免更长时间地陷入陷阱。求职者切忌求职心切，一不小心，掉进"试用"陷阱被廉价利用，还错过了找工作的最佳时机。

密码9 —— 忽悠求职者,招而不聘

求职的道路上,求职者要擦亮自己的眼睛。很多雇主常常是中途变卦,弄得求职者屡屡被忽悠,只落得招而不聘空欢喜。

赵钰均是一个IT技术人员,在他辞职前,在原单位IT技术支持部门已经做了四年,月收入5000元左右。只是他的母亲总觉得赵钰均是给私人公司打工,又是被聘用的,一点也不安全稳定,万一人家说不要你,还不得卷起铺盖走人,由于心里不踏实,到处托人帮儿子找个"好工作"。

正好有个邻居介绍说,某大学成立信息中心,需要赵钰均这样的技术人员,听说"可以正式调入,三险一金,还有寒暑假。"赵钰均也动心了,赶紧递简历、托人情,忙了一阵后,终于有了收获:单位领导说条件不错,这儿正用人,希望先过来帮忙,兼顾办调动手续。赵钰均立刻把工作辞了,过来上班。

赵钰均在信息中心干起了"临时工",整天忙得四脚朝天。赵钰均的调动手续,光是通过学校各级领导签字就用了3个月,在这期间赵钰均算是"帮忙",连工资都没有。

当赵钰均的调动报告转到人事部门时,却被一纸打回,原因是学历低,至少要博士毕业才行。学校领导赶紧声明,说这个岗位不用那么高学历。好说歹说,人事部门才松了口,但后面的话让赵钰均的心凉了:"赵钰均调入只能走教辅人员序列,每月工资2000元左右。"

赵钰均 29 岁了，马上要结婚成家，这点钱在北京怎么过？更何况自己扎在高校的博士堆里，连评职称的资格都没有。赵钰均非常后悔，觉得自己像蜘蛛似的悬在半空，到最后自己什么也没落下。回过头来一想，也怪自己当时没打听清楚具体的工资待遇，当初只怕学校不要自己，就没有好意思问。这下可好，死要面子活受罪。又干了几个月，赵钰均最后还是走人了。

求职者在没有绝对把握时，先别急着辞职。很多时候是计划赶不上变化快，事事难料的。所以求职者一定要多留一个心眼，把渠挖得万无一失了，再开闸放水，以免给自己带来不必要的损失。雇主的出尔反尔，不但令求职者十分沮丧，也让求职者看清了招而不聘背后隐藏的目的。

目的一：很多雇主的招聘是来摆摆噱头的。

自从经济危机以来，很多企业被经济危机的大浪给冲垮了，即使幸存留下还能喘息的，也是开源节流，小心翼翼地过日子。好不容易有所缓解，就很想乘机摆摆噱头。从竞争的角度来看，打招聘广告，也是打击竞争对手的手段之一，就是想告诉别人：这年头还在花钱招聘的企业，都是家底过硬、经得起风吹浪打的。至于招聘过后用不用求职者，那可就是另外一回事了。

目的二：雇主的招聘也是被逼无奈，为了让企业安全"过冬"。

在就业形势严峻的情况下，各级政府出面，组织了很多免费招聘会。很多雇主一听是免费的，自然前去充胖子。一来是响应政府号召，二来也显示自己的竞争实力。其实，这些雇主根本就没打算真招人。如果不是裁员流程复杂：要开职代会，又要工会提案，还要去劳动部门备案等等，这些雇主还要辞退一批人呢。

目的三：很多雇主在招聘的时候是心有余而力不足，只能说抱歉。

很多雇主在经济回暖的时候，确实很想招兵买马。但有时计划赶不上变化，前期紧锣密鼓地计划"纳才"，后期一个订单被撤，股东撤资，雇主已是自身难保了，哪里还能照顾到那些面试刚通过的求职者。

对于求职者来说，有了一定求职经验，以后就会很少再被忽悠，不会再让自己落得两头都没有着落。这些经验，一是做好充分准备，去面试时，要对雇主的情况、招聘职位有全面了解，可以通过网上查询，也可以去所在地区就业促进中心咨询，做到心中有数。如雇主写明要有工作经验而自身又不合格的，切忌盲目投递简历，以免浪费彼此时间。二是索要《录取通知书》，一般正规的企业，对于面试合格者，会发出《录取通知书》，上面注明应聘的职位、薪资、报到时间等。有的求职者在通过复试后，面试官口头会打电话告诉你："你被录取了。"于是求职者就兴高采烈地回去了。等求职者在原单位辞职后，新单位却告诉求职者还在考虑研究之中，这时求职者也只能是"欲哭无泪"了，谁让自己手中没有被录取的证据呢？

密码10 招聘圈套何其多

求职者在求职中,有时会不自觉地陷入一个圈套连着另一个圈套、一处陷阱通向另一处陷阱的招聘骗局中。这些招聘圈套可谓是形形色色,骗子针对求职者急于找工作的心理设下各类圈套和骗局。

圈套一:以招聘之名,进行非法敛财。

一些假雇主利用求职者求职心切的心理,在交保证金后没等到上班,就告知其招聘职位已满,钱也不会退还。更加隐蔽的收费还包括服装费、档案管理费、培训费等等。求职者很少有能通过后期的培训考核的,即使通过了,骗子也会用各种苛刻的工作环境和要求迫使求职者知难而退。

汪嘉伟看到深圳一家科技电子公司多次发布招聘信息,就按招聘信息上留的联系电话和他们联系,接电话的自称是公司人事部的工作人员。他告诉汪嘉伟面试地点——深圳市南山区南航公司8楼。汪嘉伟找了很久也没有找到面试地点,原来这家招聘公司经常更换8楼的门牌号,以此掩人耳目。

汪嘉伟在面试的时候,随便聊了聊,雇主就决定录用他,要汪嘉伟先交450元的所谓生活费,说发工资时再报销。其实他们是在骗取汪嘉伟的钱财,等汪嘉伟交了"生活费",就和汪嘉伟签了一份试用一个月的合同,试用期工资2200元。接下来他们让汪嘉伟去下属的培训部进厂实习7~15天。汪嘉伟到那里以后,管理住宿的人又让汪嘉伟交了90元物业管理费、办厂证费等。

汪嘉伟住下后，这时宿管让他拿钱疏通关系，目的是让汪嘉伟的实习期减少到 7 天，所谓的疏通关系，就是分别给几个主管和经理买几条烟，买烟起码要花 200 元。汪嘉伟天真地相信他们是真的让他来实习，实习完以后将他调回总部工作，汪嘉伟是大错特错了。等汪嘉伟在这个厂做了一段时间的苦工后，他的钱财也花了，还白白地为工厂创造收入。到头来，工作没有找到，还被骗了钱。

除了在现实生活中求职被骗外，很多求职者在网上求职时，也屡屡被骗。一位姓王的求职者说："我最近在网上应聘了 10 多次，竟然被骗了 5 次……"这些求职者被骗的经历虽然不相同，但都有共同之处：所谓的雇主首先是开出高薪招聘，同时，对求职者的学历、工作经历等要求得很低；其次是接到求职者的网上报名资料后，都是及时告诉求职者已经对其准备录用，但要求职者先汇诸如注册费、档案费、培训费、资料费等数目不等的费用；第三是等求职者将钱汇到指定的账户后，再到网站上查找，就找不到原来的招聘信息了。

求职者要练就一双火眼金睛，求职时最大的骗局就是收取保证金、押金等各种费用。法律规定雇主不得向求职者收取任何费用（包括押金或保证金），所以，那些一开始就需要先缴各种押金的雇主是不合法的。求职者遇到交钱时，要瞪大眼睛、提高警惕，牢牢地按住钱包，捂紧口袋，不要上当受骗。

圈套二：以招聘之名，盗取个人信息来牟利。

一些骗子利用求职者急于找到工作的心理，通过互联网或其他媒体刊登待遇诱人的招聘广告，骗取求职者的个人信息，进行非法活动，比如直接盗用账户、冒名高额透支，甚至专门做起倒卖个人隐私的生意。

应届毕业生小王，在网络上投递了数份求职简历，并在一家网站登记了自己的履历，不久，小王接到一家保险公司的面试电话，去到现场，却发现是参加保险业务员的应聘面试。小王仔细回忆了一遍，自己并没有给这家保险公司投递过简历。后来小王才知道，

原来是这家网站以招聘为由，在获取应聘人员详细资料后，转手倒卖给保险公司来牟取暴利。

长得非常俊俏的赵晓欣，在网上看见一家航空公司在网上招聘空姐。在网上报名后，就按对方的要求，寄去自己的详细资料和艺术照，一个月后，赵晓欣没有等到复试通知，却意外地在网络上看到了自己的照片，而且点击率已经超过了2万次。原来她的照片被命名为"被包养的二奶玉照"。

求职者在网上找工作的时候，应该进入信誉度高的专业人才网站应聘。这样的网站为了维护自身的信誉度，他们会对招聘企业进行严格的审核，因此发布的信息较为真实，一般都设立了严格的审查制度，也很少出现欺诈的情况。

当雇主要求求职者提供奇怪的证明材料时，求职者一定要多留个心眼。无论任何情况，都不能向不了解的雇主透露自己的隐私信息，一旦发现侵权迹象应当即报案。

圈套三：以招聘之名，借机宣传自己。

有的雇主为了提高自身知名度，会不失时机地利用招聘来进行品牌形象的宣传。

某理工大学的大四学生李家宏，在参加了一次招聘会后，回到寝室后大呼上当。他对其他同学说："原本说好的招聘会，后来竟成了企业的自我宣传会了。"

让李家宏上火的"招聘会"，是由一家大企业举办的招聘会，会址设在一个能容纳500多人的报告大厅里，前来应聘的大学生挤满了大厅。

这场招聘会举行了将近3个小时，上台发言的企业代表换了三位，他们宣讲的内容不是介绍企业的创办过程，就是宣传公司的发展前景，从不提及应聘者真正关心的问题。更不说该企业招聘什么岗位的人才、招聘多少人、基本要求是什么等。

就在招聘会就要结束的时候，一位求职者提问："你们去年在本地招聘了多少人？"

企业的代表回答道："一个也没招。"

"那么今年呢？打算招多少人？"这名求职者继续问道。

企业发言人竟给了一个十分含糊的答案："还没有确定。"

招聘会结束后，求职者要投交个人简历的时候，该企业的发言人却宣布："我们不收文本简历，只收电子版简历，请各位求职者将电子版的个人简历投递到我们企业的网站上。"

招聘会结束后，不少求职者大为不满，这种浪费他们宝贵时间的招聘会太不地道。连要招聘什么人、多少人都没确定，这算什么招聘会。

对于雇主来说，租下一个展位或刊登一条招聘信息最便宜的只要几百块，却能赚足曝光度。这些雇主一旦参加招聘会都会挂出巨幅宣传画，将展位布置得极其鲜亮夺目，当求职者进行职位询问时，雇主则对企业文化侃侃而谈数十分钟，末了再每人赠送一本精美宣传画册。有些雇主的招聘信息已经挂了半年甚至更久，却只招一两名、要求不高的职位。其实这些雇主是在借招聘之名行广告之实，所谓醉翁之意不在酒。这种"挂羊头卖狗肉"的做法，不仅令求职者扫兴而归，也损害了雇主自身的形象。

求职者在面谈时，要是发觉雇主有做广告之嫌，要及时抽身，不要再浪费自己宝贵的时间，去等待根本就等不来的就业录用通知。

圈套四：借招聘之名，企业储备人才。

对于雇主来说，储备人才是为了保证运行稳定，不至于因为人员流动导致瘫痪。所以很多雇主建立了自己的人力资源储备库。在这种需要下，一些雇主选择通过大批量的招聘来实现这个目标。招聘时，雇主对满意的应聘者暂时放入人才库，等该岗位空缺后才会从库中寻找人选。

在招聘会上，求职者马一飞被那些企业的职位弄得一头雾水。各种"储备干部"、"专职干部"、"培训生干部"等职位在企业的招

聘中频频出现,许多前来求职的人也都摸不着头脑。后来他遇到了孙红才发现这类干部头衔的职位大多挂羊头卖狗肉,不是销售员就是保险推销员,并无"干部"之实质。

马一飞问孙红:"什么是储备干部?"

"我都储备一年了,连转正都没有音讯,还谈什么干部。"孙红气哼哼地说。原来,一年前孙红就应聘进入了一家商贸公司。根据当时的应聘条件,孙红面试的是"储备干部"的职位,当时的面试官说:"这个职位在公司前景相当好,一旦有机会就直接是某部门的主管。"冲着这个头衔,孙红并未在意,就和公司签署了"人事代理"合同,她一心努力工作,想有朝一日成为真正的干部。

上班后,孙红就被分配到市场部,从街头调查员做起,孙红凭借自己的辛勤工作,在三个月的试用期后,就转到了办公室,当起了文员。

孙红虽然拿着每月1000多元的工资,但心中充满着希望。眼看着一年的劳动合同就到期了,孙红向办公室主任打听自己未来的方向。人事主管的一句话让她从头凉到了脚。办公室主任说:"你还储备干部啊,我们部门里都是储干,你看小王、小高,哪个进来不都是作为'储干'的呀。要想上去,还是要努力工作,只有业务水平提高了,这干部才能做得上。"

原来,办公室内的大部分人当初应聘时都是作为"储备干部"被招入的。所谓的储备干部,和一般的文员没啥两样,是一种障眼法,它迷住了不少求职者的眼睛,这是一种诱人的馅饼,看得到,却永远吃不到。

很多雇主招聘储备干部,其实就是招聘基层员工。一般的职位很难吸引到好的人才,于是,大小雇主纷纷打出"干部牌"。而一些雇主更是别有用心,抓住求职者求职心切的特点,用"储干"的幌子招聘销售人员,甚至从事非法勾当。

有些知名的大企业,招聘职位从前台到经理,惹得众多求职者蜂拥前来。认认真真填好简历,经过三五轮严格的考核筛选后,终于过五关斩六将获得首肯，但却被告之暂时不能入职。求职者此时的失望，恐怕还不如当初就被拒绝的好。

求职者要明白，这些雇主的确需要人，但不是现在。对此类招聘，求职者权当作是一次锻炼和竞争的机会，切不可对结果抱太大希望。

圈套五：以招聘之名，窃取求职者的劳动成果。

有些竞争力比较弱的雇主，由于自身缺乏足够优秀的创意，又聘请不起高水平的设计员，便想出借招聘新人来获取新鲜创意的点子。他们以招聘为名，在收集求职者资料和组织面试的过程中，往往会要求求职者提供成果展示，并以此窃取求职者的劳动成果。所以求职者应聘时，自己首先要有保护自己知识产权的意识，注意保护个人研究成果，将自己的工作成果向雇主展示固然重要，但要学会有所保留，以免被别有用心的雇主利用而造成损失。

林奇和去一家软件公司应聘，这家公司正在招聘程序员、美工等。这家公司经营状况良好，工作环境整洁，招聘流程正常，岗位提供的薪酬符合市场价位，一切看似都在常理。

林奇和初试合格后进入笔试阶段。笔试内容：上机编写一段程序，使用规定的编程语言，时间不限，可以上网查询相关资料，只要能完成目标即可，但不能相互交流。在公司会议室里，林奇和与另外8个求职者每个人的试题不同。林奇和无意中发现，看似只是九段程序，其实恰巧能整合成一个项目……

在林奇和他们9个人完成笔试后，竟然没有一个求职者被该公司录用，可想而知，他们9个人的劳动成果就这样被窃取了。

林奇和非常喜欢制作手机铃声。在毕业前，他曾到一家公司实习，同事们都认为他天资聪颖，在手机铃声制作方面是个高手。

林奇和在求职被骗后，决定到南方去打工。在经过几次面试之后，他找到了一个工资和福利都不错的公司，但这家公司要求林奇和在正式上班之前，做一套他们指定的铃声做为最后考核。制作铃声对林奇和来说是小菜一碟，他在一天内就搞定了，他很有把握地发了过去。让他没有想到的是，这家公司竟以他做的铃声不合格为

由，拒绝聘用他。

林奇和进了另外一家做手机铃声业务的公司，在工作了一段时间之后，他才明白原来那家做手机铃声的公司，是用招聘的手段来骗取求职者的一些作品。因为每个求职者为了能进入公司，都会竭尽全力。于是求职者得到的测试曲目是各不相同的，这样一次下来，能顶公司员工一周的工作量，而且求职者的用心程度，比在职员工要强好多倍……

那些黑心的雇主以招聘为幌子，收取简历、组织面试，窃取求职者殚精竭虑做出的一份份计划书、策划创意和科研成果。他们除了骗取求职者做的软件编程之外，有的还骗取求职者做的策划方案、骗取求职者设计的图纸、商标等等，这类骗子公司骗的不是求职者的钱，但是他白白占用了求职者的智力和劳动成果。让求职者丢了无形资产——思路，却没得到工作，而骗子却乐得吃上一顿营养丰富的"免费午餐"。

其实，这是求职者遭遇了"智力陷阱"，求职者的劳动成果被骗子以招聘为由而窃取。求职者在判断不出雇主的真实意图又想取得工作的情况下，要有防范的心，需要对自己的劳动成果进行保护。在给雇主提交劳动成果时要准备两份，一份提交，一份自己留存，在留存份上要求雇主签字确认，以便将来能够证明这些劳动成果内容是自己的。还有就是提交策划案时，附上《版权申明》要求雇主签收。申明内容如下："任何收存和保管本策划案各种版本的单位和个人，未经作者同意，不得使用本策划案或者将本策划案转借他人，亦不得随意复制、抄录、拍照或以任何方式传播。否则，引起有碍作者著作权之问题，将承担法律责任"。

圈套六：以招聘之名，对在职员工施压。

有些劳动强度大、时常加班加点而薪资较低的工厂，常常在本工厂召开招聘会，并且喜欢在本工厂员工上班时间内进行大规模招聘。这些雇主的目的只是为了向在职人员施加压力，让员工看到潜在的竞争者，不要以为这里的待遇不好，想进来工作的人多的是！这样好消除在职熟练员工的怨言，让其继续老老实实地工作。

这些雇主招聘时，弄得场面非常热闹，招聘的岗位众多，数量又大，少则招几十人，多则成百。他们把招聘时间安排在上班时间，把招聘的地点安排在工厂门口或者是午餐时间在食堂大厅里，众多的求职者聚集在狭小的空间，使得整个场面热闹非凡，结果却是众多的求职者没有一个人被雇主录用。

　　这种招聘圈套相对来说，给求职者带来的损失要少点。求职者遇到这种情况同样要擦亮眼睛、保持清醒的头脑，免得白费精力。

密码11 —— 求职路上"李鬼"多

求职的路上,求职者会碰到形形色色的"李鬼",让人防不胜防。有些看上去很好的职位,背后却隐藏着招聘者不可告人的目的。有的雇主借面试窥探求职者以前所在公司的机密;有的借需要详细资料来骗取求职者的个人详细信息,进行非法牟利等等。

柴卫华在一次"面试"时,面试官通过和他交流,了解了他原所在公司的运作方式,轻松地窃取同行的商业情报。

柴卫华是某广告公司的市场开拓部主任,因与老总产生了一点小矛盾,就萌生了跳槽的想法。这时,恰逢有一家广告公司在招聘新人,柴卫华决定前往试一试。

在柴卫华向面试官简单介绍了自己的简历后,面试官让他谈谈自己在原单位的工作案例。

柴卫华当时感觉就有点不对劲,因为面试人员不仅让他重点讲述自己负责过的几个设计方案,还问及原公司的业务特色、如何接单、如何与客户联络、目前有哪几个主力设计师等情况,这些都涉及商业秘密问题。

柴卫华为了体现自己的工作能力,还是将这一切和盘托出。

面试结束半个月了,柴卫华一直没有接到录用通知。他却发现公司的一个主力设计师跳槽了,转投他应聘的那家广告公司,因为那家公司为这个主力设计师提供了更好的待遇。

柴卫华这才恍然大悟,认清了那家公司面试的真正目的,可是他有苦说不出，因为他和公司签订过保密协议，如果说出去，他不仅会失去工作，还要支付违约金。

雇主利用面试来刺探同行商业情报的行为，已超出正常的面试范围。所以求职者不管是否与原单位签订保密合同，在面试的时候都不能泄露商业情报。这样既可避免被少数别有用心的雇主利用；又可以避免给真正招人的雇主留下"不诚信"的坏印象。

除了通过招聘会求职外，现在网络求职不断兴起。在网上求职逐渐成为个人择业的重要渠道。可是，由于市场监管机制还不完善，一些网上"李鬼"抓住求职者急于上岗的心态，设置种种网上招聘的陷阱，致使不少求职者蒙受经济乃至名誉上的损失。

  赵晓燕前两天突然收到两张银行寄来的信用卡对账单，她一下愣住了，心想：我从没办过信用卡，怎么会有对账单呢？
  赵晓燕纳闷之余开始慢慢回忆，猜想：可能是之前在网上求职时留下的个人资料被利用了。
  赵晓燕前段时间曾经在某网站上看到一则招聘信息，上面列出的职位、薪酬都十分吸引她，赵晓燕便电话联系了招聘单位。联系上后，那家公司的招聘负责人让赵晓燕先把个人的详细资料寄过去，还一再强调资料里要有身份证复印件。
  对方一再对赵晓燕表示他们公司比较规范，必须详细登记每位求职者的详细资料。当时赵晓燕求职心切，没想太多，就照对方的话做了。没有料到，对方的目的不在于招聘，而是利用赵晓燕的个人资料，假冒她的身份到银行办理信用卡，然后恶意去透支消费。

现在网上各种"李鬼"非常活跃，这些网上"李鬼"常常打出虚假的招聘信息，诱使求职者递上详细的个人资料，然后利用求职者的资料去牟取利益。

建议求职者，先要查实用人单位是否正规、可靠。在填写网络求职登记表时，不可轻易公开个人的重要信息，特别是自己的家庭住址、电话和身份

证号码。

求职者常常还会遇到各种智力型"李鬼",有些专业性较强的企业和创意型企业在招聘过程中,会布下智力陷阱,要求求职者提供论文、设计作品等,以此窃取求职者的劳动成果。

杨一鸣参加了几场招聘会,往自己看中的公司也多次投了简历,但一直都是杳无音讯。随着日子的流逝,处在失业状态的他心里着急万分。有一天,他突然接到一家外贸公司的笔试通知电话,这是一家有名的外贸企业。杨一鸣学的是英语专业,要是能到这家外贸公司上班,和自己的专业很对口,这么好的机会,当然不能错过。

笔试当天,杨一鸣早早来到该公司,面试官非常热情,向杨一鸣详细介绍了公司的具体情况。笔试开始后,工作人员分发给杨一鸣一份该公司的项目企划案,让他将其翻译成英文,并注明原方案的不合理之处。之后还要用PowerPoint的格式做成幻灯片,并附上英文讲解。

笔试结束后,面试官让杨一鸣回去等消息。杨一鸣等了几天,见没有录取自己的消息。便每天都上这个公司的网站查询,有一天,他竟然看到自己笔试时翻译的企划案被该公司以其企划部的名义公布在网站上。后来,杨一鸣了解到,同样在这家公司求职的人也和他一样,在做完笔试以后,也都没有被录用。

应聘者求职时的劳动成果,就这样被"李鬼"窃取了,网上的这些"李鬼"打着招聘的名义无偿占有求职者的智力成果,最后以人已招满为由拒绝求职者。在网上求职,要认清网络的虚拟性,还要看到目前对网络的监管力度不到位,提醒求职者在通过网络找工作时,最好找正规、知名的网站,同时做好相关核实和调查工作,谨防上当。

求职者通过哪些途径才能最大程度上避开求职中的"李鬼"呢?有份调查中指出:直接来自用人单位的占了27.89%;来自职业介绍所的占25.79%;来自网络招聘的占23.16%;来自大型招聘会的占14.21%;来自咨询公司的占8.95%。

在几大求职途径中，在现场招聘会求职遭遇"李鬼"的几率较小，但因为求职成功率低，很难成为求职者首选的求职方式。网络招聘虽然以免费申请、大量职位信息及个性化搜索、查询功能吸引了许多求职者和招聘企业，但由于覆盖面过广，所提供职位的可信度和有效性也遭到了众多非议。而职业介绍所出现的问题则更为普遍，许多非正规职介所混迹其中，让执法部门防不胜防。

求职者如果遇到"李鬼"向其收取费用时，一定要问清楚这笔钱到底是什么费用。求职者有权到相关部门投诉，还可以要求相应的民事赔偿。

密码12 —— 面试中充满陷阱

求职场就是看不见硝烟的战场。求职者在面试时失败并不可怕，可怕的是在面试场上遇到的这三样：稀奇古怪的面试题目、冗长重复的面试程序、面试人员的傲慢轻视。

面试题目稀奇古怪。例如："按照平面几何原理，两点间直线距离最短。请问，在什么情况下，这个定例是错误的？"、"米的妈妈是谁？米的爸爸是谁？米的外婆又是谁？"……不知从何时起这些稀奇古怪的问题进入了面试题目。

曾晓宇在参加一家公司集体面试的时候，面试官突然提出："米的妈妈是谁？米的爸爸是谁？米的外婆是谁？"让所有求职者回答这个问题。

曾晓宇幸亏看过这样的脑筋急转弯题，他抢先答出："米的妈妈是花，米的爸爸是蝶，米的外婆是妙笔"，面试官对他的答案很满意，此时其他求职者还愣在那里，一个个的面面相觑，对曾晓宇说出的答案一头雾水。面试官接着问曾晓宇："为什么？"曾晓宇说："因为有'花生米'，所以米的妈妈是花；又因为'蝶恋花'所以米的爸爸是蝶；又有'妙笔生花'之说，所以米的外婆就是妙笔。"

曾晓宇感觉自己太幸运了，几个一起到该公司应聘的求职者，与他的专业水平差不多，就因为他之前看过这道脑筋急转弯题目才侥幸胜出。事后，曾晓宇表示："说真的这次太幸运了，如果不是以前我看过这类脑筋急转弯的笑话，我就是打破脑袋，也想不出这个答案的。有人说这样可以看出求职者的反应能力,其实,我看是侥幸而已。"

求职者经常碰到这样类似的面试题目,一位求职者在去某公司求职面试时,面试官向他提出了这样一个问题:"你有什么办法可以准确数出对面街道上的所有路灯?",还有个求职者,他在去某家具城面试时,就被问"通过哪些方式能查到本市的公务员有多少人,一栋建筑物为什么有的柱子是方的,有的柱子是圆的"等。

面试题目稀奇古怪,令人匪夷所思。求职者不明白这样的问题能从哪些方面看出一个人的能力,也看不出这些问题和企业的工作有什么关系。很多求职者认为,出这样题目的面试本身就是个陷阱,就是侥幸答对了,未必能看出求职者实际解决问题的能力。

求职时面试程序冗长重复,"面试官"的车轮式发问常令求职者抱怨不已。参加求职面试时遇到办事拖拖拉拉的公司更令求职者心烦意乱,有的求职者因此干脆放弃了复试。

肖一鹏在石家庄大学读研究生,最近回海口找工作,在一家外贸公司应聘时,他的面试就经历了漫长的一天:从早上8时30分开始,一直等到下午4点半,才轮到肖一鹏面试。

面试当天,肖一鹏一大早就穿戴整齐,信心十足地来到这家公司。上午的面试进程相当缓慢,平均每个人的面试时间不少于半小时,所以一上午只面试了几个人。

中午过后,前来求职的人明显不耐烦了,一些求职者公开打电话向朋友发出抱怨声。下午2时后,面试速度明显加快,好不容易轮到肖一鹏的时候,已是下午4点半了。

等了一天,肖一鹏的耐心已被磨得精光,心情低落到极点。肖一鹏踏进会议室一看,5个面试官齐刷刷坐在那。肖一鹏亲身经历后才知道,5个面试官轮流发问,发起车轮战,难怪面试时间那么长!这种车轮式发问,不仅时间长,而且没有真实的内容,已经很疲劳的肖一鹏,只能随便应付这些提问,整个来讲,肖一鹏面试情况并

不理想。最后这家外贸公司还是通知肖一鹏参加复试,可肖一鹏没有去。

肖一鹏认为:以小见大,从面试的安排就可看出,这个公司的工作效率不高,而自己的个性风风火火,到这样的公司去工作不适合自己的性格,还是不去的为好。

面试时间如果比较长,面对重复繁杂的面试程序,求职者常常会失去耐心。比如说,个人简历在人才市场已交过一次,到面试时还得再手写一份。初试,面试,复试,三试几轮下来,所提的问题大同小异,只不过面试官不同而已。

面试程序冗长繁杂,不仅让求职者消耗精力,也让面试官花了不少力气。但有的雇主面试就喜欢这样摆个谱,而且是谱摆得很离谱,就好像故意在折腾求职者。

求职者也会常常遇到傲慢的面试官,他们喜欢以貌取人,如果求职者长得不怎么样,不入他们的法眼,你就是再有才华和能力也不行。在面试官中也是素质良莠不齐,有以貌取人的,有看不起刚毕业的求职者的,有匆匆敷衍走过场的,更有甚者态度傲慢,轻视应聘者,这深深地伤了求职者的心。

安阳师范学院毕业的吴小莉在找到了一份称心的工作后说:"我要感谢上一家企业面试官对我的不尊重。"

事情是这个样的,在春季的一次大型人才交流会上,吴小莉向一家新世纪百货公司投了简历,应聘做宣传推广工作。很快这家公司就通知吴小莉参加笔试,吴小莉的笔试成绩排第二名。接下来是进入面试关。吴小莉走进面试房间后,她热情主动地向3位面试官问好,这3个面试官没有一个人理她,他们一直还在说笑。吴小莉非常尴尬,站在一旁陪着傻笑,干等了近5分钟,面试官们才话归正题。

他们先让吴小莉做个自我介绍。等吴小莉介绍完自己以后,她听到有两个面试官在低声议论:"你觉得这个怎么样?""不行,长得不怎么样。"然后是一阵窃笑。

听到这些话，感受这样压抑的面试氛围，吴小莉的兴致一下低落了许多。

随后面试官要求吴小莉介绍自己的"实战"经历，吴小莉就介绍了自己在学校负责策划过的各种舞会、晚会等活动的宣传、包装、推广等，实习期还曾在一家广告公司做过文案，各方面反映都不错。

在吴小莉介绍的过程中，3位面试官面无表情，其中一位随意地翻了下吴小莉的简历，扫了一眼，便说："你是应届生吧，看来并不是很熟悉宣传推广工作，我们需要有经验的！"听面试官这样说，吴小莉的信心立马受到很大的打击。

吴小莉面试结束后，头也不回地走了，她不明白这家公司是要干活的人还是在"选美"？

许多求职者，在当初求职时也曾有和吴小莉一样的经历。钱晓曼回忆当时面试"被损"的情景，至今还是一肚子气。钱晓曼的个子比较矮，几年前，看到一单位在招文秘，她就投了简历。面试开始后，钱晓曼被安排在第一，当时还有一位面试官没有到场，钱晓曼就坐在那里等候。几分钟后，一个大腹便便的中年男子，一边抽烟一边走了进来。这个迟到的面试官一坐下，就对钱晓曼说："站起来"，钱晓曼站起来后，还弄不清楚怎么回事情，迟到的面试官脱口就说："不行，你太矮了，叫下一个！"

钱晓曼夺门而出，一阵小跑冲出该公司，还一边流着眼泪。从此这家公司成了钱晓曼的耻辱之地……

求职者要明白：求职面试是一个"双向选择"的过程，如果对方对自己不尊重，求职者也有权不选择这个雇主。

密码13 揭示面试语言陷阱

面试其实就是一场智力游戏。求职者面试时，一方面是向面试官展示求职者自己的特长，另一方面是在不断地暴露求职者自身的缺点。面试的过程其实就是被面试官挑错的过程。面试官会通过一系列的面试语言陷阱，来找出求职者的不足。求职者只有识破面试中的语言陷阱，才能小心巧妙地绕开。求职者不要栽到陷阱里自己还没有发现。

求职者希望找到一个能够了解自己优点的雇主，雇主则希望能找到优秀的员工。当陌生的双方相见后，都想在短短一席话中努力表现出自己的优点、说出聪明话或立即呈现出很棒的反应，以便给对方留下良好印象。面试官会在面试中设置种种语言陷阱，以考查求职者的智慧、性格、应变能力和心理承受能力。

面试官针对求职者用的"激将法"是筛选求职者的惯用手法。采用这种手法的面试官，在面试的时候往往会用怀疑、尖锐、咄咄逼人的眼神逼视求职者，在令求职者的心理防线溃退的情况下，然后冷不防用不友好的发问激怒求职者。比如："我们需要社会经验丰富的人，对于我们来说你的经历太简单了"、"你的性格过于内向，不合适干我们这一行"、"你的学历不行，我们需要名牌院校的毕业生"、"你申报的岗位为什么与你所学的专业不一样"。

面对这种咄咄逼人的提问，作为求职者要保持冷静，无论如何不要被"激怒"，如果求职者轻易就被"激怒"了，从此刻起，求职者已经在这场面试中败北了。那么，面对这样的发问，求职者如何接招儿呢？

如果面试官说："我们需要社会经验丰富的人，对于我们来说你的经历太简单了。"求职者可以微笑着回答："我相信，要是我有缘加入贵公司，我就会很快成为一位社会经验丰富的人，希望我能有这样一段经历。"

如果面试官说："你的性格过于内向，不合适干我们这一行。"求职者可以微笑着回答："有研究表明：内向的人本身具有专心致志、锲而不舍的品质，还有我也善于倾听，因为我愿意把发言机会多多地留给别人。"

如果面试官说："我们需要名牌院校的毕业生，你并非毕业于名牌院校。"你可以幽默地说："听说比尔·盖茨也未毕业于哈佛大学。"

如果面试官说："你的学历不行，我们需要名牌院校的毕业生。"求职者可以机智地回答："现在的社会需要的是复合型人才，很多外行的人灵感超过内行人的迂腐，因为他们思维是发散式的，没有条条框框的拘束。"

如果面试官说："你申报的岗位为什么与你所学的专业不一样？你在原公司是不是干得不好，混不下去了，现在是不是只好跳槽了？"求职者若是结结巴巴，无言以对，抑或怒形于色，据理力争，那就掉进了面试官设的陷阱里了。求职者碰到此种情况，要头脑冷静，明白对方在"做戏"，不必与他计较。

面试官常常从求职者最薄弱的地方入手，设置挑战式的语言陷阱。对于刚毕业的求职者，面试官会设问："你没有相关的工作经验，你对此有什么看法？"对于女性求职者，面试官会设问："女性常常被自卑笼罩着，对自己的能力往往缺乏自信，你对此是怎么想的？"

求职者如果急着回答："不见得吧"、"我看未必"或"完全不是这么回事"，那么求职者就掉进了面试官设置的陷阱，因为面试官希望听到的是求职者对这个问题的看法，而不是简单、生硬的反驳。

在面试中屡战屡胜的崔明飞就有过一次这样的面试经历。崔明飞在校时的学习成绩一般，面试求职时，这一点便成了面试官发起攻击的要害："你的学习成绩很一般哦，你怎么证明自己的学习能力呢？"

崔明飞心中一慌，深吸了一口气，很快镇静下来，思索了一会才不慌不忙地回答道："在校的时候，我除了照常学习，还积极参加了学校的其他活动。不是只有学习成绩才能反映人的学习能力的。其实，我掌握的专业知识相当不错的，如果你有疑问，可以当场测

试我的专业知识。"崔明飞巧妙地绕开了令人尴尬的问题,将面试官的注意力引导到他最拿手的专业知识上。

对于挑战式的语言陷阱,求职者可以用"您这样的说法未必全对"、"您这样的看法值得探讨"、"您这样的说法有一定的道理,但我还是不能完全接受"为开场白,然后委婉地表达自己的不同看法。

面试官偏偏喜欢哪壶不开提哪壶,提问求职者感到极为尴尬的事情。比如:"你在校时为什么有几门功课补考了,这是怎么回事"、"从简历看,你在大学期间没有任何特长,这会不会影响你的工作能力"等等。

求职者碰到面试官这样刁钻的问题,心理会不由自主地处于一种自我保护状态,会用各种方法来保护自己,狠狠反击对方。求职者的下意识的自我保护行为,只会误入过分自信的陷阱,招致"狂妄自大"的评价。面对这样的问题,求职者最好的回答方式是:既不掩饰回避,也不要太直截了当地承认,而是用明谈缺点,实论自己优点的方式,巧妙地绕过面试官设置的语言陷阱。比如这样说:"……在校期间学习成绩之所以不很优秀,是因为我担任社团负责人,投入到社团活动上的精力太多。虽然我花在社团的心血也带给我不少的收获,但是学习成绩不是最优秀,这一点一直让我耿耿于怀。当意识到这一点后,我一直在设法纠正自己的偏差。"

面试官对求职者还会常常使用诱导式的语言陷阱,观察求职者的各种细微表现。

面试官使用这类语言陷阱,往往是预设一个特定的背景条件,然后诱导求职者做出错误的回答,求职者知道自己任何一种回答都不能令面试官满意。这个时候,求职者的回答就需要用模糊语言来表示。

比如面试官说:"你现在的水平其实很不错的,在我这里有点大材小用了,恐怕你能找到比我们企业更好的企业吧?"

如果求职者这时简单地回答"是",那么,面试官就知道求职者心里有脚踏两只船的准备,随时可能跳槽,是不会全力去努力工作的;求职者如果回答"不",又会说明求职者对自己缺少自信或者是求职者的能力有问题。

求职者回答这类问题时,可以先用"话不能这样说,任何事情都是不能一概而论的……"作为开头,然后回答:"也许我真地能找到一家比贵公司更好的企业，但是这家企业如果在人才培养方面不如贵公司重视，那么机会就没有贵公司多……"、"也许我可以找到更好的企业，但是我想，还是珍惜已有的最为重要……"这样来回答，可以巧妙地避开面试官设置的语言陷阱，最后再把一个"模糊"的答案抛还给面试官。

在面试中，面试官还暗藏诱导式的语言来设置陷阱，来突然测试求职者，向求职者提出似乎是一道单项的选择题，如果求职者选了，就会掉进陷阱。比如说，对方问："你认为金钱、名誉和事业哪个重要？"

这三者对于求职者来说都很重要。可是面试官的提问却在误导求职者，让求职者认为"这三者是相互矛盾的，只能选其一"。这时候，求职者切不可中了面试官的圈套，求职者先需要冷静地分析，可以明确告诉面试官这个前提条件是不存在的，再解释三者对求职者的重要性及其统一性。比如：求职者可以这样说："我个人认为：金钱、名誉和事业之间是相互联系的，它们之间并不矛盾。作为一名受过高等教育的求职者，追求事业的成功当然是我人生的主旋律。社会对我们事业成功的肯定方式有三种：一种是获得名誉，一种是获得金钱，第三种是名利双收。因此，我认为，我应该在追求事业的过程中去获取金钱和名誉，三者对我都很重要。"

还有就是面试官心中已有答案，却在面试的时候，故意说出错误的答案，来测试求职者的品行。如果求职者顺着面试官的错误答案往上爬，一味地想讨好对方，面试官便能一眼看出求职者是个无主见的人，身上严重缺乏创新精神。这样的求职者自然也会被列为淘汰之列。

为了考查求职者的随机应变能力，面试官常常采用测试式的语言陷阱。

测试式的语言陷阱的特点就是先虚构一种情况，然后让求职者做出回答。比如"假如现在参加面试的有10位求职者，你如何才能证明你是最优秀的？"

这类问题其实就是在考查求职者随机应变的能力，无论求职者给自己列举多少优点，别的求职者身上也有自己强的地方，因此，求职者列举自己再多的优点都毫无意义。求职者可以从正面绕开，从侧面回答这个问题。

求职者如果这样回答："关于每个人的优点，是不能一概而论的，要分具体情况来说的，比如说公司现在所需要的是行政管理方面的人才，虽然前来求职的都是这方面的对口人才，但我深信我在社会上的经历已经为我打下了扎实的基础，这也是我自认为比较突出的一点。"这样圆滑的回答，很难让面

试官抓住把柄的。

在求职者面试中最难提防、最具危险的语言陷阱，就是"引君入瓮"式的语言陷阱。

王蒙前去应聘一家公司的会计，面试官会突然问他："您作为会计，如果老总要求你一年之内逃税100万元，那你会怎么做？"

王蒙一下子蒙了，100万的漏税，那可是在犯罪啊！他不知道该怎么回答。

面对这样的语言陷阱，如果求职者当场抓耳挠腮地思考逃税计谋，或文思泉涌立即列出一大堆逃税方案，那么求职者就钻入了面试官设下的圈套，掉进了对方精心布置的陷阱。因为抛出这个问题的面试官，正是以此来测试求职者的商业判断能力和商业道德。要记住，遵纪守法是员工行为的最基本要求。

还有，求职者正要从一家公司跳槽去另一家公司。面试官问求职者："你的老板是不是很难相处啊，要不然，你为什么跳槽？"其实是面试官在猜测求职者要跳槽的真正原因，即使这样，求职者切记不要被面试官这种同情的语气所迷惑，更不要顺着杆子往上爬。此时，如果求职者愤怒地抨击自己以前的老板或者义愤填膺地控诉自己以前的雇主，那么求职者不但暴露了自己没有宽容心，而且还说明自己是个心胸狭隘的人。

在面试中，求职者会遭遇面试官设计出的各种各样的语言陷阱，所以求职者要切记：不要被面试官的问题和语气所迷惑，更不要顺着杆子往上爬。求职者在回答前想清楚面试官到底要了解些什么，然后再做出正确的回答。尽量不要投入自己的个人感情，而是要客观地阐述事实，并且可以顺便借此向面试官表露出自己对未来发展所持的态度和决心，把话题转移到对自己有利的方向。只要看准了面试官的意图，求职者就可以兵来将挡、水来土掩了。

密码14 — 面试中的非语言陷阱

求职者在面试的时候任何一个细微的小动作，里面都包含着大量的信息，所以求职者还特别要关注自己在面试中的非语言交流。面试是在求职者走进来、还没有说第一句话之前就已经开始了。面试官会通过求职者的外表、姿势、神情对求职者进行判断，面试中求职者以诚实为重。

蔡为民到一家IT公司应聘，这家公司的招聘条件要求求职者必须精通数据库，蔡为民为了得到面试的机会就在自己的简历中谎称：自己曾经用SQL语言做过几个项目对它很熟悉。不巧蔡为民因迟到错过了面试，当蔡为民到时，他看到一群人在埋头写东西，他就问了身边的一个应聘者，知道来面试的人在桌子上拿份卷子答题即可。

蔡为民也拿了份卷子来做，发现大部分题自己都不会做，抬头一看，发现有的求职者在翻阅书籍查找答案，有的求职者在交头接耳，还有很多求职者却围着一位漂亮的女孩子在轻声地讨论。

在求职者答题的时候，面试官接到一个电话，他出去时说："不好意思，我有点事情，30分钟后我来收卷子，你们每个人记得把自己的名字写上。"面试官走后，很多求职者在互相讨论中做完了考卷，心满意足地交了考卷。

收卷的时间到了，求职者没想到收卷子的竟然是刚才和大家一起讨论的女孩，这时才明白，她才是这次招聘的真正面试官。这位漂亮的女孩微笑着对求职者说："谢谢大家前来参加面试……好了，今天通过面试的是崔某某、纪某某，其他的求职者就到别处去找工

作吧,我们不需要这么多人。"

原来崔某某答题答得最好而且没有抄袭,纪某某只得40分,但是他没有抄袭。

其实求职者诚实的一面就是最有利的武器,因为面试就是一场没有硝烟的战争。但是,许多求职者在自我感觉良好的面试中,往往是大意失荆州,面试中的一些细微的动作就让自己掉入非语言陷阱。

面试时的握手分寸:这是求职者与面试官的初次见面。如果面试官伸出手,却握到了求职者的一只软弱无力、湿乎乎的手,那么,这对求职者来说不是一个好的开端。求职者的手应当是干暖的,握起手来坚实有力,但不要太使劲。记住:可在刚到面试现场时,用凉水或热水冲一冲手。

求职时的各种姿势:站如松、坐如钟,求职者这样才能表现出精力和热忱,求职者如果是一种很散漫姿态,这种没精打采的样子,给面试官的印象是疲惫不堪或漫不经心,没有一点自律性,是一个很散漫的人,做不好工作的。

求职者的眼睛:求职者看着面试官时,不要瞪视,因为会显得太有进攻性。如果说话时不停地环视房间,则显得缺乏自信。

求职者的手势:求职者说话时,做些手势是很自然的事情,但是太专注于手势,可能会分散人的注意力。另外,避免说话时触摸自己的嘴、头发、鼻子等。

求职者在面试中不要坐立不安:面试中,没有什么比抚弄头发、按笔帽、脚拍地或不由自主地触摸身体某部分更糟糕的了。

面试的一项内容就是评价求职者的风度。在面试中,影响风度的指标主要有三个:语言表达、动作举止和服饰仪表。一个信息表达的总效果＝7%的语言＋38%的声音＋55%的面部表情。从中可以看出,在面试中,除答题的内容外,求职者的表情、声音等其他因素,对面试成绩的影响也不可忽视。因为,良好的气质风度可以凸显求职者的个人魅力,加深面试官良好的感觉和印象,从而在面试中取得胜人一筹的成绩。求职者的风度细节决定着面试的成败,面试中的一个细微的动作往往有扭转乾坤的作用。

密码15　慧眼识陷阱

求职找工作本就是件苦差事，求职者不但要使出浑身解数，把自己的才能通通展示出来，而且还要提防各种招聘骗局，识破招聘过程中的种种陷阱。求职者怎样才能练就一双慧眼呢？

慧眼一：识破招聘广告中的陷阱。

识破过期或虚构的职位空缺的假招聘广告：有少数公司为求壮大声势，经常刊登一些已过期的所谓"招聘广告"，而所报的薪金与真实情况有异。求职者要慎重筛选。

识破头衔修饰招聘广告：一些企业为了提高入职要求，或吸引较高学历的求职者，将职务头衔修饰得美轮美奂，例如将保险推销员修饰成理财专家。他们开出的深具诱惑力的薪水，其实是吸引对行业无知者的常见手段。

如果同一家公司长年累月在报纸上刊登广告，仿佛永远请不到合适的员工。求职者就要认清这是骗人的陷阱。

求职者要看清招聘里"保证年薪在多少之上"字眼里的含义，他们常常是以提成为主要收入的行业。最后是否能实现，还要看求职者的表现及能力。

求职者要小心那些附加"急聘"、"大量求聘"的招聘广告，他们表面求贤若渴，其实是在超员招聘，短期内再择优汰劣，白白"剥削"求职者试用期的劳动成果。

有些招聘广告开出一大堆优厚的招聘条件，但需要求职者交报名费或押金。求职者应知道"任何招聘单位以任何名义向求职者收取抵押金、风险金、报名费、培训费等都属于非法行为"，遇此情况，求职者要坚持拒交。从经

验、教训中看,这样的工作最好不要去应聘,以免浪费时间和精力。

慧眼二:识破面试中的非语言陷阱。

此种陷阱能让求职者作茧自缚。在面试的过程中,求职者自身的任何非语言的行为,都可能为自己自设陷阱。

在与面试官握手时,求职者的握手如果软弱无力、湿乎乎,第一仗就败下阵来了,显示了求职者的不自信;在回答问题时,求职者要是不停地环视四周,飘移不定的眼神本身就说明了求职者缺乏自信或缺少诚信;求职者在回答问题的同时,下意识地用手不停抚弄自己的头发、时不时地按按笔帽、腿不自觉地抖动……这些小动作在面试官眼里会被无限放大的。

求职者要从自身来修正这些缺陷。在与面试官握手时,要保持手心是干暖的,只需稍微用点力,用不着使劲握得面试官直咧嘴;微笑着通过眼神与面试官进行交流,千万不要表情木木地瞪着面试官的眼睛,求职者可以间或把目光移向其鼻尖、嘴巴;在不做手势时,把手规规矩矩地放在膝盖上等。

慧眼三:识破笔试题里的陷阱。

有一家公司准备招聘一名懂业务、头脑灵活、能全面看问题的总经理助理。招聘广告刊登后,很快求职者的简历如雪片般地飞来。公司人事部在筛选后,挑出了30名求职者来参加笔试。

笔试的试题是这样写的:

综合能力测试题(限时两分钟答完),请认真阅读试卷。

1. 在试卷的左上角写上姓名;
2. 写出三种热带植物的名称;
3. 写出三座中国历史文化名城;
4. 写出三座外国历史文化名城;

……

有一部分求职者,拿到试卷后,匆忙扫了一眼试卷,就动笔在试卷上写起来,紧张的气氛让考场上的空气都似乎凝固住了。时钟滴滴答答,一分钟很快过去,两分钟的时间很快到了,只有三四个求职者,在规定的时间之内答完起身交试卷,其他的大多数求职者还忙着在试卷上答题。

面试官宣布考试结束，未按时交试卷的一律作废，考场上顿时乱成了一锅粥，未交卷的求职者纷纷抱怨，面试官只是微笑着说："请各位再仔细看看试题。"

众求职者仔细观瞧，只见后面的试题是这样的：……14. 写出三句常用歇后语；15. 如果阁下看完了题目，请只做第一题。未答完题的求职者才恍然大悟。所以求职者以后再见这类蹊跷试题，一定要先看完最后一题。

慧眼四：识破面试官刁钻提问的陷阱。

万小杰好不容易赢得一次面试机会，但是却在面试官的刁钻提问中败下阵来。

万小杰面试失败后，气愤地说："没有想到，面试官居然会问'为什么下水道井盖是圆的？'这种跟专业岗位毫无相关的问题，这个面试官根本就是不想招人！"

面试官在对万小杰评价时，说："你的性格整体来说太偏于内向，这恐怕与我们的职业不合适。"

万小杰认为面试官在对他进行人身攻击，是心存歧视，接下来万小杰根本就进入不了状态，所有的提问他根本没有办法专心地回答。这次面试也以失败而告终。

万小杰承认，面试官之所以会如此提问一定有他的目的，但是对于求职者来说，该如何应对面试官刁钻的提问和负面的评价呢？

面试官的刁钻问题其实是在考查求职者的能力。"为什么下水道井盖是圆的？"这道面试题是一道非常经典的面试题，这道题目之所以经典就是因为它的答案是相当开放式的，没有绝对的正确答案。

面试官的目的在于用此来考查求职者的逻辑能力和创造性思维，同时也考察面试对象的临场反应能力。所以遇到这类"没有准确答案"的问题时，正确的做法应该是不要慌张，用发散性思维有逻辑地表述自己的观点即可。

对于"对不起，这个问题我不太清楚"这类直接的回答，有些面试官会认为求职者比较坦诚，敢于表现自己的不足，但是多数面试官会认为应聘者缺乏积极态度、没有尝试去找解决问题的方案，也有些面试官会认为应聘者准备不够充分……

如果这个岗位要求逻辑性和创造力不是很高,面试官还会用第二个或是第三个问题来进一步验证自己的判断,因此,在面试中能否以积极的心态去化解难题,考验是非常重要的。即使输在专业能力上,高情商的表现也会有机会扳回分来。

此类刁钻的提问很多,比如,面试官问:"你何时能来上班?"如果求职者听到这类问题,天真地以为自己已经被录用了,便马上急不可耐地说:"马上或随时可以上班。"这样回答的求职者没有考虑自己已经掉进了陷阱。面试官这样来问,其实他就是想考查求职者的责任心。求职者不妨仔细算算:要将手中的工作交接完毕,包括解决客户关系、用品上缴、财务报销、同事关照、保险手续等,因而来新公司上班的时间,留出一周到半月的时间最好。

面试官会问:"你如何看待本单位?"求职者如果一味夸奖,极尽讨好,或据实回答,对其一无所知,两者的结果都会被淘汰。无论此前对该公司是否有所了解,客观地说一说自己的观感和印象,是有益的;而当求职者在说到对方的弊端或缺陷时,不要一味否定,而后缀以"若在……会有……"表现出求职者宽宏大量的气度和改善面貌的欲望和能力。

面试官会问:"你是否能说出你过去的上司的几个弱点?"原来的上司可能有很多缺点,他或者品德不佳;或者言行不一;或者过于严厉;或者经常食言;或者沉溺酒色、挥金如土;或者好事多疑、乖张暴戾;或者自以为是、好大喜功,求职者觉得自己此时总算有个机会能畅所欲言了。但是求职者是否注意了面试官的神情,可能面试官的脸上早就开始乌云密布了。所以说,求职者在面试的时候,是绝对不能说原雇主的坏话的,雇主不会要一个动不动就对自己说三道四的员工。

慧眼五:识破面试官的负面评价。

上面的求职故事中,面试官直接给了万小杰一个"你的性格整体来说太偏于内向,这恐怕与我们的职业不合适。"的负面评价,其实这也可以被看作一种压力面试的手段。面试官抛出这个评价,他的本意是要测试求职者是否能够处理难题,在不利局面中会以何种方式应对。同时,这也可能是在暗示万小杰所应聘的职位是需要承受压力的。

面试的目的就是面试官用专业的手段来测试求职者的个人素质是否与岗

位相符，任何技巧只是一种伪装，最终都会被识破。求职者遇到负面的评价也不一定就意味着完全没有机会了。如果能突破压力，那将是一个绝地反击的机会。因此，面试中最重要的就是要放轻松，做自己。

求职者在得到负面评价后，在这样的面试压力下，你会选择退缩么？如果你选择是"不"，那么，在参加面试前，求职者可以问自己三个问题：

一，我是否有充分的心理准备，遇到再难的问题也会保持镇定？

二，遇到我无法回答的问题，我可以在现场调动资源尝试找出解决方案？包括敢于向面试官追问一些问题。

三，我是否可以始终面露微笑和保持自信的状态？

如果对这些问题求职者的回答都是"是"，那么在面试中，请坚信：找工作更多的是在找自我，只要冲过了压力区，后面的面试就会越来越顺利；如果没有成功，那也只是证明这份工作不适合你，没什么大不了。

密码16 —— 压力面试里的陷阱

面试进行得很好，面试官忽然话锋一转，提出来个听起来像开玩笑一样的怪问题："一架波音737飞机有多重"、"你要是死了，想在自己的墓碑上写句什么话"，你该如何作答？这其实是面试官在对求职者进行压力面试。

压力面试是指面试官在有意制造的紧张气氛中提出一连串问题，穷追不舍，直至求职者无法回答，以此观察求职者对压力的承受能力和应变能力。有的面试官会先提一个不甚友好的问题，或者劈头浇求职者一盆冷水，让求职者在委屈和激愤中露出本色。在面试官看来，击溃了求职者的心理防线，才能筛选出有心理承受能力的智者，找到能面对压力的人才。

如果面试官对你的态度非常冷淡，此时，求职者沉不住气，拂袖而去，就不要抱怨自己落入他们的"陷阱"。面试时，求职者得好好准备准备，绕开面试官布下的"陷阱"，让自己不犯错误，巧妙地与面试官周旋到底。

到了面试的那一天，王友金精神抖擞地去一家跨国通讯公司面试。面试官是个30多岁的广州人，看上去精明干练。

在王友金刚开始面试的时候，面试官先从桌上拿起一张纸，拎在手里抖得哗啦哗啦响，然后有些傲慢地拖起了长腔："王友金，这就是你的简历吗？"

王友金一愣，礼貌地回答："是的。您觉得还有什么地方需要再说明一下吗？"

面试官松开手，让他的简历飘落到桌上，然后瞪着王友金说："有个很严重的问题。你不是上海人吧？不会说上海话，在上海你怎样开展工作?"

"哦,你也在上海工作,自己还不是大着个舌头,只会说广东腔普通话!"听到这话,王友金在心里嘀咕着。突然想到对方是不是想先给我来个下马威,看我扛不扛得住压力呢!

想到这里,王友金冷静地回答:"上海是个国际大都市,我想会不会说方言应该不会对工作造成实质性的影响。如果工作确实需要,我会马上去学上海话。"

面试官听了王友金的回答,一时无从发作,只好拿起王友金的简历,看了一会,突然发问:"你是和父亲单独住吗?现在公司有项紧急任务,但你又接到电话说父亲住院了,你准备怎么办?"

王友金沉默了一会,镇定地说:"我想先找个同事帮忙把工作处理一下,自己马上赶到医院,如果情况不严重的话,再立刻赶回来。"

谁知面试官步步紧逼:"大家在忙着自己的工作,没有人会替你做的,你考虑好怎么办了吗?"

王友金一咬牙:"对不起,我只能先赶回去。事业再重要,也没有生我养我的父亲重要!"

听到王友金这样回答,面试官洋洋得意地往椅背上一靠,说:"我对你的表现非常失望。"

一股火气直冲王友金的脑门,心里说道:"换了你自己的父亲,你怎么办?"王友金镇静下来,按下怒气,三言两语答完几个常规问题后便起身告辞。

走到门口,王友金想了想,回头说:"面试官,您不觉得今天有一些问题问得不太礼貌?"

"是吗?你要那么想我也没办法啦!"面试官歪做在椅子上,一边抖腿一边挑衅地盯着王友金。

王友金不愿再和面试官啰嗦,昂首推门而出。不久,王友金居然接到了这家公司的录用通知书。据说那个面试官很赏识他,因为王友金面对强大的压力,还能充分保持冷静和克制,非常适合维护客户。因为对这家公司的强烈反感,他已经没兴趣去该公司上班。

这个面试官先给求职者提一个不甚友好的问题，一开始就劈头浇了一盆冷水，想让求职者在委屈和激愤中露出本色。故事中的面试官"思路"蛮好，就是做得过分了点，求职者的反应也无可厚非。下面解析一下几种面试时的压力面试陷阱。

第一，问求职者兴趣广泛的问题。

面试官："你对最近流行的事物好像知道得不多？"

如果求职者回答："我只知道流行的歌手和演员。"面试官就会觉得求职者不理想，所知道的范围太窄。

如果求职者回答："流行音乐、戏剧、电影、文艺活动、消费新知，我都很喜欢，不知道你想问哪方面的流行事物？"求职者这样回答才厉害，做到了主动出击，暗示面试官自己兴趣广泛，充分表现出了求职者的自信心和积极性。那些注重创意和流行时尚的企业，希望求职者能随着社会脉动前进，时尚感强。有意让面试官知道自己兴趣广泛，是求职者最高明的招术。

第二，问求职者是不是"捣蛋分子"。

面试官："这是一份充满创意的工作，需要逆向思维能力。请问从小到大，你做过最捣蛋、最让父母头痛的事是什么？"

如果求职者回答："我一直是好学生、乖小孩，没做过坏事，也没想过去做坏事。"这样回答就错了，太乖的孩子墨守陈规，不积极，不主动，通常没什么创新能力。

如果求职者回答："我常胡思乱想，和朋友堆一整天积木也不累。上学时，我也曾参加过火箭社、演讲社，但不曾做过什么破坏性的事，也不认为做坏事才能体现创意。"这样回答才有味道，让面试官自己仔细去品味。

如果求职者回答："我从小就好动，喜欢发明东西，常把家里的瓶瓶罐罐拿来实验，或把空木箱子改装成唱机和音箱。好在得过几次科学实验奖，才没有被父母处罚。"这样回答也不错，表明了自己有非凡的创造力。动手能力强，思维活跃。面试官已强调这是一份需要创意的工作，所以回答自己喜欢胡思乱想、参加社团、玩积木、研究实验、得到科学奖等，都可以加分。相对来说，太乖巧老实的求职者，就显得不知变通，不合面试官的心意。

第三，问求职者有无潜力可挖。

面试官："我觉得你太乖、太听话了，恐怕不合适这个职位。要知道，我们经常会遇到一些很难缠的客户。"

如果求职者回答："再难缠的客户也要讲道理，我觉得这跟个性无关。再说，乖巧听话也是优点吧。"这样回答有点模糊，不是很理想。再说这也不是面试官要的答案，模糊的回答不利于面试官的判断，不知道求职者的潜力怎么样。

如果求职者回答："我的性格内向，但是我善于倾听，愿意把发言机会多留给别人，但这并不表示我不善言辞，需要时我也能侃侃而谈。"这样的回答能让面试官觉得求职者潜力无穷。如果能让面试官意识到，尽管他在有意地刁难你、试探你，但你不以为意，更不会被动地等待挨打，所以求职者一定要在面试官面前表现出自己的涵养和信心，让面试官知道自己是一个强者。

第四，问求职者的忠诚度问题。

面试官："你的学历很高，为什么愿意屈就这个工作呢？"

如果求职者回答："目前我没有更好的工作机会，而贵公司在业界声誉不错，学习机会也多。"这样的回答是错误的，任何一家公司都不愿意为别人培训员工，这样回答本身就意味着求职者一旦时机成熟，就会跳槽，而成熟的员工跳槽会给雇主带来很大的损失，也带来不安定的影响。

如果求职者回："我很喜欢这份工作，不在乎是否屈就。至于我的学历证书，如果你认为合适的话，就请忘了我的学历吧。"这样的回答比较正确，求职者自信而又有创意。很多面试官都担心自己招来的求职者，只是拿公司当跳板用的，所以求职者要表达十足的诚意，答案还要创意十足，才能让面试官耳目一新。

第五，问求职者的适应力问题。

面试官："你今天为什么不穿西装？"

如果求职者回答："我平时没有穿西装的习惯，所以今天也没有穿。"这样的回答是错误的，一个抗拒穿西装的人，容易给人留下任性、长不大的印

象。

如果求职者回答:"我是想买一套西装,但是发现两套很好的书,于是花掉了准备买西装的钱。"这样的回答也不理想,即使要找理由,也不能给面试官留下耍嘴皮子的感觉。

如果求职者回答:"我从没有穿过西装,但如果这个工作需要穿,我会考虑买一套西装。"这样回答起码表现出求职者的可塑性。求职者穿不穿西装,其实不是重点,是面试官要想知道求职者对公司规则的反应。完全顺从固然不好,叛逆性十足也不好,最好的态度应该是保持弹性,以大局为重。

密码17 — 机智应对面试陷阱

刘晓佳是天津某名牌大学的优秀毕业生,不仅成绩优异,而且参加过许多社会实践,只要她抛出手里的那份简历,总能得到用人单位的面试机会。可是,她到几家单位面试后效果却并不理想,总是无功而返。原来,她陷入了"面试陷阱"。为此刘晓佳十分苦恼。那么,刘晓佳遇到了什么样的面试陷阱呢?

刘晓佳遇到的陷阱之一:面试官让她讲讲自己的基本情况。

"请介绍你的基本情况。"——这是面试中最普通的一个问题,又是一个必问的问题。许多求职者去面试前,也做了充分准备。可是,就是这么一个简单的问题,让不少求职者陷入了误区,总以为自己说得越多越好,越全面越好。结果,喋喋不休说了一大堆,反而不得要领,面试官因此还会认为你缺乏基本的概括能力。

求职者介绍自己的情况时,要使用最能概括的词汇;介绍内容要与个人简历一致,表述上尽量口语化;要切中要害,不谈无关、无用的内容;此外,还要条理清晰,层次分明。总之,越精炼越好,切莫冗长。

刘晓佳遇到的陷阱之二:面试官提出求职者没有工作经验。

"你有实际工作的经验吗?"——这也是面试中的一个必问话题。许多求职者回答时往往无言以对,说"没有"生怕对方拒绝自己,说"有"又怕对方认为自己说谎,缺乏诚信。用人企业都希望招到熟手,因此,工作经历成了许多求职者的拦路虎。有的求职者谈到工作经验时脸色都变了。有的求职

者老实作答:"我刚毕业,工作经历无从谈起,但我的学习成绩非常好",或者谈些与岗位不相干的如当过家教、搞过推销之类的经历。

其实面试官知道求职者是刚毕业的学生,谈这个话题并不是要婉言拒绝你,而是希望获得意外的惊喜和收获,同时观察求职者如何反应。这个话题也不是绝对无话可说,求职者可以结合学生干部经历、勤工俭学、假期社会实践和实习,把应聘岗位的技能背景结合起来谈,这样回答问题,就可以赢得面试官的认同。

刘晓佳遇到的陷阱之三:面试官向求职者提出的薪水问题。

"你对自己的工资预期是多少?"——面试快结束的时候,面试官总会提出这样的问题。许多求职者误以为,收入多少是由对方定,自己说了也白说,何况现在就业这么难,有一份合适的工作就不错了,怎么好意思谈薪水?弄不好,自己要求过高,还会被对方拒绝。

事实上,面试官问求职者的收入预期多少,也是对求职者能力的一种考查。很多时候,求职者不谈薪水或者开价太低,面试官反而会怀疑求职者的能力和自信心。因此,建议求职者回答此类问题时,对社会行情做一个比较深入的了解,最好给出一个客观的有一定范围的薪酬标准。

刘晓佳遇到的陷阱之四:面试官让求职者谈谈自己的隐私。

刘晓佳去应聘一家三资企业的市场营销员岗位,面试官突然抛来一个问题:"你有男朋友了吗?"刘晓佳愣了一下,随后回答:"目前还没有。"结果出人意料,刘晓佳被淘汰了。企业认为刘晓佳在与人初步交往时没有能捍卫自己的隐私,很难在日后的工作中保护企业的形象和商业秘密。

求职者在面试中,一定要把握好分寸,对什么该说、什么不该说心知肚明,碰到这样的问题不妨先礼貌地坦白这与工作能力似乎无多大关系,并询问面试官能否不回答。按常理,一般面试官也会就此作罢。

刘晓佳遇到的陷阱之五:面试官会让求职者谈谈自己的缺点。

"请谈谈你的缺点"、"你工作中的不足"等,这些问题将刘晓佳推入一个两难的境地,说了无疑暴露自己的不足,很可能被单位淘汰;不说则有过于自信之嫌，稍有不慎就会掉入面试的陷阱。

回答问题的关键在于巧妙地避重就轻，求职者只说一些与所应聘的工作关系不大的缺点，或一些在工作中甚至能转化为优点的缺点。比如"我性格比较犟，难度越大越想把它攻克，朋友老说我不撞南墙不回头"。如果求职者实在回答不上来，可尝试以下这句经久不衰的回答："我是个完美主义者。我所要改进之处是不要对自己太苛刻，并确信自己能把诸事处理妥当。"

上面只是刘晓佳在求职时遇到的问题，在现实中还有很多，下面列举一部分：

第一，面试官问："你能够在压力状态下工作得很好吗？"

求职者如果回答："我在压力下会茁壮成长，实际上，事情变得越乱我就越高兴。毕竟，如今的社会是一个充满竞争的社会，在这个社会里，没有压力就不会有成功。相比之下，我更怕无聊。如果无事可做，我就会变得很懒散，但应对压力我就没问题了。"

面试官的这个问题是要直接了解求职者对压力的反应。但求职者的回答是错误的，这种回答会让面试官怀疑："世上真的有这样的人吗？"除了不可信之外，求职者还表达了一种消极论调：如果没有压力，求职者就不会得到激励。

求职者这样回答才是正确的："在从事有价值的工作时，任何人都会在工作中时不时地遇到压力。我能够应付一定量的压力，甚至在有些情况下还可以承受极大的压力。对我来说，应对压力的关键是找到一种方法控制形势，从而减轻压力的剧烈程度——通过这种方式，压力就不会影响我的生产力。我知道任何工作都有压力，如果必要的话，我会在压力下工作得很好。"求职者这样回答本身就表明对工作压力的本质和程度都有比较现实的期望。这种回答很有说服力，但又没有对压力表现出过度热情。求职者的表述还说明，他在过去曾经应对过压力，而且还制定过策略有效地处理了工作中的压力。

第二，面试官问："你成年以后，哪些成就能给你带来最大程度的满足？"

求职者如果回答："在我的上一份工作中，我努力积攒足够多的钱——不管是奖金还是投资等收益——以便实现我的汽车梦。我认为这是一个了不起

的成就。"这样的回答只是表明了求职者的个人理财能力，基本上没有说明求职者的成熟度。相反，由于重视实现个人利益，从某种程度上反映了求职者没有职业抱负。

这个问题可以让面试官很快了解求职者的个人价值观和道德标准。求职者选择要说的话会立竿见影地表明他自己最看重哪些东西。求职者的正确回答应该是这样的："在我的职业生涯中，有一次，老板病了一个月，在这期间，我主动承担了老板的职责。尽管这份工作对我来说比较陌生，但我还是承担起了这个额外的工作，而且能有效地同时适应两个职位的要求。能够在这样的紧要关头做出响应，并且能妥善解决问题，这确实令我感到满足。"

求职者这样回答的好处在于：它与独特的成就联系起来，它强调了求职者的投入和勤奋，同时也表明求职者具有不可低估的能力。通过阐述自己为什么会感到满足，求职者为自己塑造了一个非常令人欣赏的候选者形象——一个愿意而且能够表现出很高绩效的人。

第三，面试官问："你怎样成为一名领导者？"

求职者如果回答："有的人生来就是领导者，我认为我就是其中的一个。我认为，领导能力并不是教育出来的。你要么天生就有，要么永远都不会有。"

求职者这样回答除了犯下狂妄自大的错误外，还暴露自己本身的几个缺陷。这样的回答，没有展现出求职者的任何实质性特点，相反，还意味着求职者是个感情冷漠的人，根本不会帮助公司中的其他人，更不会去发展他们的领导潜能。在企业界，领导潜能是一个非常有价值的特征。如果求职者对这个问题回答得很恰当，那么就可以使求职者在求职过程中受到面试官的更多青睐。

求职者的正确回答应该是这样的："我在以前的工作中，担任过领导职务，主要负责监管工作，一直做得都比较好。最主要的体会是，在过去几年的工作中，我的能力得到了快速提升。我能够发现别人的领导潜能，而且能够培育他们的领导能力。对我来说，帮助别人开发他们的潜能，这才是对领导者的真正挑战。"

求职者的这种回答，本身表明求职者有成功的历史经验。更重要的是，它表明求职者了解有效领导会产生什么样的效果，从而说明求职者是根据实际经验回答这个问题的。

第四，面试官问："如果你可以在企业内，自主选择工作，你会选择什么样的工作？"

求职者如果回答："我想企业最好能把我承担的责任界定清楚，这样我才好实现自己的期望，这是我的标准。我认为很多人之所以工作不如意，是因为他们直到工作一段时间后，才在某一天突然发现自己并没有得到应有的重视。"这样回答，其实是描述了员工的一种不良形象，求职者看得比较长远，但同时又等待着成为牺牲品。它说明求职者并不了解公司的工作重点，不清楚对企业来说，最重要的是招聘到能适应多种需要的员工。

面试官的这个问题，主要是想了解求职者是否了解现代职场的复杂性。它的目的是考查求职者是否清楚企业要招聘的是能为企业做出一系列贡献的人。

求职者的正确回答应该是这样的："第一，我希望找到的工作能够发挥我的特长和技能，具体地说……第二，我还希望自己的工作能够得到企业的认可，也就是说，这份工作对实现企业目标确实很必要。如果有一定的发展空间或者有多样化的可能，那这份工作就更理想了……"这样的回答体现出了求职者的看法，说明他知道某一工作应该由合适的人来完成。在这个回答中，求职者认为企业招聘到的人应该具有相应的技能，他的责任应该非常清楚，他的潜力也应该非常大。这种回答给面试官留下的印象是：如果被选中，这个求职者可以为企业做出巨大的贡献。

第五，面试官问："你是否认为大学的学习成绩能决定你在本企业的成功程度？"

学习成绩不好的求职者如果这样回答："我不知道，看看卡梅伦——英国最年轻的首相，他曾是班里的倒数第一，所以，我不认为成绩能有多大作用。"

成绩好的求职者如果回答："是的，我认为，如果你能像我一样在一个好学校取得这样的成绩，那就意味着你能够在工作中取得成功。"

第一个回答明显是答非所问,还将政治带入了面试过程,这将产生令人失望的后果。第二个回答表现出了求职者的傲慢,同时也说明求职者不理解学术问题与工作问题的差别。

面试官提出这个问题,主要有两个目的。如果求职者的学习成绩很好,面试官是希望通过这个问题让求职者知道,工作上的成功与学习上的成功并不一样。如果求职者的学校成绩不理想,面试官希望通过这个问题了解到,求职者是否认为自己解决问题的能力有所欠缺。

求职者的正确回答:"我认为有能力取得好成绩是很重要的。如果一个人在每个科目上成绩都不佳的话,那就会让人非常担心。然而,并非所有人都能在每一个科目上取得优异成绩。对我来说,重要的是在个人学习成绩中要有一些突出的地方,因为这些地方代表着一个人的潜力。"

求职者还可以这样来回答:"虽然规划学习生涯不会像管理高难度工作那么复杂,但是我认为两者之间存在着联系。我认为,取得优异的学习成绩的最大意义是它可以反映一个人追求卓越的决心。"

求职者的这两种回答都从正面反映了自己的观点:第一个回答表现了求职者有一些不错的学习成绩,第二个回答表现出了求职者卓越的追求。这两个回答都以第三人称的形式进行了有效表述,从而避免使自己看起来过于谦卑或者过于傲慢。

第六,面试官问:"你做过哪些最有创造性的事情?"

求职者如果回答:"上高一的时候,在班级的演出中,我扮演了一个主要的角色。在这段时间里,我做了很多演出工作。可以说,那是我最有创造力的一个阶段。"求职者这样的回答,实质是犯了一个典型错误。求职者错误地把创造力与传统的创造活动等同起来。可惜的是很多求职者没能看到二者的差别,不知道创造活动与创造性地解决工作中的问题有什么关系。

求职者除了通过寻找实例,向面试官来表明自己的创造能力外,这个问题还可以发现求职者最重视哪些创造能力。

求职者的正确回答应该是这样的:"我记得,大学时期是我最有创造性的一个阶段,那时,我主要帮助一个同学竞选学生会主席。在每一次竞选活动中,我都充当了她的主持人,具体地说,我为她创造了竞选舞台,制定了竞选策略，而且想方设法增加她的支持率。比如，我们所做的一件事情是开办免费草莓屋，在这间草莓屋里，同学们可以欣赏到美妙的风景画，向同学们宣传我们竞选的职位。这是我一生中最有创造力的一段时光，因为我必须不断寻找新的角度去追求成功。"

求职者这样回答的好处在于：它向面试官清楚地表达了求职者的创造能力，能看到求职者是怎样将创造力应用到复杂的情形中。充分说明求职者能够以一种创造性的、解决问题的方式去面对一项复杂的任务。求职者又通过给出实例，来证明自己有能力创造性地解决问题。

第七，面试官问："面试官在决定这一职位聘用什么人时，你认为求职者哪些资格是最重要的？"

求职者如果这样回答："我会聘用像我这样的人！聪明、能干、自律，而且能够自我激励。这正是这个职位需要的品质——它需要一个迫切希望得到这份工作的人。"求职者的这种回答表明自己没有理解面试官的意图，更没有进一步将谈话重点转移到自己身上，结果就注定了自己无法看到问题的全部。这样去回答，还流露出求职者非常迫切地希望得到这份工作——这是一个十分严重的误区。

面试官对求职者进行反问，通过求职者的回答，面试官可以获悉求职者如何理解这一职位的要求，以及求职者是如何理解企业的工作重点。

求职者的正确回答应该是这样的："我认为新世纪对公司提出了一些真正的挑战。如果我是面试官的话，不管什么职位，我都会考虑以下几个方面：我想招聘那些既可以做决策又能参与团队工作的人；我想招聘能理解全球竞争但又不害怕全球市场的人；最后，我想招聘能真正意识到质量和服务是企业成功之本的人。"

这样回答尽管简单直接，但求职者表明了自己能够发现公司的需要，也理解公司的需要。通过关注团队工作、决策、全球市场、质量和服务，求职者清晰地阐述了新世纪企业面临的几个工作重点。

第八，面试官问："你是怎样做出自己的职业选择的？"

求职者如果回答："我一直都想在企业界工作。自孩提时代起，我就梦想

自己至少也要成为大企业的副总裁。"求职者这样回答除了难以令人相信之外，它还存在一个问题：就是表明求职者会对副总裁以下的职位不感兴趣。面试官提出这个问题是为了了解求职者的动机，看看求职者应聘这份工作是否有什么历史渊源，是否有职业规划，是不是在漫无目的地申请很多工作。

求职者的正确回答应该是这样的："我在大学毕业前的那个夏天，就决定集中精力在某一领域谋求发展。尽管我学的商业贸易，但我不能确定自己最终会从事哪一行业的工作。我花了一些时间来考虑自己的目标，分析自己擅长做什么事情，以及希望从工作中得到什么样的提升，最后我得出了一个坚定的结论，那就是这个行业是最适合我的。"

求职者的回答表明自己认真地做过计划，缩小了自己的关注点，并且认准了自己今后的发展方向。同时还表明，求职者知道个人职业规划的重要性，已经有能力做出认真的个人决策。

第九，面试官问："你最大的长处和弱点分别是什么？这些长处和弱点对你在企业的业绩会有什么样的影响？

求职者如果回答："从长处来说，我实在找不出什么突出的方面，我认为我的技能是非常广泛的。至于弱点，我想，如果某个项目时间拖得太久，我可能会感到厌倦。"求职者的这种回答暴露了自己的问题，首先是求职者已经拒绝回答问题的第一部分。第二，这样回答，暗示了求职者缺乏热情。面试官会基于求职者对这一问题前两个部分的回答，已经知道求职者对后面的问题很难再做出令人满意的回答。

面试官这个提问本身就是一个大陷阱，他的第一个问题实际上是两个问题，而且还要加上一个后续问题。这两个问题的陷阱并不在于求职者是否能认真地看待自己的长处，也不在于求职者是否能正确认识自己的弱点。求职者要明白，你的回答不仅是向面试官说明你的优势和劣势，也能在总体上表现你的价值观和对自身价值的看法。

求职者的正确回答应该是这样的："从长处来说，我相信我最大的优点是我有一个沉稳冷静的头脑，能够从混乱中整理出头绪来。我最大的弱点是，对那些没有秩序感的人，可能缺乏足够的耐心。我相信我的组织才能可以帮助企业更快地实现目标，而且有时候，我处理复杂问题的能力也能影响我的同事。"

求职者这样回答起到了"一箭三雕"的效果。首先，它向面试官展现出了求职者的最大长处。第二，它所表达的弱点实际上很容易被理解为长处。最后，它指出了这个求职者的长处和弱点对企业和其他员工的好处。

第十，面试官问："出于工作晋升的考虑，你打算继续深造吗？"

求职者如果回答："我不知道。我已获得了管理学学士学位，我认为自己已经受到了很好的教育。我觉得实际工作经验比在学校里学到的东西更有价值。"求职者这样回答，其实是想反映自己积极的一面，但是，这样回答会被看作是在讨好面试官，因为面试官就是"实际工作"的一部分。这样回答根本反映不出求职者追求上进的意愿。根据求职者所表达的信息，如果碰上一个乐观的面试官，他会认为求职者缺乏雄心，如果碰上一个悲观的面试官，他会认为求职者很自负。

这虽然是一个简单的问题，但它却是用来衡量求职者的雄心，也可以判断企业对求职者的重视程度是否会影响求职者对自己未来的重视程度。

求职者的正确回答应该是这样的："作为一名求职者，我已经学到了很多知识。如果有合适的机会，我当然会考虑继续深造。我会认真考虑这件事情，我觉得很多人回学校学习是很盲目的。如果我发现自己所做的工作确实有价值，而且也需要获得更多的教育才能在这一领域做得出色，我当然会毫不犹豫地去学习。"

求职者这样回答，既显示了求职者的雄心、热情以及动力。也表明求职者具有与众不同的头脑，对重大职业决策会认真对待。

第十一，面试官问："你曾经参加过哪些竞争活动？这些活动值得吗？"

求职者如果回答："其实我是一个竞争性很强的人。我认为，在所有我做过的事情中，我实际上都采取了一种竞争性的态度。毕竟，只有这样你才能在竞争激烈的企业界生存，对吧？"求职者这样回答，说明求职者已经阅读了很多关于鲨鱼和汉斯之类的故事，这样回答让面试官感觉到求职者对企业界的认识——不是你死就是我活。尽管企业界是高度竞争的，但是企业中的人憎恨别人把自己看成是凶猛的梭子鱼。

面试官通过调查求职者经历过的实际竞争场景,可以掌握求职者对竞争环境的适应程度,也可以了解求职者的自信心。因为当竞争成为关键因素时,正是企业开展业务的一个绝好机会。

求职者的正确回答应该是这样的:"我喜欢小组运动,我一直都尽我所能参加这些活动。我过去经常打篮球,现在有时候也打。同小组一起工作、为实现共同目标而努力、在竞争中争取胜利……这些事情确实非常令人兴奋。"求职者的这种回答,表明求职者能够正确看待竞争。这意味着求职者能够利用竞争力量在竞争中取胜,而不会毁掉同事的工作成果。

第十二,面试官问:"上下级之间应该怎样交往?"

求职者如果回答:"我愿意并且相信我们可以成为朋友。毕竟,如果你要和某人团结合作,你最好要了解这个人。只有这样,大家才能互相理解,而且你也可以避免很多不必要的冲突。"求职者这样回答,就表明求职者还非常不成熟。任何对工作中的人际关系稍微有点了解的人都知道,冲突在工作中是不可避免的。认为建立亲密友谊可以化解矛盾的想法,表明求职者不能真正理解工作关系与个人关系的界限。

面试官通过这个问题,可以了解求职者在企业等级结构中的沟通方式。通过对这一问题的回答,求职者可以展示自己在复杂领域工作的技能水平。

求职者的正确回答应该是这样的:"我认为,能在企业各个层面上清楚地进行交流,这对企业的生存至关重要。我认为自己已经在这个方面培养了很强的能力。从上下级关系来说,我认为最重要的是应该意识到每个人以及每种关系都是不同的。对我来说最好的方式就是始终不带任何成见地来对待这种关系的发展。"求职者的这种回答,表明求职者理解人际关系的复杂性以及多样性。求职者明确地表达了高效沟通技能的重要性,同时也显示了自己在这方面的自信。

很多求职者,在面对面试官精心设计的陷阱时,由于缺乏经验纷纷"落马"。在这里再次劝诫求职者:面试前应做充分准备,应对面试"陷阱",得学会"投机取巧"。

密码18 —— 沉着应对面试陷阱

面试官现在是挖空心思设计面试"陷阱",很多雇主为了招聘到合格有用的人才,会根据招聘职位的要求,设计一些面试"陷阱",以此测出求职面试者的真才实学与自然流露的内心世界,并由此作出取舍。因此,求职者遭遇"陷阱"是情理之中的事,不要感到茫然与惊惶失措。

某家文化公司要招聘一名发行主管,有不少求职者投了简历,经过严格的笔试、上机操作考核,王晓阳与另外三位求职者顺利通过了初试,这时已到了中午,面试官通知他们四个:下午两点半在会客厅复试。

王晓阳因为带了方便面,就在会客厅将就了一顿;另外三人都到外面饭馆去吃饭了。大约过了半个小时,面试官走进会客厅,见只有王晓阳一人,便通知王晓阳:"下午的复试提前到一点钟在八楼总裁办公室进行。"

王晓阳一看离复试的时间只有二十多分钟,便着急地对面试官说:"另外三人都去吃饭了,怎么办?"

面试官说:"看到他们就通知一声,没看到就算了吧。管好你自己就行了!"

王晓阳想到自己不能这样自私,就在会客厅干等着,直到最后一刻,三人还没有出现,于是王晓阳就在门上留了个便条,告诉另外三人复试提前到中午一点在八楼总裁办公室进行,让他们看到纸条后立即赶来。

留言后,王晓阳在最后时间赶到复试地点,却见另外三个人已在总裁办公室等候了。原来这就是复试的考题。

面试官已经单独通知到了所有复试者,那三个人利欲熏心,都没有把复试提前的消息告诉其他人,只有王晓阳这样做了。

复试时,老总问王晓阳:"听说你一直在楼下等其他人,你为什么要这样做?"

王晓阳回答:"给别人机会就是给自己机会,靠投机取巧取胜不是一个高素质求职者所为。"

听王晓阳这么说,老总当即拍板录用了他。

求职面试也是为人处世,品德高尚是成功的前提。只有多为他人着想,助人为乐,才能笑到最后。

某公司在招聘一批业务员,面试之前,有意开来几辆满载货物的卡车,请求职者帮忙卸货。面试官一马当先,带头上车卸货。求职者都想在面试官面前表现一下,留一个好的第一印象,所以干得格外卖力。货卸到一半的时候,面试官突然"扭伤了腰",就在别人的搀扶下到医院去看病,临走时,面试官对求职者说:"很抱歉,今天的面试只得取消。至于什么时候面试,公司会通知你们的。"

等面试官的身影一消失,不少求职者便骂骂咧咧,当即甩手而去,也有一部分求职者坚持把货卸完才离去。这批做事善始善终者当场被公司录用。原来这就是一场特殊的面试:因为受伤的面试官走了,却还有另一位主面试官在现场默不作声,应聘者的一言一行都被他看得一清二楚。

雇主最青睐的是那些不讲价钱、不计报酬、乐于奉献、勤恳踏实、善始善终的人;那些斤斤计较讲报酬、虎头蛇尾干事情者,即使一时蒙混过关,终究经受不住实践的检验,摆脱不了被淘汰的命运。

王佳贤去一家公司应聘秘书之职,由老板亲自面试。老板从多方面对王佳贤进行测试后，脸上慢慢地露出满意的微笑。

这时，老板接了一个电话，便对王佳贤说："我有事出去一下，请你稍等。"老板这一去就是半个多小时，王佳贤等的有些不耐烦。她深吸几口气后，很快稳定了自己的情绪，然后从口袋里拿出一本事先准备的袖珍杂志，一会儿就进入了故事情节，连老板什么时候进来都不知道。

老板高兴地通知她："你明天来上班吧。"

原来这半个多小时，老板一直在另一间监控室观察她。老板的办公室装了监控器，看到王佳贤的行为符合一个秘书的要求，就录用了她。

面试中，当面试官中途借故退场，求职者一定要警惕，千万不能东摸摸西看看露出好奇的神态，更不能显出不耐烦。求职者的正确做法是：如果室内有报纸，可以拿来看一看；或自己预先准备书籍杂志。总之，在面试过程中，求职者要做到人多人少一个样，有人没人一个样，只有这样，才能增加自己面试成功的机率。

密码 19 跳出面试陷阱

面对求职中的陷阱，求职者可以学一下，用让蘑菇转了一个弯的方法跳出面试陷阱。

郑家河大学毕业后为了留在南方的某个城市，就拼命地找工作，当时郑家河学的是建筑设计专业，找到了几家建筑设计院，每家都是人满满的。有一家建筑设计院的人对郑家河说："我们这里暂时不缺建筑设计方面的人才，你先来我们这里干个保安什么的吧！等有机会再安排你。"

郑家河听了此话恼羞成怒，心想：我一个堂堂大学生，让我去干保安，这不是让人笑掉大牙吗！他气愤地回绝了那家公司。

那段时间郑家河非常苦闷，就回了趟老家。他的老家是山脚下的一个偏僻的小村庄。郑家河回到家的时候，天空阴沉，刚到家就下了一场雷阵雨。

他的父亲问他："你不在南方工作，为什么现在回来了？"

郑家河便把大学毕业后的遭遇向父亲说了。他父亲听后，笑着说："现在像你这样心态的人很多。"就这样，郑家河和他父亲闲聊起来。

夏天的雷阵雨很快过去了。他的父亲对郑家河说："雨后，山上有很多蘑菇，咱们去采采，我给你做蘑菇汤喝。"

郑家河高兴地点头。可当郑家河和他父亲爬到山上才知道，山坡上已经有很多人在采蘑菇。他的父亲告诉郑家河："咱们这里的蘑菇很出名，周围的人都知道，咱们晚到了一步。"

郑家河听了很失望，想今天的蘑菇汤喝不成了。他的父亲说："咱们摘一些山果回去吧！这里的山果没有打过农药，也是绿色食品呢！"

郑家河和他的父亲摘了满满一袋子山果，这时候郑家河才发现，山上的人都已经下山去了。他的父亲说："今天有你的帮忙，摘的山果太多了，咱们也吃不了这么多，这种鲜东西，搁几天就会坏的，咱们一起背到山下小镇，卖给水果店。"

郑家河和他父亲就把水果背到了水果店，没有想到还真卖了不少钱。他父亲让郑家河在水果店等他片刻，郑家河点了点头。

一会儿，他父亲就回来了，拎了满满一袋子东西。他们回到了家，他的父亲给郑家河做了一锅的蘑菇汤，郑家河很吃惊，问道："爸爸，蘑菇不是都让人采走了吗？"

他的父亲看出了郑家河的疑惑。便说："蘑菇是我用卖水果的钱买的。你也许不知道，这些蘑菇不是人工培植的，是山上雨后自然生成的，我们这里的人喜欢在山上采摘一些东西去卖钱。"

他的父亲随后告诉郑家河："……很多人都在抢那个东西的时候，我们不一定能够顺利得到，有时候我们不得不走一些弯路，这是没办法的事。"郑家河明白他父亲的用意，他的父亲是用蘑菇转一个圈这件事在启迪他。

回来后，郑家河直接就去那家公司做了保安，在那里，郑家河终于找到了一次机会，让老总发现了他的才能。当时老总惊诧地问郑家河："原来你是这方面的专业人才，怎么愿意做保安呢？"郑家河告诉他："我不来公司当保安，您怎么会发现我的才能呢！这是我父亲教我学会了让蘑菇转了一个弯的道理。"

求职的过程中，面试才是真正的考验。很多求职者在应聘过程中通过了笔试，却在面试过程中折戟沉沙。求职者在面试中，要识破面试官常用的三大法宝：难得糊涂、不断追问、适时笔录。

面试官在面试过程中的"难得糊涂"，这绝对不是真糊涂，求职者要看清

这一点。也就是说面试官不扮演讲师的角色,不滔滔不绝地发表自己的看法;而是让求职者多说,充分地表现。通常,面试官在面试时,第一个问题往往是"请介绍一下你的工作经历"或"请介绍一下你自己"。之后,面试官基本上"三缄其口",一言不发,听对方讲,不会随便打断求职者的自我介绍,也不会贸然下结论作评价。从表面看,面试官似乎很"糊涂",走过场,其实,这才是面试的重点。这是让求职者先"出牌",让求职者积极表现自己,他好从中发现"目标"——需要进一步了解的内容或可疑的地方,很多问题就会从这段简介中衍生。

等求职者自我介绍结束后,面试官就从求职者自我介绍的漏洞中开始提问。面试官这就要运用他的第二个法宝了——不断追问。

面试官会对求职者"刨根问底",以便获得详实的信息。特别是在求职者描述自己取得的辉煌功绩时,面试官会不断追问求职者的细节,这样面试官就可以认识到求职者到底做过什么,是怎么做的。当求职者的表述前后不一致,或者和简历中的描述有出入时,面试官更会打破砂锅问到底。如果求职者简历做假,或者回答夸大其辞,那么在这样的追问下,自然会露出马脚,难以自圆其说。

适时笔录是面试官的第三大法宝。面试官在面试时通常都会做笔录,或者在预先设计好的评分表格上对求职者的各项面试表现、能力打分;或者记录应聘者回答的要点、自己的结论;或者记下应聘者回答中的漏洞,以便接下来继续提问。

求职者要想面试成功,就要在面试中发现面试官提问背后的问题,跳出就问作答的思想束缚,不要落入问题"陷阱",这才是求职者在面试中获得成功的诀窍。

Chapter 3
找到自我破解密码

密码20 —— 别让挫折感绊住你

很多的求职者在求职道路上陷于困境、寻不到出路。尽管每个求职者求职失利的原因各有不同,机遇对于每个求职者的眷顾也是千差万别,但是在他们的求职经历中,普遍存在着相同的问题——因求职不顺而产生的强烈挫折感变成了下一步求职的"绊脚石"。面对"绊脚石"求职者何不学学曾荫权的求职勇气。

香港特别行政区行政长官曾荫权,在他20岁的时候,因为家境贫寒,辍学踏入社会打工。曾荫权恰好看到一家知名医药公司贴出招聘科员的启事,便去报名应聘,曾荫权没有想到他前面已经来了几十名求职者。先来的求职者都已经被一一编好了号,曾荫权因来得较晚而被编在了后面。

面试开始不久,几位先参加面试的求职者从招聘办公室走了出来,其中有一位求职者沮丧地对其他还在等候面试的人说:"他们招聘的条件太苛刻了,没有大学文凭和两年以上的工作经验者,一概不收!"一听这话,有一大部分求职者站起来走了。曾荫权静静地坐在那里,继续耐心地排队等待着自己的面试机会。

过了一会,又有几名年龄与曾荫权相仿的求职者从招聘办公室里走了出来,他们更为沮丧地说:"这家公司招聘的条件很苛刻,不仅要求有大学文凭和两年以上的从业经验,而且还要求年龄在25周岁以上!"又有一部分求职者站起来走了。

曾荫权依然静静地坐着,耐心地等着进入那道决定他命运的大门。这时，曾荫权身后的一名求职者小声地问曾荫权："小伙子，你符合他们的应聘条件吗？"

曾荫权回答说："一条也不符合。"

那人说："既然如此，你肯定会被淘汰的。不如走掉算了！"

曾荫权听后，笑了笑说："机会难得啊！即便是不符合条件，也应该有试一试的勇气啊，说不定就被录用了呢！"

随后的结果，让那些认为曾荫权自不量力的求职者大吃一惊：不符合应聘条件的曾荫权，虽然未被招聘为科员，但却因超于常人的勇气和伶俐的口齿，而被破格录用为药品推销员。

求职者在面试时常常会犯这样的错误：因为招聘公司苛刻条件的限制和自身的不足，就轻易地放弃了眼前的机会，打起了退堂鼓，以至于连试一试的勇气都没有。而曾荫权本人却以自己的经历告诉求职者这样一个求职道理，那就是——求职面试不仅仅是检验一个人的学识与能力，更重要的是考验一个人的勇气！

在激烈的求职竞争中，现实往往是很残酷的，求职者投出去的简历总是石沉大海，发挥出色的面试常常是再无音信，在这样的境况下，求职者产生挫折感是很自然的一件事情，求职者要是一味地怨天尤人，这对今后自己的求职心态大大不利。

曾有这么个求职者，他学的是财会专业，在校时他的学习成绩不错，人长得也比较顺眼。找工作快6个月了，投出去的简历不计其数，参加的面试累计起来也有几十场，但结果总是以失败而告终，面试官不是以"无工作经验"、"另外一个人比你更优秀"这样冠冕堂皇的理由来拒绝，就是用"你家住得太远"、"这么长时间没找到工作一定有什么问题"这样叫人难以接受的借口来搪塞，总之，失业的状况怎么也没有改变。让他想不通的是，同班一个平时并不怎么出色的女生却顺顺利利地进了一家外资企业，当上了白领，薪水待遇都不错。他也许是遭受拒绝的打击太多，在一次电话询问面试结果时，又遭到面试官含糊其辞的拒绝，这时他情绪失控，在电话里高声质问对方"你们怎么这样对我"、"你们一定要说出拒绝我的理由"他大声抗议也改变不了不予录用的结果。

现实求职中类似现象并不少见。求职者越积越多的挫折感常常会引发下面三种表现：

第一，求职者爱钻牛角尖，走进了求职路上的"死胡同"。

求职者因为难以接受或者想不通为什么遭拒绝，逐渐陷入了思维的"死胡同"。求职者想要面试官给自己一个"不要我，一定得给我个说得通的理由"，但问题是，面试官只关注挑出那个最合适的，而不会过多考虑给落聘者找个充分的理由。如果求职者钻了牛角尖，在某个或许根本没有答案的问题上纠缠不清，一定要讨个"说法"，只会让自己陷入更深的挫折感中。

第二，求职者自己迷失了方向，犯了病急乱投医的毛病。

求职者本来有明确的目标和方向，只是因为不断遇到挫折，感到难以实现，就迷失了自己的方向。开始乱撒简历，什么样的工作岗位都去尝试一下，最后遭遇到的是面试官更多的质疑，"学外贸的怎么来应聘网管"、"硕士毕业来当助理？"这样的求职者，给面试官的印象是灰心丧气，想随便找个根本不合适自己的工作，而且偏离了个人的职业规划。

第三，求职者心态失衡，对自己失去信心。

有的求职者在遭遇了面试失败后，会生出一些怨天尤人的情绪，"他并不比我优秀，为什么就行，我为什么就不行？"求职者的心态会在面试挫折中逐渐失衡，最后导致情绪低落，失去自信，影响了求职者在以后的表现，陷入恶性循环。

在求职者处于"被挑选"的弱势地位中，求职者过好心态关是第一步。遭遇一些挫折在所难免，但别让太多的挫折感变成自己的"绊脚石"，求职者要不断地卸下面试失败的包袱，轻装上阵才会为自己赢得更多机会。

密码21 —— 求职者面试时的通病

求职者在面试中通常会存在一些通病,首先是求职者简历造假和语言表达问题,他们在面试场合仍然不知道怎样去表达;第二是求职者太害羞了,不知如何向面试官要求福利、薪水;第三是有一些求职者认为自己学历高,就一定可以找到好的工作。对于那些好高骛远的求职者,奉劝一句:你最好不要计较第一份工作的职位高低,而是把它看作一次锻炼自己的机会。

赵丽娜大学毕业快半年了,可她一直没有找到工作,这让她烦透了。她天天跑东跑西,在求职的路上疲于奔命。不知道为什么,她每次面试都遭到了淘汰的命运。她在网上看到一个北大女硕士万元求职装的新闻后,心里一动:是不是自己的形象太差?给面试官的印象不佳。于是她买了一套昂贵的职业装。

穿上职业装后,赵丽娜信心大增,每次面试都抬头挺胸,精神焕发。可是,她又面临了一个新问题,面试官都喜欢招有工作经历的求职者,而自己刚毕业,什么样的工作都没干过,况且自己已经有好几个月没有找到工作,简历上该怎么写呢?思考再三,赵丽娜只能在简历上做点改动,把自己描述成非常能干、样样都会的多面手。她的想法是,应届生都没什么经历,也许自己的"多面手"能吸引更多的用人单位。

在面试过程中,当面试官谈到具体的工作经验,赵丽娜就支支吾吾,面红耳赤,不知该如何回答。尽管面试一次次地失败,可是求职还要继续。赵丽娜还是把简历再彩印了一百多份,继续大量海

投,以期望有奇迹发生。

分析赵丽娜求职失利的原因,可以发现赵丽娜在简历、面试上的毛病几乎是大多数求职者的"通病",而且也是相当一部分有工作经验求职者经常出现的问题。事实上,个人外形固然重要,但这只是简历与面试中的一部分。

准备简历和面试中的"通病"对求职者有着举足轻重的影响,那么求职者如何克服这些求职的通病呢?

第一,求职者要树立好自己良好的职业形象。

在这个躁动的社会里,求职者的形象非常重要。很多面试官非常看重求职者的形象,而更有甚者,只看看照片就进行第一轮的简历筛选。所以求职者再有本事,如果形象这一关过不了,那可真是英雄无用武之地了。求职者应该用什么样的形象来打动面试官呢?

求职者的简历应该简洁、大方、鲜明。从范围来看,包括简历的外表、简历内容、简历照片。简历外表,不需要太花哨,过度的包装设计没必要,主要是让人一目了然;简历内容,必须在最显要的位置摆出面试官所关心的东西,废话少说,详略得当;简历照片,让人感到可爱、亲切为佳,千万不要搞什么艺术照——除非你应聘的是艺术性的职位。赵丽娜把简历搞得富丽堂皇,还加了一些水分,自然得不到面试官的好感。

求职者在参加面试时,要穿着得体,能表现出自己的热情、恳切、诚实。赵丽娜刚走出校门,却花哨地装饰自己,丢掉了她自己应有的清纯、朝气。没有那个面试官会关心求职者的衣服花了多少钱,是什么名牌的?特别指出的是,赵丽娜在简历里掺假,而又在面试中被面试官一语道破,这样的状况在求职中是万不可犯的"大忌",再优秀的人,一旦被面试官发现了这样的行为,结果也只有一个——刷掉。

如果求职者本人长得丑陋,那该怎么办呢?这时求职者除了用得体的服饰弥补之外,就要用谦卑、诚实来打动面试官。如果一个人长得不好,而又自负、狡猾,可就糟了。相反,一个人表现得朴实、真诚,即使难看了点,面试官也会接纳的。

第二，求职者要积累求职资本，这才是在面试中决定胜负的关键因素。

求职者的求职资本是整个求职过程的关键，也是面试官最重要的取舍依据。求职者的求职资本主要包括两部分：学历专业；工作经验、能力。因此，成功的简历和面试，就是成功地展现自己的求职资本，并获得面试官的认可。

求职者如何以最好的方式来体现自己的资本？一般认为，求职者的资本一定要有针对性和真实性。比如每次求职的简历都要有个性化，要针对职位的需要来表现自己那方面的特长与能力。不过很遗憾，现实中很多求职者像赵丽娜一样把一份简历复印上百份，大把地撒简历。掺假的简历则是在犯"低级错误"。

求职者的求职资本比较少，又缺乏工作经验，这是许多求职者遇到的最大难题。为此提出两个技巧：

首先，求职者要学会扬长避短。在简历与面试过程中，吸引面试官注意自己的特长与优势，比如学习能力、专业理论等等，避免讨论自己的缺点，无形中影响他的心理判断天平。当然，根据面试的情况，求职者最后还可以坦诚地说一句：虽然我的工作经验少了些，但人无完人，只要给点时间，我会很快改变的。

其次，求职者要展现出相关的经验与阅历。比如，求职者从来没有当过教师，那么，求职者可以把以前自己做过的讲座培训、演讲、咨询、甚至家教、实习等都说出来，说明这些经历中自己已经获得的相关经验，锻炼了良好的表达、交流能力，这些对面试都很有帮助。

第三，求职者在自己的性格、潜力上做好文章。

对于求职资本不够的求职者来说，在自己的性格、潜力上做好文章，是增加面试成功的有效方法。现在的面试官，一般都会在面试时考察求职者的个性特点与发展潜力，以判断是否合适岗位的需要。很多求职失败的求职者和赵丽娜一样，都忽略了这一道关口。

根据职业规划中经典的人职匹配理论，只有求职者的性格、气质、爱好、天赋等符合职位的需要，求职者工作后才能进入最佳状态。因此，提醒求职者，不断暗示面试官这些信息会对面试成功非常有帮助：我的爱好正好是这

样的职业,我很想在这个职业上发展下去,我的天赋潜能恰恰适合这个职业。

求职者在自己的简历里面,在填写各个兴趣、爱好、特长栏目时,可以多发挥一下。在与面试官交流的时候,求职者要善于用语气、表情来表达你对该职业的兴趣。在面试之前,求职者要明白这个职业的特点以及它的需要。

有的求职者会问:"我既没有相关工作经验,性格、兴趣又与所应聘的职业又不一致,有什么面试技巧能搞定这份工作呢?可以假装有兴趣吗?"如果是这样,那么还是奉劝这样的求职者赶紧离开,别浪费时间,去找更加适合你的工作。因为兴趣是最好的老师,一份你不喜欢、并不合适的职业,即使通过"佯装"来获得,也是赶鸭子上架,做得了一时做不了长久。

求职者只有克服了求职中的通病,才能获得一份好职业,求职者虽然在简历和面试中运用一些技巧获胜,如果自己没有足够的资本和清晰的职业规划,一切都是空谈,都是在浪费时间,浪费你的成本!还有,如果求职者已经连续失业超过2个月,仍在面对着一次又一次的面试失败,那么,求职者该检讨的不仅是简历和面试技巧,而是要检讨自己的职业定位和职业规划,这才是起决定作用的根本所在!

密码22 —— 在求职中找到自我

求职者找工作的过程就是一个找准自我的过程,只有找到自我,认清了自己,给自己定好位后,才好找到工作。求职就是一场看不见硝烟的战场,"不打无准备之仗。"对求职者来说,就是求职面试前要做好充分的谋划和准备,没有做好十足准备的情况下,不宜操之过急,只有准备充足,方可取得胜利。

松下幸之助说过:"人的成功,七分靠能力,三分靠运气,但三分运气来临的时候,你却没有七分能力,机会就会擦肩而过。"

陈奕迅一心想进外企,这个想法在刚进大学时就已经确立。大一时,在毕业学长与新生的交流会上,陈奕迅非常羡慕那些通过努力奋斗进入世界顶级企业的学长,陈奕迅发现他们当中的很多人都曾经在学生会做过。就这样,陈奕迅也进了系学生会。

陈奕迅从普通干事一直干到系学生会主席,他的综合素质得到了极大的提高,无论是文笔、演讲还是活动组织都做得十分出色。

陈奕迅进入大四后,其他同学早已经为求职忙前忙后了,从学生会主席退下来的陈奕迅才刚刚着手制作简历,以至于很多场招聘会都没能赶上。此时,陈奕迅并没有因为比别人起步晚而心急如焚,他也没有参加定时召开的各大招聘会,相反他在网上投了很多简历。其间,尽管陈奕迅也被一些公司录用,可他并没有最终定下来,他心中依然向往着知名的国际大企业。

在这一期间,陈奕迅积累了大量的面试经验。他总结说:"在面

试中,高效率地展现自我是赢得面试官好感的重要一步,也就是说,要具备优秀演员的基本素质,要能在有限的时间内将自我展现到极致。"

之后,陈奕迅经历了多次大型外企的激烈竞争,大学期间的优异表现使他顺利通过一家外企的网申,笔试也发挥得很出色,不过面试似乎总会成为他实现外企之梦的门坎儿。因为陈奕迅面试时临场表现离外企要求还存在一定差距,最终没有被成功录用。

对此,陈奕迅开始总结经验:面试中往往存在较多的偶然因素,论其自身原因的话,自己还是没能较好地抓住面试官的心理,没有把面试官想要的东西表现出来。陈奕迅还认为自己在准备面试的过程中学到了很多东西,可以让自己了解不同的公司及所在行业,而这些都是在学校里难以得到的宝贵财富。

几次失败后,陈奕迅依然没有找到理想的工作。看着周围好多同学在这个时候基本都有了归宿,曾经是学生会主席的陈奕迅感到有点吃不消。于是,陈奕迅不得不调整自己的心态,重新认识自己,在下一轮的网申、笔试和面试中积极地争取着任何难得的机遇。

这时一家基金会开始招聘,看到这个通知后,陈奕迅向这家基金会投递了简历。按照常规经过了笔试、一面和二面之后,陈奕迅开始焦急地等待最终结果。

等了半个多月才得到通知。结果是,陈奕迅从众多具有工作经验的竞争对手中脱颖而出——他被录用了!

陈奕迅就找工作的情况总结出两点:一是心态要随时调整好,不能慌乱;另外要提前准备熟悉求职过程,时间上要做好安排。

陈奕迅说:"在我看来,我所经历的这一切都是值得的,找工作的过程是一个不断学习、让自身得到提高的过程,同时也是认识自己、逐渐挖掘自身亮点的过程。"

求职者焦虑也好,抱怨也罢,终究不是解决问题的办法。求职者必须知道自己的价值取向在哪儿?作为求职者置身在激烈的职场争夺中,首先要不断去认清自己,这样才能去选择方向和发挥自己的优势。求职者的自我认识定位法则有下列几条：

1. 求职者记下自己每天学到的新知识，掌握的新技能，获得的新经验。

2. 求职者记下自己的成绩、受到的肯定、觉得最有收获的成就、充实的事情（不只是工作岗位上的，如：日常生活中你善于调解朋友的矛盾，说明你可能具有适合做面试工作的特性）——明确自己的优势。在给工作定位的时候，求职者要先学会给自己定位，知道自己的优势和劣势，自己适合什么，需要补充什么，自我认识尤为重要。

3. 求职者记下自己的点滴错误，令求职者自己厌恶的事情（限于求职者自己做的）——认清缺点，努力改正它，如果发现改不了，多次不自觉犯错的、做不好的、讨厌的，要注意，这是你的劣势——认清自己的弱点。

求职者积累以上方面半年以上，进行一次分类与总结，明白哪些领域自己存在独特的优势，哪些领域自己没有优势，那么就需要团队协作才能弥补自己的弱势；哪些是求职者必须改进而且能够改进的缺点；哪些是求职者花了大量精力，却在实践中很少被自己主动运用或发挥不力的非潜力领域；哪些是求职者必须改善却无法改善的弱点领域。哪些领域是求职者在不断加强，并能很好应用的潜力领域。

4. 求职者要明白自己的性格特点，找到适合自己性格的工作，才能有助于求职者的发挥。

求职者的个性有些是先天形成的，有些却是后天培养的，这都跟求职者的成长环境有关。求职者的性格决定了他的行为习惯，求职者的行为习惯决定了他的工作结果，所以很多企业在招聘人时，常常会以"性格"取人。

创造型的求职者适合从事设计开发工作，爱较真的求职者适合检验监督工作，协调型的求职者适合做公关行政工作，数字概念强而且对时事敏感的求职者适合从事资讯工作，不好动的求职者适合办公室文员工作。如果求职者性格内向，或者求职者流露出不习惯出差，业务经理就不会录用你。

求职者的性格是很难掩饰的，有经验的面试官从求职者的言谈举止和眼神表情就能判断出他的性格特征。何况还有很多五花八门的性格测试题等着求职者。其实只要求职者保持积极向上的心态、开放真诚的心胸，性格外向还是内向并不重要，因为不同的性格会对不同的工作有利，并不是非要某种性格不行。当然，如果求职者的性格过于偏执狂妄、狭隘自私，就应该多交

朋友历练气度，多参加集体活动锻炼自己融入团队的能力，否则对就业和将来的人生都会有负面的影响。

求职者的性格也反映出了自身看待事物的态度和能力。比如开朗活泼的性格，协调性比较好；随和大方的性格，合作性比较好。准确把握自己的性格特征，对求职者择业会有很大帮助，在面试时可以从自己的性格倾向说明自己对应聘的岗位的适合性。

密码23 —— 求职者的致命缺陷

求职过程本身就是一个能力释放的过程,也是一个能力完善的过程。求职者应该不断地总结、追问自己,使自己在下一步求职中做得更好。求职路上的致命的缺陷往往成为求职者迈不过去的"坎"。

齐明的老师对他说:"国际贸易是万金油,可以进很多行业发展,不愁找不到好工作。"齐明的英语过了六级,听、说、读、写都没有问题,找份像样的工作应该不是什么难事。可事实告诉齐明,求职并非易事。

做简历时,齐明觉得万金油的专业是最大的优势,像国际商务、金融、营销、企业管理等都可以做,因此他主要关注这些职位,可简历投了近100份,每次都石沉大海,不要说笔试了,就连面试的机会都屈指可数,好不容易有几次现场收简历和面试的,可一看到齐明的国际贸易专业后,就以种种理由将他婉拒。

齐明找了3个月工作,依然是一无所获,无奈之下他只好去应聘国际贸易专业的职位,可经济危机过后,这样的职位却并不多见。想着自己当初那么高的分数考入大学,如今却连专业对口的工作都找不着,真是悲剧!现在,求职不顺,齐明不知道该不该考研或是出国,以避开求职高峰。站在人生十字路口的他很迷茫,自己该怎么办?应该何去何从?

通过齐明的故事,可以看到求职者在求职时,存在缺乏定位、盲目就业

的缺陷。求职的成功往往来自于求职者的准确职业定位、明确的目标设定和可行的通道设计。职业定位是求职者基础关键的环节。

一个求职者拥有准确的职业定位，并将其最强的竞争优势发挥最大效应，他的成功率将比他人至少多出 5~10 倍。求职失败，问题就出在求职者自己定位不准和简历不能吸引人上，反映出求职者自我定位能力、信息搜集与分析能力、自我推销能力以及简历写作能力的缺陷，因而造成了求职择业中的障碍。

第一缺陷，是求职者自我定位能力的缺陷——表现为自我定位不准，主要是定位过高。很多求职者往往是自恃过高，但又是眼高手低。在求职过程中不能适时地进行自我调整，重新定位。例如，有的求职者能力并无过人之处，却是非名牌企业不进，非外企不进，虽几经碰壁，然终究"痴心不改"，结果就只能处在被淘汰之列。

求职者的求职过程，其实就是一个自我能力挖掘的过程，也是一个发现自我能力缺陷的过程。在这个过程中，求职者应该逐渐对自己的能力有更清醒的认识，并积极地进行定位调整。

第二缺陷，是求职者缺乏信息的搜集和分析能力的缺陷。很多求职者对投简历的对象缺乏必要的认识和了解，根本没有分析他们到底需要什么样的人才，分析自己有哪些优势和劣势。有的甚至对招聘单位的基本情况和招聘要求一无所知，简历自然就只能乱投一气了。

求职者的简历为什么不能吸引人呢？它的直接原因就是简历写作不专业，也就是求职者简历写作能力欠缺。

一份好的简历应该尽可能地使用专业的规范语言，而不是花哨的语言。有的求职者把简历写得如同抒情散文，试图用一些花哨的形式或语言打动面试官，其实这样做往往达不到预期的目标，很多时候反而适得其反，弄巧成拙。因为正规的面试官注重的是求职者的专业能力。花哨的简历既没有为面试官提供足够的信息量，也没有为自己树立良好的专业形象。

写简历不仅仅是一些写作技巧的问题，它实际上是求职者的自我推销，自我展示能力的一种体现。

简历质量的好坏在于它有效内容的多少、含金量有多少。在制作简历的过程中，有的求职者不知道应该尽可能地向面试官展示自己的能力，在写工作经验时，写得空乏而不具体，虚幻而不实在，如只写自己在某单位实习过，没有写明自己在实习或工作期间所从事的具体活动。这样一来，求职者就有可能自己埋没自己。因为面试官是根据求职者的具体工作判断你的能力，他一般不会在一份笼统的简历中为求职者挖掘能力。

　　现实生活中，正是由于实践的缺乏，造成了求职者的沟通能力、表达能力、实际操作能力、观察、分析与解决问题的能力等等的不足。而这些能力的欠缺正是阻碍求职者顺利就业的主要原因。

密码24 —— 求职者必备的素质

雇主招聘新人的时候，往往会重点考查求职者的基本素质、自我定位、心态与个人品德。求职者如果在这种情况下面试失败，通常与面试技巧无关。因为雇主招聘通常不一定招聘最优秀的人，而是会选择最适合的人，重点是看求职者身上是否已经具备了雇主所需要的核心素质。

沈鹏飞嘴边有一句话说："把自己当成珍珠，时时害怕被埋没的痛苦。"他就是那种把自己当成珍珠的人。

毕业已经一年了，简历投得连他自己都不知道有多少，可到现在工作还没有着落。他的一个朋友告诫他："你太自我，太爱表现自己，说话的语气也太咄咄逼人……"虽然沈鹏飞当面不承认，事后，想想自己确实是那么回事。

不久前，沈鹏飞去一家知名公司应聘，这是他经历的最正规的一场招聘，来投简历的求职者都有数百人，最后，沈鹏飞和筛选出来的30多名求职者一起进行面试。

沈鹏飞不知道是过于自信，还是过于紧张，面试的当天居然睡过了头，幸好他排在偏后的位置。但是迟到影响了沈鹏飞心理状态，还没轮到他，他就开始紧张起来。

当时他们被分成三人一组回答面试官的问题，为了避免泄露考题，面试的求职者进去了以后就不能出来。当沈鹏飞走进面试的会议室时，里面已经站满了人，个个看上去都很自信，沈鹏飞觉得要脱颖而出，自己必须表现得更积极。所以在回答问题的时候，他总是抢在别人前面，比别人多说两句。

当时面试官问："如果你的同事中有那种不那么好沟通的人，你怎么办？"同组的求职者还没有说话，沈鹏飞就抢着回答："最重要的是工作，每个人都有自己的个性，不需要去勉强……"

整个面试下来，有2/3的问题都是沈鹏飞回答的，而且越说越顺根本忘了要收敛，看得出来另外两个组员不太高兴，但是沈鹏飞想面试本来就是表现自己的机会，就没在意。

几天以后，沈鹏飞收到通知，被客气地告知不需要参加复试了。因为公司觉得沈鹏飞不注重团队合作精神，太急于表现自己，不是他们需要的人才。

在求职中，求职者快速学习的能力越来越受到雇主的重视。企业文化的快速融入，专业技能的快速提升，团队精神的快速打造，人际关系的快速建立等，这些都是雇主在招聘时十分看重的素质。面试官除了对求职者的技能与经验考察外，还会对具有良好职业素养的求职者格外青睐，求职者的诚实可靠、敬业爱岗、乐观、自信、具有良好的沟通技巧与团队意识等等，会让面试官知道大家的性格很合得来，就会向求职者抛出橄榄枝。

求职者在面试的时候，如何充分地体现自己的良好职业素养呢？

第一，求职者要和面试官进行有效沟通。

在面试之前，求职者已经为面试官提供过个人简历、求职信等文件资料；通过笔试后，面试官已经对求职者有了初步的认识，可以说是对求职者有了一定程度的认可，否则，面试官就不会让求职者参加面试，那么求职者在面试中如何保持这种较好的认可度呢？

求职者要知道面试官是非常重视这一点的，在整个面试过程中，他总会通过各种方式来了解验证。比如，如果求职者是个性开朗，性情豁达，一进面试室，不待求职者开口，面试官也会从求职者的微笑和眼神中看出来；如果求职者的性格和气，待人友善，面试官也会很快了解到的。求职者的形象是多方位的，从求职者身体上传播出来的各种信息，构成了求职者个人完整的形象，语言仅仅是其中的一个重要方面。

面试官能够通过求职者的举手投足，微笑皱眉等身体语言看出求职者的性格。求职者参加面试向面试官传递的信息，往往是非语言的成分多，而语言的成分反而少。因此，求职者必须明白，面试中的语言表达固然重要，而非语言的表达则更为重要，这就是求职者的身体语言。

求职者如何才能在面试中保持自己的形象呢?

求职者光说自己性格开朗，善于交往是不行的，必须通过自己的各种面部表情和各种动作将它很好地呈现出来。比如：把面试官当成是自己认识的朋友，向他微笑，与他握手，跟他谈话，都必须毫无保留地表现出自己的诚恳和热情。求职者要想把自己本来的性格表现出来，就必须从容地发挥。

求职者在面试中能与面试官有效沟通，这就意味着求职者能够有说服力地传递信息、想法以及态度。如果求职者能展现自己具有高超的沟通技能，而且能通过书面和口头语言适时地表现自己，扬长避短，有效地影响面试官，那么求职者的成功机会将大大增加，进而顺利地把自己推销出去，拿到录用通知书。

第二，是求职者自信与热情。

自信是求职成功的第一要诀。一个自信的求职者，往往能认清自己的优势与特长、劣势及不足，知道自己最适合做什么，从而取得竞争优势。他们总能准确地评估自己掌握的专业知识和技能，了解自己的个性特征，在求职时最大程度地实现个性与职业之间的匹配。在工作中具有强烈进取心和热情的人，往往能够全面调动自己的综合能量，而且这种积极正面的工作状态会传染别人，带动身边人群乃至整个团队的良好发展。

第三，是求职者具备扛压抗挫的坚强能力。

一定程度的压力是求职者的动力，求职中做任何事都会有压力，面对压力问题采取一种积极进取的态度，就能在面试中脱颖而出。有的人会因为一次不成功的求职而心灰意冷，而有的求职者懂得在失败中总结教训，重整旗鼓，从头再来。失败乃成功之母，细数职场中那些成功的精英，有谁是一蹴而就的？因此，能够扛住压力抵抗挫折的人，一定会苦尽甘来。

密码25 ——‖ 挖掘自己的核心竞争力

学历不高、工作上缺乏经验、信息不灵都是求职者经常遇到的问题，还有些求职者心理不成熟、能力不强，但脾气和胃口却不小。求职时好高骛远，不注重行业、企业的发展远景，只图一时利益。

求职者要认清现阶段自己的能力，端正自己的心态，为自己的长期职业发展打下好的基础。

求职者要不断增强自身的核心竞争力，求职的目光要长远。如果求职者没有核心竞争力，只求稳定、体面、高薪，希望一步到位，那么不论是选择报考公务员还是做"白领"，都很难一帆风顺。职场是能力高低论成败的"角斗场"，求职者只有加强竞争意识，增强核心竞争力，才能立于不败之地。求职者要具有危机感和竞争意识，适时调整自我、完善自我，厚积薄发，这样才能应对人生的各种挑战。

当求职者去面试、笔试一个职位时，会看到很多竞争者。竞争对手实实在在地站在自己面前，尤其看到多达几百人甚至上千人的竞争场面，每个求职者都会突然感觉自己很渺小。

因为就业形势严峻，很多高学历的求职者都会成为一般求职者的竞争对手，尤其是更多的研究生也加入了进来。

面对这些求职途中的压力和强有力的竞争对手，这时求职者一定要记住：自信！即便自己的简历没有办法和别人比，也要在面试时充分相信自己。因为当你真正和面试官交流时，简历上的你，以前做过什么已经不重要了，现在的你是谁才是最重要的。有些内在的气质是没办法写在简历上的，这就是求职者自身最核心的竞争力。只要你自信，在气势上压倒别的求职者，你得

到这份工作的机率就很大了。如果你对自己都不相信，提前给自己下了被淘汰的结论，那么你展现出来的就是不如别人，连一点机会都没有给自己。

面对强人做到自信不容易。一方面要克服自卑，另一方面还要克服别人带给自己的不利影响。

孙俊侠到电台面试，在候场时，与前来一起求职的毕业生聊天。说到自己英语不好，一个之前没太插话的男生突然说道："你都没过专八吗？"言语表情间流露出好像不过专八就没有机会一样。这正戳中了孙俊侠的软肋，在找工作的过程中孙俊侠一直因为英语不好而介怀，而此时离孙俊侠面试已经不远了，如果不调整好自己的状态很可能影响面试。孙俊侠在心里对自己说：我面试的是法治记者，对英语的要求没有那么高，我很好，一定没问题。

孙俊侠最终如愿以偿进了复试。

求职者在求职面试的时候，可能会遇到直接向你发问而炫耀自己的人，假如遇到了一定要自信，不要被吓住。不要管别人是什么样的，自信地做好自己就可以了。如果求职者长时间找不到工作，那绝对是求职者个人身上有问题。不管问题有多少，归根结底一句话：就是求职者的核心竞争力出了问题。

核心竞争能力强的想要更好的工作，这没问题，但很多核心竞争能力差的求职者也想要更好的工作，虽然不可能，但这样的情况太多了。所以求职者在找工作时，先认清自己，注意提高自己的核心竞争能力，而不是学历。

俗话说"破而后立"，求职者要给自己一种压迫感，一种贴近死亡的感觉。才会有破釜沉舟的勇气，才能激发出自己内在的核心潜能。只有面临绝境的时候，才能充分激发出自己的巨大能量，求职者必须燃烧自己，因为你什么都没有，你只有一条命去拼搏。

求职者必须知道自己的核心竞争力，自己有什么样的核心竞争力，否则，求职的过程就只能是一个碰运气的过程。面试实际上就是面试官寻找、发现和甄别求职者核心竞争力的过程，是求职者显示核心竞争力的过程，没有核心竞争力的求职者，必然会备受打击、到处受挫。在激烈的求职竞争中，胜利只属于那些具备核心竞争力的求职者。有缺点不怕，怕的就是平平常常，在竞争中没有突出、鲜明的东西表现出来。求职者必须表现出自己的核心竞争力，在竞争中才能扬长避短，获得认同，取得胜利。

那么求职者怎么来培养自己的核心竞争力呢？

求职者只需找到一个点，集中自己的全部力量，在这个点上超越所有的竞争对手，这个点就是求职者在求职时的核心竞争力。

求职者核心竞争力的形成，除了先天优势和后天努力外，还要不断发掘自己人格和品德上的闪光点，在提炼升华后，让这些闪光点成为求职者的核心竞争力。

每个求职者都有很多长处，关键是在应聘时要表现出对你所应聘的岗位来说是最重要的长处，并在语言上、行为上、精神上证明你真的拥有那些最重要的长处，而不要不停地证明你是很优秀的人。每个求职者也有很多不足，但不可能一无是处，关键是在应聘时要学会避开不足，尤其是那些对应聘岗位有重要影响的不足。

求职者身上的良好的职业态度，高尚的人格和良好的品德修养，如敬业、不怕挫折、关爱他人、诚信、勇敢、自信、坚强、自强自立、吃苦耐劳等，这些闪光点都会成为求职者的核心竞争力的。

求职者挖掘自己的闪光点，不必太多，一点就够，在求职的过程中，集中全部火力，表现这个闪光点。当然，这个闪光点一定是真实的，是能够感动自己、感动别人的，越是商业社会，这些东西越可贵，越能感动他人。

常言说得好，"不怕千招会，就怕一招精"。求职者如果没有核心竞争力，不用怕，只要求职者去挖掘、提炼和升华自己人格上和品德上美的东西、善的东西、真的东西，就能形成求职竞争中的核心竞争力。记住，不要太多，一点就够，但一定要超越别人。只要求职者不怕失败，他就具有无穷的杀伤力。

如果求职者想求职成功的话，就一定要特别地强调自己的优势。告诉自己：在这点上我是最棒的，否则你就像一只没气的球，只能灰溜溜地呆在一边。相信自己，不怕失败也是求职核心竞争力。

密码26 —— 提高面试的表达能力

求职者的沟通表达能力，是面试官在面试的时候首先考查的方面。求职者平时多有意识地培养下就好了，表达能力有个很重要的前提就是求职者的心理抗压能力和思维能力，想得顺了，然后不慌张，就自然说得出了。

求职者的所谓文字表达能力，是指简历内文上没有错别字，没有语法不通顺的词句，最主要的是，有没有能充分表述自己的特长等等。面试官是根据简历上的文字表达能力，决定求职者能不能进入面试阶段。

求职者到了面试阶段，面试官就是通过求职者的口头表达和身体语言，来考查求职者的沟通和表达能力。求职者的口头表达能力除了文字内容之外，求职者整体的气质、诚意，也伴随着语气同时浮现出来。如果求职者忘乎所以地侃侃而谈，语意不清，面试官会感到此人眼高手低，不能担当大任。如果求职者表达得委婉动人，但听起来虚而不实，缺乏诚意，面试官也会将其淘汰的。

求职者在面试中语言表达能力的最基本的要求就是辞能达意。求职者提高语言表达能力的一个措施是凝听，从听别人的谈话中学习好的表达技能。求职者能够留心"凝听"面试官的提问，会让他感到比较舒服兴奋，并且会给他留下深深的印象。

求职者多看好书，这是一个提高语言表达能力的方法，因为知识的积累和转化，为谈话提供了素材，同时提高了自身的涵养。

求职者回答问题时语言表达的好坏，直接关系到面试的成败。尽管语言表达能力仅仅是结构面试中的一个要素，但是语言贯穿面试交流的始终，对其他能力要素的体现起着重要作用。因此，掌握面试口头表达的语言艺术，对于面试有着十分重要的作用。

求职者快速提高口头表达能力时，要注意以下几个方面：

1. 求职者回答问题时，不要使用俗语。常用俗语会妨碍求职者在语言方面的术语和正规语言的运用。

2. 求职者在回答问题时，尽量多用数字来做说明。因为多用数字会使求职者的口头表达更加生动，说服力强，求职者自己也会更加有自信。

3. 求职者平时要多看电视。因为电视是最感性的语言来源，尤其是要注意多看时政要闻和深度访谈性节目，在了解国家大事中更好地学习别人的交谈技巧。

4. 求职者平时要训练自己口头表达的目标感。说话要有的放矢，这就好像走路一样，要有方向性的选择，这种"选择"可以使求职者在说话中避免漫无边际地东拉西扯。

5. 求职者要在日常生活中学一些新出现的语言词汇。在日常的工作、学习中，经常学习和吸收一些新出现的语言词汇，尤其是一些专业性的用词。

6. 求职者要多说有力量的话。有力量的话就是指说话时能够直截了当，行就是行，不行就是不行。比如：求职者最好不要说"我看……""我想……"，而应该尽量说"我认为……"这样你的说话才够力量。

7. 求职者应尽量多与人交谈。求职者不妨尝试扩大自己的社交圈子，不断增加自己的说话机会，这样更有利于提高自己对语言的驾驭能力。

在面试过程中，求职者时刻要注意，不能随便打断面试官的讲话，不要有太多的手势语或口头禅，普通话应力求标准，不要讲错字或念错字音，方言最好不用。在用词上，注意准确地选用词语、恰当地运用语句，面试中需要运用一系列的语句，才能切中题旨，阐明自己的思想。如果语句运用不好，那么就很难表达清楚自己的真实能力。具体说来就是：根据面试官提问的内容需要，适当选用短句；回答复杂问题，交错运用长短句；求职者还可以运用假设复句阐明自己对事物的认识和表达自己的立场。为了增强口头表达的效果，根据提问的内容，适当地运用修辞手法，也是必要的。

密码27 —— 面试前念好"真经"

求职者在求职面试时就要把自己当成一支轻骑兵,因为面试中的考验无处不在。很多优秀的求职者因为缺乏技巧而丧失了进入心仪公司的机会,因此得出一个结论:求职者在能力、经验相差无几的情况下,面试时的技巧往往成为决定性的因素。

万小刚是刚刚毕业于名牌大学的学生,可谓风华正茂,可却流浪在南昌街头,整天过着食不果腹、衣衫褴褛的日子。那么,万小刚经历了什么样的遭遇呢?

8月中旬的一天,南昌筷子巷派出所的民警突然接到报警电话说,有一名衣衫褴褛的男子正躺在人行道上,一动也不动。两名民警迅速赶到现场,发现一名光着上身的男子正闭着眼睛躺在地上,直喘着粗气。民警看到这位男子全身很脏,并且身上皮肤多处出现溃烂,一看就是一个流浪人员。民警立即驱车将其送往市第一医院进行治疗。

在救治过程中,万小刚断断续续地说出了自己的姓名,民警查询后发现,这名全身脏乱不堪的流浪男子才23岁,是福建省长乐人,一个月前竟然刚毕业于中国政法大学。

因为长期没和人交流,万小刚语言方面出现了一些障碍,有时候连话都说不清楚。万小刚毕业后本想回福建找工作,谁知买错车票,来到了南昌。万小刚身上只剩下几十元钱,因为不善于沟通,几次找工作都失败了。心灰意冷的万小刚干脆在南昌过上了流浪的生活。因为天气炎热，他身上的衣服都破了，身上也出现了溃烂。

从万小刚的身上不难看出，他没有做足求职前的准备，随意性很大或者说根本就不知道自己该去找什么样的工作。那么求职者在求职的时候要做好哪些准备呢？

第一，求职者在面试前要干些什么？

求职者要详细了解企业的文化特色和自己应聘岗位的职责，因为不同文化背景的企业青睐不同的人才。比如：日本的企业普遍注重服从和等级观念，如果求职者面试时表现得个性张扬，喜欢自由，那么肯定被刷掉的；欧美的企业普遍注重授权和创新，如果你表现得太过死板，唯唯诺诺，那么也没戏。这就是人们经常说的：每个企业都在找符合自己企业文化的人。

岗位职责也是需要求职者好好研究的。因为同样的职位，在不同的企业里的工作内容常常不一样。同样是面试官，有的面试官注重宏观的东西，有的面试官注重操作层面的。如果面试官叫求职者去做人力资源规划和战略，而求职者却在那儿大谈保险怎么交、员工关系怎么处理等，求职者这样背道而驰的结果只有出局，所以在面试之前，要好好准备与职位相关的题目和答案。有的求职者一天要参加5～6场面试，根本没时间准备，记住：太多的机会就是没有机会，不如选中2～3家单位，集中准备一下。另外，对一些常规问题，比如自我介绍要形成自己的套路，不要超过2分钟，事先多演练几次，效果自然不一样了。

第二，求职者的面试礼仪要注意什么？

有三种求职者比较容易找到工作：漂亮的、个子高的、有礼貌的。因此建议求职者好好审视一下自己的穿着，求职者未必要穿名牌，男性求职者看上去要给人利索、协调的感觉，女性求职者看上去要干净、大方，不要给面试官的感觉是很邋遢懒散。有的求职者西装皱皱巴巴，领带歪歪斜斜，这样能给面试官留下好印象吗？还有的女性求职者打扮前卫时尚，大耳环晃晃悠悠，企业招人不是进行选美比赛的，所以不合适的穿戴往往会让求职者在一开始的印象分里就给淘汰出局了。另外，有的求职者不注意用一些礼貌用语

和动作,大大咧咧,往往给人留下没有修养、不成熟的印象,在同样的条件下,这样的求职者的机率就少了很多。

第三,求职者在面对不同类型的面试官时,要能够保持住良好的心态。

求职者遇到的面试官,有的比较强势、直率,面试时咄咄逼人,往往有一种审问犯人的感觉;有的比较温和、讲究策略。遇到这两种面试官,求职者自己首先要有好的心态,前者往往会让人不舒服、有压力感,但是你不能就此产生逆反心理,觉得对方素质不高,甚至得出该公司不怎么样的结论,应该以一种宽容、平和的心态去对待;对于后一种面试官,求职者自己千万不要麻痹大意,因为温和面孔的背后常常是一把利剑。所以,在内心里一定要记住:这是一场面试、求职,不要太多关注所谓的"自尊"。

第四,求职者在面试中,要学会区分不同的问题。

那些经验丰富的面试官往往会用不同的面试方法和问题来考验求职者,所以,求职者面对面试官提出的各种不同问题不必紧张,明白面试官提问的目的,有的问题可能是确认求职者的工作经验和能力,有的问题则是考验求职者的分析能力、思考能力、反应、思路等。比如:下水道的盖子为什么是圆的?这样的问题没有正确答案,只要能够自圆其说即可。面试时注意区分,不能太紧张,别影响水平的正常发挥。

第五,求职者面试时,回答问题要准确,别跑题了。

很多求职者在面试的时候常常忽略准确回答这一点。比如,现在很多企业的面试官不够专业,往往会首先让求职者自我介绍一番或谈一下自己的优缺点。那些有经验的面试官往往不问这些问题。有的求职者总是喜欢说着说着,就开始介绍自己了,这样往往引起面试官的反感。还有的求职者根本没有听清楚面试官提出的问题,就按照自己的思路回答,结果是南辕北辙、驴唇不对马嘴。所以,求职者要跟紧面试官的思路,注意力保持高度集中,不要停留在自己的"思维圈子"里。

第六，求职者在回答面试官的问题时，要做到条理清晰、简明扼要，回答时不啰嗦。

麦肯锡公司有一句名言：所有的事情都可以分成三句话去讲。比如：今天上午9点吃早饭。可以说成：今天我吃饭，时间是上午9点，吃的是早饭。因此，求职者在回答面试官的问题时，不妨按照这样一个套路：第一点、第二点、第三点……这样面试官会听得很清楚，求职者也不会漏掉重点。还有就是回答要简明扼要，不要啰嗦。有的求职者自我介绍搞了10分钟，听得面试官早烦了，恐怕就不会再有耐心对求职者进行考察。

第七，求职者面试时，不懂的地方要会有技巧地说。

求职面试本来就是双方在博弈，所以求职者千万要注意：该说的地方就要充分说，不该说的地方一字不吐；懂就说懂，不懂的地方要勇于承认。但是这也需要有技巧地去回答，求职者可以这样说："我对这个不是很了解，但我谈一下我的看法吧……"结果一讲，面试官觉得回答得不错，求职者既回答了问题，又给面试官留下一个谦虚的印象。有的求职者明明是个半瓶子，遇到一些问题大吹特吹；还有的求职者在一知半解的情况下，回答起来是滔滔不绝，这种求职者最后的结果就是被淘汰出局。很多求职者都有这样的困惑：那天我表现挺好啊，怎么就没被录用呢？其实原因就在这里。

第八，求职者回答面试官的问题时，要放慢自己的语速，沉稳地一一道来。

有的求职者在遇到自己心仪已久的职位，或者自己有把握或有准备的问题时，不自觉地欣喜若狂起来，滔滔不绝讲个不停。其实，求职者大可不必，因为，当面试官看到求职者胸有成竹，就对问题的难易程度和求职者的能力有了了解。所以，求职者即使十分有把握，也要注意自己的风度，边说边作"思考状"，这样面试官在用"穷追法"面试你的时候，你也不至于漏出破绽。

第九，求职者回答面试官的问题时，学会用事实和数字来证明自己的能力。

有的求职者在回答问题时，特别喜欢用"我沟通能力强、勤奋"之类的

虚话，其实面试官的一句话，就可以让求职者现出原形。比如面试官会问："请你举一个例子证明一下。"所以在面试时，求职者一定要学会用数据和事实来说话。求职者如果做销售强，那么就告诉面试官一个月自己销售了多少；如果求职者觉得自己谈判能力强，那么就给面试官举个例子来证明自己是如何搞定一个"钉子客户的"。现在的面试方法很多，最流行和最有效的莫过于基于素质模型的行为面试法，在这种情况下，求职者当时想编估计都很难编出来的。

第十，求职者求职面试时，就一些细节问题不要和面试官去争论。

很多有才能的求职者，在面试中，会不自觉地从和面试官探讨问题，最后发展到争论问题。其实，在面试的情况下，求职者没有必要去争论，因为面试是为了展现自己的能力并谋求职位的，不是来寻求真理的。有一个很优秀的人，在面试的时候，为了一个相当简单的问题，和面试他的老总争得面红耳赤，结果呢，老总说这个求职者好是好，就是有点认死理，将来万一意见不一致怎么办？那名求职者很适合应聘的职位，但是老总担心他不服从，人才只有为我所用才是人才！因此，就拒绝了那名求职者。他们因为一个无谓的问题，结果是双方都输了。

第十一，求职者在面试没有结束的时候，一刻也不能放松自己的警惕。

求职的过程中面试无处不在。不管遇到的是聊家常面试，还是流程式面试，抑或是审问式面试，求职者都要记住：注意自己的一言一行。

赵明参加一个面试，经过几轮以后对方很满意，让赵明回去等消息。忽然有一天对方打电话，说老总回来了，大家一起吃个饭、聊聊天，幸好赵明留了个心眼，在酒席上比较注意自己的言谈举止，后来进了公司才知道：原来吃饭就是最后的复试，考查一下求职者的礼仪和待人接物。

上面这些求职法门，其实就是求职者沟通能力的一种表现。归纳起来，面试就是要做到：精心准备、心态平和、时刻警惕、关注细节、切中肯綮、条理清楚。

Chapter3 ◎ 找到自我破解密码

密码28 —— 在面试中的压力前鼓起自信

求职者在面试的时候,压力会贯穿于面试的整个过程之中,因为不可能面试官的所有问题都是求职者轻车熟路的,都是求职者准备充分的,求职者在面试中想得100分是太困难了。

由于目前社会经济、政治、科技及人文的飞速发展与快速变化导致企业越来越敏感,深感危机四伏,故而在招聘新进人员时都或多或少地考虑了压力面试的因素,招聘中层管理者以上包括中层管理者时,压力面试是不可或缺的一种方法。

所谓压力面试,是指面试官通过在面试中提一些极具挑战性、非常规性的问题,或通过设计一些特别的场景,来有意制造一种紧张而有压力的气氛,借以观察求职者的反应与回答,考查求职者的抗压能力、解决难题能力、控制情感能力和沟通能力等。

武一飞参加了一场特殊的面试。

"你觉得自己人际交往如何?"面试官笑着问武一飞。

"挺好的。"武一飞自信地回答。

"好的,那限你30分钟内叫到你的20位朋友到达我们面试现场。"面试官一脸正色,向武一飞提出要求。

这时,武一飞马上从口袋中掏出手机,准备呼叫朋友。

"不必了。"面试官摁住武一飞的手机说:"可以了,不必了。"

"你不认为自己这样做,是不是太自私了吗?"面试官接着劈头问武一飞道:"你为了自己面试,不惜让你的那么多朋友放下手头的

事情为你奔波,不觉得你很自私吗?"

多次参加面试的武一飞清楚地知道,这是面试官在对他进行"压力面试",他要面对的是突如其来的难题,甚至是连番的刁难。简略思考后,他从容地面对面试官,自信而微笑地回答:"所谓朋友,那就是在对方需要的时候相互帮助扶持,朋友间的事情有轻重缓急,比如今天我来贵公司谋职,对我来说是人生中的大事,我为了这份工作请求朋友帮助相信他们会答应。而当他们有类似重要的事情需要我的时候,我也会义无反顾。"

武一飞入情入理的回答听得面试官连连点头。这场"压力面试"在紧张中顺利结束了。

据面试官介绍,这样的面试主要是考查求职者的应变能力,能够像武一飞这样沉着应对,处变不惊者胜出机率很大,如果求职者没有经验,显得惊慌失措,就会在"压力面试"这一关被淘汰。

在很多面试中,压力的承受力是一个重要的考查项。因为现在几乎所有的工作都不同程度地承受着压力,前台、销售、人事、财务……,假如求职者一点儿承受压力的能力都没有,那他一定是要被淘汰的。

让求职者感受到压力,就是看求职者在面对不同困难时的不同反应,来考查应聘者是否忍耐或者愤怒,是否容易放弃。这些问题并不期望得到标准的答案,但每个求职者的不同表现会让面试官做出自己的判断:求职者在遇到不会的问题时是怎么反应的,在遇到故意刁难时是怎么反应的,这些本身都体现了一个人的抗压性。

通常情况下,压力面试是穿插在常规面试之中进行的。面试官往往会从以下三方面入手来营造紧张的面试氛围,以达到压力面试的目的。

首先,面试官会制造紧张的面试氛围对求职者施压。为营造紧张的面试氛围,面试官会在面试场地以及室内设备的选择上作文章。比如,面试官会选择狭小的房间作为面试场地,因为狭小空间容易使求职者产生压迫感。也可能会选择较窄的桌子,面试官和求职者在桌子的两端面对面而坐。由于面试官和求职者距离很近,四目相对,目光直视,求职者很容易因此产生紧张情绪。此外,面试官还可能选择一个位置较高一些的座位,以突出面试官

"居高临下"的气势，从而给求职者造成压迫感。

其次，面试官通过身体语言向求职者施压。在压力面试中，面试官会通过一些特殊的身体语言，来有意表现出一种高傲、冷漠、讽刺，有的甚至摆出咄咄逼人的态度，让求职者无所适从，这些身体语言包括避免与求职者保持视线接触，故意不认真倾听求职者的回答，只埋头做笔记，对求职者的回答不置可否等。例如，当面试进行了一段时间后，面试官突然向求职者提一个较难的问题，待求职者回答完毕后，面试官根本不做任何答复，将求职者置于"无声"的状态中，以此营造一种紧张而严肃的气氛，给求职者造成一定的心理压力。

第三，面试官会对求职者展开"追杀式"的提问。为了给求职者制造压力，面试官在提问时，会采取"追杀式"的提问，对求职者进行打破沙锅问到底的质问，或者反复地向求职者询问同一个问题，还会向求职者提一些刁钻的问题，面试官有时甚至会直接否定求职者的回答，故意与求职者争辩。

求职者在压力面试中，要清楚面试官提出问题的类型。面试官会有以下三种提问：质疑性问题、负面性问题、刁钻性问题。

第一，面试官提出的质疑性问题。

在压力面试中，质疑性问题最为常见。这类问题的形式与一般面试问题区别不大，它的不同之处主要在于：在压力面试中，面试官往往会以不友好、讽刺、冷漠甚至命令的语气提问或追问求职者，以此增加求职者的回答难度。求职者在回答这类问题时，应注意以下两个方面：

首先，求职者的态度要端正得体。求职者应保持冷静、自信，不要因主面试官的态度而变得不知所措，乱了方寸。

其次，求职者的思路要时刻清晰完整。求职者在回答面试官的问题时，要逻辑清晰，语言上要简明扼要。如果面试官对某个问题一直追问，求职者始终要耐心回答，直至面试官满意为止。

第二，面试官提出的负面性问题。

负面性问题通常涉及求职者在以往的学习、生活或工作中的失败之处。这类问题因涉及到负面信息，所以加大了求职者回答的难度，容易给求职者

造成心理压力。此外，面试官也可以借助这类问题来换一个角度了解求职者。针对这类问题，求职者可以按照以下三个步骤来回答：

首先要简要说明自己的失败之处。其次要简述自己失败的原因并说明自己是如何改正或提高的。第三要强调自己在失败中汲取的教训或学到的东西。

第三，面试官提出的刁钻性问题。

在压力面试中，面试官有时还会问一些极为刁钻、令人匪夷所思的问题，比如："井盖为什么是圆的"、"在中国有多少钢琴调音师"等，其实，面试官提问这些问题的目的并非是想获得精确的答案，而是主要想了解求职者是如何思考、分析和解决这类问题的，从而考查求职者是否具有良好的逻辑思维能力和创造性思维能力。因此，面对这类问题，求职者无法也无须提供精确的答案，而是应该着重解释自己思考问题和获得答案的具体过程。

求职者在具体的压力面试中，还应该注意以下三方面。

首先，求职者要做到自我放松、保持镇定。求职者首先要明白压力面试只是面试官用来测试自己抗压能力的特定模式。虽然面试的问题千奇百怪，面试官也可能会咄咄逼人、冷漠高傲，但这些都是压力面试的表面形式，因此，求职者没有必要紧张，要始终保持大方得体、镇定自若。在面对突如其来的质问时，求职者应尽力表现出沉着、冷静与涵养。此外，求职者要控制好自己的情绪，在回答问题时平稳而不激动，不能失态，也不要因激动去和面试官据理力争。

其次，求职者要做到耐心回答。求职者需要保持心平气和，才会有耐心去回答面试官提的每一个问题。回答时做到思路清晰、符合逻辑。求职者可以把面试官看作是一位难缠的客户，在坚持自己见解的同时，对固执客户的无理挑剔也要给以耐心的解释。求职者要做到心中有数，回答时充满信心，可以适当地微笑着回答。

第三，求职者不能让自己陷入被动局面，要适时对面试官进行反问。当求职者实在不知该如何回答面试官的问题时，也可以适时地向面试官反问。但是求职者在反问的时候，一定要做到自然、礼貌、得体，不要让面试官认为你是在刻意反问。

密码29 ── 面试常见问题全新解读

面试时，经验丰富的面试官肯定不会平白无故地去问一些看上去与主题无关的问题。在这些问题的背后，其实隐含着面试官想了解，供他做判断的信息。在求职竞争到白热化的背景下，面试官所问的问题与以前有了不同。究竟面试官会通过哪些问题来考察求职者呢？

选择这些技巧，不是要教求职者如何耍诈，去欺骗面试官，而是减少求职者因为对问题不了解而造成与好工作擦肩而过的遗憾。

第一，"请你简单地介绍一下自己。"

在以往，这个问题被划入了面试必考范围内，但如今许多雇主在招聘时，已经很少询问这种问题。现在，这个问题会被面试官偶尔当成即兴问题来提，或者为考查求职者应变能力而提出来，在面试中，这个问题曾经"淘汰"过许多求职者。由此可见，在准备阶段，求职者做一份个人简介还是非常有用的。

第二，"你最近在读什么书？为什么会选择读它？"

很多求职者认为，这是很随和的一个问题，表面上确实如此，一旦把这个问题与这份工作之间的关系联系起来看，求职者就会发现它却恰恰饱含"杀机"：首先是面试官想了解求职者当前的心态状况，如果是浮躁的，肯定不会静下心来读书。其次，是面试官想了解求职者，在这个阶段是否还会去了解专业领域的最新发展状况，这是对求职者学习能力的考查。第三，面试官从求职者的阅读习惯上分析，多少也能够了解求职者的性格和学识水平。

第三,"你选择来我们公司的理由是什么?"

要是在平常的谈话中,这样的问题只是给求职者提供一个阐述自己对这份工作的热情的机会。但放在面试时间,这个问题就有些刁钻了。面试官已经看过了求职者的简历,在多少了解点求职者的背景之后,面试官首先是想了解求职者对企业的了解程度,以判断求职者的目的性,所以求职者事先花时间了解企业信息绝对是必要的。除此之外,面试官更重要的目的是想了解求职者的诚实度,所以,求职者过于冠冕堂皇的话还是少说为妙。

第四,"我们公司你最不看好的是什么?"

这个话题放在面试中来问,对于求职者而言,完全可以看成是一个应变能力的测试,事实上,这个问题确实不好答。因为求职者没有在该公司中真正工作过,对该公司的不足之处自己根本就不知道,基本上也是无法回答的。面试官提出这个问题,其实并没有期待求职者能够有什么完美的回答,只要求职者实话实说即可。

第五,"你对自己的优缺点是怎么看的?"

这道题原本是面试官考查求职者对自我认识的能力,但放在当今就业形势严峻的大环境下,这道题又成为了测试求职者"自信心"的问题。事实上,每一个求职者都不可能说自己没有缺点,也没有这个胆量这样说,而许多求职者此时最容易犯的一个错误在于过分谦虚。

在经济危机的情况下,公司招人往往十分谨慎,同时,因为有众多的求职者,选择的余地比较大,所以对求职者能力值的期望就比以往要高,如果此时求职者对自己的缺点陈述过多,很可能就会被认为是没有能力的表现。任何公司需要的是一来就能干活的人,而不是去招一个新手来培训。

第六,"你的简历上显示你的能力超出了这个工作的要求,你是如何想的?"

这个问题与现实情况关系非常紧密,因为不景气,很多雇主都大量裁员,一大批有能力的职场人进入到了求职队伍中,在职位的竞争上,委身的情形几乎随处可见。可在面试官看来,此时招人大多出于一个长期的战略目的,希望招来的人能够长期效力于公司，而能力超出职位要求的求职者，就要非常好地把握面试官的心态——想招到素质能力尽可能高，又要能够长期安心留在公司中的人才，对面试官来说，如果求职者不能安心留在公司中，肯定是不会录用——因为眼下愿意就职，是被环境所逼的，一旦经济好转，不愿意长期效力的求职者肯定会离开。

第七，"说说你将来的打算？"

对于面试官来说，最后拍板决定是否留用某一个求职者的首要条件就是评估求职者求职是否是一个长期行为。因为经济危机，公司在招聘费用上的预算显然比以往要少，出于成本的考虑，面试官不可能进行走马灯式的招聘。所以在目标的阐述上，求职者最好结合自己的职业发展来阐述来该企业的原因。

第八，"你都有什么爱好，最近一段时间在做些什么？"

这个问题与"你最近读什么书"有着相同目的，从另外一个角度验证求职者回答是否诚实。这个问题的前半句完全属于例行公事的范畴，如果读书和从事活动这两个问题都被先后问到的话，求职者可要留神了，如果不是实事求是，就很容易前后不一致，也就很容易证明你其实是个"演员"。

第九，"你如何看待你的前任雇主？"

如果求职者按照原来的情形去说"好话"，就会被看作是"傻子"了。因为就是"傻子"也知道，在到处都是抢饭碗的形式下，求职者要按照标准来回答。但对于老辣的面试官而言，他们现在有着更强的"反思索"能力，求职者的这样回答反倒会适得其反，会给他们留下一个"境遇世故"的印象。所以，求职者最好的回答方式，就是实话实说，把前任雇主的工作做一个简单分析，以褒为主，适当贬抑一下，有一点请切记，评价前任雇主时，不要涉及人身攻击，而是就事论事。

第十，"说说你的家庭情况。"

了解求职者过多的家庭情况，已经涉及到了求职者的个人隐私问题，面

试官选择这样一个问题就是想了解求职者是否符合自己招聘的要求,比如结婚并有房贷、车贷,这就意味着求职者对工作的稳定性要求比较高,不会轻易跳槽。此时,如果求职者别无选择,可以适当地介绍一下自己的家庭情况。

第十一,"如果公司决定录用你,你什么时候能够来上班?"

听面试官这么说时,求职者不要急于高兴,在人选众多的情况下,面试官只是想从侧面了解一下,看看求职者是否还会有其他的面试安排。因为此时公司招聘的流程和效率必然要比以往低一些,借用这样一个问题来了解求职者短期是否有流失的可能性。要知道如今的雇主在一定的时间段内,往往只是把候选人放入"人才漏斗"精挑细选。此时,求职者最好是回答一些棱模两可的话。

求职者了解了这些,并不意味着求职者能够通过面试,这些面试技巧虽然有用,但在各种人力资源专业测试工具面前,绝大多数求职者还是会原形毕露,所以在使用时,还需要求职者自己拿捏分寸。

密码30 —— 求职中的诚信与智慧

在竞争十分激烈、求职越来越难、工作压力不断增大的今天，掌握求职的智慧显得越来越重要：它会告诉你，在求职的时候如何以最快的速度抓住面试官的心，给你打出高分。

对求职者来说，了解应聘雇主的情况是十分必要的，很多求职者只把注意力放在做简历上，而没有重视对招聘的雇主进行了解。

张义明在校时学习成绩不错，在参加面试时，还特意早到了半小时。当面试官问及对该企业机构文化和项目的理解时，却发现他一点也不了解，原来他根本就没有花时间了解自己应聘的企业。于是他自称所拥有的表达和策划的长处，也无从很好展现了。结果他本来可以拥有一个小时的面试时间，最后短短15分钟就只好结束了。在结束时面试官感慨："你为何不把这早到的半小时，用来上网了解下我们公司呢？"

常言道"不打无准备之仗"、"知己知彼，百战百胜。"求职者在参加面试前就应对所应聘的公司做个全方位、深入的了解。公司的优点，是求职者与公司领导快速消除陌生感拉近距离的桥梁；公司的漏洞，是求职者提出建设性意见即让对方认知你的长处的切入点。

记住：不要总是想着推销自己——了解别人是推销自己的前提！面试之际，有时无声胜有声。面试是决定求职者前途命运的竞技场，大多数求职者都会急于展现自己的能力，甚至惟恐言之不尽。其实，在很多情况下，"无

言"也是一种表现的方式,就像美术中的"留白"一样,同样达到实现让对方认可的效果。

求职者学会当一名倾听者,许多求职者仗着聪明,往往不等面试官把话问完,就中途插嘴,因此常发生错误,这种急躁的态度,很容易造成损失,不只是弄错了问话的意图,中途打断对方,插嘴回答,也有失礼貌。

不知道如何做一名成功的倾听者,求职者自然会败北。耐心听完面试官的问题,弄清楚他要你回答的究竟是什么。有些求职者在听面试官说话时,唯唯诺诺,仿佛都听进去了,等面试官说完,却又问道:"很抱歉,你刚才说些什么?"对求职者来说,也许只是一时的心不在焉,漏听了重点,对说话的面试官来说却是件很尴尬的事。

求职者参加面试时,集中精神,细心地听完面试官的讲话,倾听面试官说话的神情也很重要,听面试官说话时,眼睛望着地下,或嘴巴微张,呆呆地听,甚至重复发问好几次,都会给面试官留下不好的印象。有的求职者常会轻率地问:"刚才这个问题,能解释一下吗?"或者说:"我不太明白刚才这个问题的意思。"这些提问对求职者来说都是不利的。求职者宁可聪明一点地表示:"据我听到的,你的意思是否是这样?"即便求职者真的没听懂,或听漏了一两句,也千万别在面试官说话中途突然提出问题,必须等到他把话说完。只有求职者了解了面试官,才能知道怎么样来推销自己。

求职者应以诚信为本,很多求职者总认为求职是一种展示智慧的过程,吴士宏与另外一个人的求职故事总是被人津津道来,被认为是两个智慧求职的故事。

吴士宏到IBM北京办事处求职,面试官问她会不会打字,吴士宏本来并不会,但是为了不被淘汰出局,她先环视了面试场地,然后她坦然地说会,她之所以敢撒谎,是因为面试现场没有打字机,面试官表示下次将测试。在复试前,吴士宏靠强化训练学会了打字,面试官已经十分相信她,并没有对她进行测试。吴士宏就这样侥幸成为了IBM的一员。

还有一个与吴士宏一样幸运的求职者,一位中国留学生到澳洲电讯公司去求职。这位留学生刚到澳大利亚时,从没有开过车,当面试官问他会不会开车，他也是硬着头皮说会开，面试官给他提出了个要求，让他四天以后开车来公司上班，他仍然没有说出自己不会开车，更没有说自己没有汽车。他借钱买了一辆旧车，通过突击学习，四天后果真开着车去公司上班，从一个线路监控员的职位一直干到公司的高级主管。

这两个故事中的主人翁尽管充满了智慧和胆识，但却不是求职者可以学的，因为他们都太幸运了，老天给了他们一个缓冲期，如果没有这个缓冲期，面试官如果当时就测试，恐怕他们立马都会露馅儿，成为不诚实的教材了。

作为一个求职者，只有在诚信的基础上，才会展现出杰出的智慧。松下幸之助当年因为穿着太差，每次面试都因此而被淘汰，松下没有钱去改变自己的穿着，而随后是一次又一次地去应聘，最后以诚心感动面试官，这种诚信和执着的精神才是求职者最值得学习效仿的。

很多求职者最缺乏的不是智慧，而是诚信。有的求职者本来没有什么工作经历，为了把自己包装成有经验者，随意编造了各种各样的工作经历，只要面试官随意问问，马上破绽百出。

著名的英特尔公司明确地把"注水"的简历看成招聘中的大忌。凡是在简历上弄虚作假的求职者，在英特尔的面试官面前均不能过关。因为这些负责招聘的面试官们，都是部门负责人，工作经验极为丰富，伪造的东西一眼就能被他们识破，如果发现求职者弄假，不管这样的求职者再有能力和资格，都会被毫不客气地淘汰出局。所以对于企业来说，诚实的求职者更受欢迎。

台湾"半导体之父"张忠谋说："诚实是一个求职者最重要的特质，如果让我选择求职者，我一定选择有诚信的人。因为个性诚实、耿直且积极努力的人，工作绩效自然出色。"

面对激烈的职场竞争，求职者应当牢记：诚实守信永远不会过时，它是人的最好美德。求职者不要忘了诚信这个根本，别陷进玩弄所谓的"智慧"的歧途。

密码31 —— 寻找有可能聘用你的雇主

求职者在找工作的前期,首先要研究一下自己关注范围内的雇主。这样做有两个理由:第一,这是求职者寻找雇主的好方法——自己有可能被聘用。第二,这是求职者能更多地了解将为之工作行业的有效方法。

寻找有可能聘用自己的雇主是一件耗时间但值得努力的事情。为了能有效地利用时间,求职者应该把对雇主的研究工作分成两个不同的阶段。

第一阶段应尽力搜集众多不同雇主的一些基本信息,包括:公司名称、地址、电话和传真号码,主要联系人的名字和工作头衔,该公司的性质、产品或服务,公司组建时间,以及员工数量等等详细信息。

第二阶段调查研究工作,应始于求职者着手准备求职面试的时候。这个阶段应致力于了解自己将面试的每家雇主更详尽的信息。求职者的目的是通过了解该雇主的所有情况,进而能够在面试中起作用。

求职者需要知道该雇主的产品、顾客类型、子公司、总公司、地理位置、工业级别、销售和利润趋势、所有权形式、规模、当前规划、主要竞争对手及它们之间的业绩比较和更多的东西。在面试的时候,回答问题时结合这些知识,肯定能感动面试官,使你在面试中脱颖而出。求职者花在这个阶段的时间越多,就会准备得越好。即使求职者觉得时间极端紧迫,也应抽出最少半天时间做面试前的调查。

求职者在面试前要确定3W,即面试前的时间、地点、联系人。一般情况下雇主会采取电话通知的方式,求职者接听时可要仔细听。如果没有听清,千万别客气,赶紧问,求职者最好记住联系人。

求职者面试前的一些必要准备,首先是着装问题。求职者在穿着上力求做到简洁大方，无论求职者穿什么，都必须充分体现自己的自信。一般来说，所穿的服装要保证干净，而且适合此行业穿着。比如：男士穿西装，女士穿套装。着装的好与坏能左右求职者的信心。只有求职者的着装与周围人相融合才会感到融洽放松，求职者的自信心自然也会提升。没必要穿一身名牌，雇主不会看重这些，他真正看重的是求职者的内在素养。

其次是准备面试所带物品，求职者一定要带好自己的简历。因为收简历的人和面试的人往往不是一个人。还有参加面试的求职者很多，简历容易混淆，说不定面试官一紧张，就把你的简历搞丢了。面试官有时会故意向求职者要简历，倒不是因为他没有，而且求职者的简历可能就放在他手上，面试官要求职者简历的目的是要看看求职者办事是否细心、周到，是否是有备而来。求职者还要想到，面试官手里的简历可能是多次复印的版本，或许已模糊不清，面目全非了。若这时求职者把一份纸张精良，制作完美的原版简历送到他面前，面试官必定会眼前一亮。就这一亮的工夫，求职者的印象值便会直线上升。

求职者还必须做好心理准备，养精蓄锐。面试之前先要保证好睡眠，求职者不要采取消极态度，觉得能睡多少就睡多少。一定要按正常的作息时间，保证足够的睡眠。不过有些求职者可能会兴奋过度或娱乐过头，导致第二天疲惫不堪，无精打采；有些求职者打破作息规律，早早就上床，睡得自己头昏脑胀，眼睛浮肿；还有一些求职者呢，紧张过度，死活睡不着。那怎么办？数数催眠吧，无论如何求职者必须睡个好觉。

其次是要按时吃早饭，求职者还能按日常习惯做事为好。为什么说要按日常习惯做事呢？这不仅是个生理问题同时也是个心理问题。如果求职者在面试时突然感觉饿了，求职者就极可能一下子变得很紧张。越紧张就越觉得饿，而越饿就越紧张。这样恶性循环，使得一个小的生理反应变成了一个大的心理反应。所以为了使自己放松些，求职者可以早晨起来晨练一会儿，以保证有一个愉快的心情。

第三是求职者必须有自信心，对于失业者，再就业并重建自信心是非常关键的。尤其是那些因经济危机而失业的求职者，由于摔得太狠，爬起来亦会更艰难。还有一些求职者，由于面试了很多次，经常是到最后一轮给淘汰了。久而久之，信心全失。其实，求职者一定要记住，付出了总会有回报，

只是时间的问题。成功总属于执着的人。

　　求职者万一在面试的节骨眼碰上晦气的事情,怎么办?其实不必太介意,要知道当自己保持一种积极的态度和一个饱满的精神状态时,坏事会变好,好事也会变得更好,无论什么事求职者都要能泰然处之。当自己情绪低落、态度消极时,眼前看到的便全是黑色事件,倒霉的事接踵而至。说到底这都是自己心里的一些主观因素在作怪。求职者用一颗平常心、一颗充满阳光的心去看待求职,就会发现面试没有那么恐怖。求职者保持乐观的心态,就会天天充满自信。

密码32 — 把握5秒钟，莫让简历石沉大海

求职者每发出一份求职简历，心中就多了一个盼望，等来的却是一次次的失望，因为发出的简历如同石沉大海，杳无音信，失望的情绪就这样一次次打击着求职者的信心，究竟是什么原因会造成这种情况呢？什么样的简历才能打动面试官呢？

赵晓月是一个硕士生，她经历了一段艰难的求职路程——投了100多份简历，最终都是石沉大海。

赵晓月是天津的一所重点大学的古代文学专业的硕士研究生，她回顾自己的求职之路时说：“我仿佛是做了一场梦，到现在还没醒。投完100多份简历，竟然没有一点动静！”

赵晓月读研期间学习成绩优秀，还获得了一些奖状和证书。求职之前，赵晓月以为自己有值得骄傲的资本，听到就业指导中心的负责老师介绍当年有630万就业大军，也并没有放在心上。

找工作的时候，赵晓月先选择了一些文秘、行政等看上去和中文专业相关的职位投递简历，不到一个月就送出了100多份简历。不知道为什么，这些都石沉大海了。

赵晓月听说有人玩开心网上了瘾，每天起大早"偷菜"，她觉得不可思议。可听找到工作的同学介绍说，早起投简历会增加被挑中的机率时，赵晓月也开始"偷菜"了。每天清晨5点，赵晓月会准时从床上爬起，在各大招聘网站"海投"，媒体、出版、营销、策划、企业文化宣传等，不论和中文专业是否挨边，只要不限专业的，都试着去投。

赵晓月又听说,简历要根据不同的岗位需求不断更新,于是,她为自己设计了七八种面貌各异的简历。投递文秘岗位的简历,在"实习经历"一项,就重点写做兼职教师的经历、处理文稿的能力,还附上原创诗歌;投递营销岗位的简历,就在个人技能一项突出自己的应变能力、适应能力等。赵晓月自己的感觉就像自己同时拥有了七八张脸。

"海投"之后,赵晓月每天都希望手机会响,常常下意识地拿出来看看,生怕会错过什么。但是,一个电话也没有。

赵晓月投出的简历可能在筛选的过程中就被扔到了垃圾桶里了。企业筛选求职者的简历时,是先筛后选的,"电眼"一开,只需5秒钟左右就可以得出扫描结果。写得好的简历先放在要保留的那一摞儿,一会儿慢慢看;而写得不好的简历(格式不规范、打印不工整的简历)则会被毫不犹豫地扔进垃圾桶。而垃圾桶被招聘人员习惯地戏称为"人才库"。

这样看来,求职者简历制作的诀窍是——把握5秒钟机会。某公司招聘20个人,先进行网投,收到近5000封简历。初步删除后留下30%,也就是说有3000多人直接被淘汰了。一个雇主招新人的时候,往往会收到很多求职者的简历,初步删除是第一关,每天人事部门都要看上百封简历,每封简历上他们的目光停留的时间一般只有5秒。求职者想想看,5秒钟到底能看多少字。

什么样的简历在初步删除中就会被淘汰了呢?如果是应届生,人事部门会先看求职者在学校学的专业、表现和实习经历。如果是专业性岗位,那么不符合专业的就会被直接淘汰,如果是管理类岗位,会重点看是否有丰富的实践经历,简历中的这一栏如果是空白,就容易被淘汰。5秒太短了,如果想找的信息一眼看过去找不到,或者表达繁琐层次感不强,文字密密麻麻看得人头晕,对不起,请你出局!

那么,简历中最关键的"部位"在哪儿?人事部门筛选时一般会最注重岗位的匹配度。匹配度首先表现在求职者学的专业,其次是求职拥有的不容

易被培训的能力。企业并不想了解求职者到底完成过多少任务,而是想知道求职者是否有匹配所应聘岗位的能力。有些求职者说自己没有工作经验,不要有这个顾虑,积极为自己争取面试机会,重点展现出自己符合岗位要求和不容易被培训的能力。

求职者的实习经历在简历中表述需要有技巧。

应届毕业生小王,在校期间做过餐厅服务员,有一段短期的产品推销经历,还在某公司实习做过行政助理。在简历的社会活动一栏,他一般会这么写:"某年某月~某月,我在某某饭店做服务员,工作是点菜送菜……"

小王简历中的时间、地点、事情都表达得很清楚,可看不出他有什么技能。制作简历的诀窍就在于,要学会提升,比如"我在餐厅做服务员期间,在用餐高峰期,我通过对客户需求的分析,通过协调接待员,优化了点菜的流程,提高了效率。"这样面试官就能看出小王有组织和团队协作能力。做实习行政助理也一样,"我在做行政助理时,通过对历年办公用品进行分析,制定预算,并采用供应商招投标,选择最低成本,使得全年办公用品成本降低了30%。"这样的表述说明小王有沟通能力,有成本意识,最后还有数据证实小王的成绩,效果就会好很多。

求职者要注意的是:自己的一切要以事实为依据,否则即使获得了面试机会,也过不了关,不是亲身经历的事情很容易露馅。所以建议求职者一定要有意识地积累实习经验。另外,求职者所展示的能力一定要与应聘岗位的特性相吻合,否则效果就会大打折扣。

求职者在简历中如何突出自己的社会经历呢?很多求职者说,社会经历这块我做过的事情很多,但很散,不知道如何包装才能达到最佳效果。告诉求职者一个秘诀,这个问题其实并不难,按着步骤来就行了。

第一步:求职者坐下来好好回想,把所有的实习以及参加过的社会活动全部罗列出来,千万别遗漏。

第二步:求职者分析自己所应聘岗位的特性,比如:应聘的是会计岗位,这个岗位会看重细心、对数字有概念等等。从罗列的社会活动中挑出能体现细心、有数字概念的活动。

第三步:求职者把选出来的几个实践案例用数字罗列清楚,然后进行包装。比如：一个求职者应聘一个销售经理岗位，求职者可以这样描述自己的实践经历："我在帮一家公司推广新 MP4 时，组织策划了竞猜活动，吸引了 3000 名消费者。"有事件、有数据，应该说表达得不错了，但如果在"消费者"前加"潜在"就更棒了，别小看这两个字，说明他有判别客户的能力，雇主不仅需要勤快的人，更需要聪明的人。

求职者在简历中又会常常不自觉地犯下列错误：

第一，求职者的简历如同裹脚布，又臭又长。

求职者的简历，如果过长不但毫无作用而且容易掩盖重点，所以建议篇幅不要超过 2 页。在简历后附上一大堆材料，并不会增加录用机会，所以建议不要把获奖证书也附上，只需说明一句，"所有获奖都可提供证书"，这样还体现了求职者的勤俭节约意识。

第二，求职者的简历成了万精油。

如果求职者的简历发给所有公司都可以用，建议这样的求职简历还是考虑慎重再发出。曾经有这样一个求职者发了这样的简历，开头写的公司竟然是别的企业，他的简历立马被淘汰了。

第三，求职者的简历不要成为不倒翁。

求职者的求职意向不填或者天南地北填写一堆。简直是超人在世，无所不能。求职者在投简历前，千万别忘记分析雇主的招聘要求，看仔细再投。曾有一位求职者同时投了一家雇主的 10 个岗位，多投不会带来高命中率，只会让雇主觉得求职者连自己都不了解，稳定性比较差。

第四，求职者的简历杂乱无条理。

一些求职者把在校期间实习和工作经历放在一起，结果短时间内分不清他是应届还是往届，直接被淘汰出局了。求职者千万不要考验雇主的耐心，他不会有耐心的。

第五，求职者简历上留的联系方式也很重要，不然雇主会找不到你。

求职者简历上电话关机或无人接听的现象时有发生，大概有5%的求职者因为电话联系不上而失去一份工作。所以，求职者别忘记更新简历上的电话，要保证雇主能顺畅地找到你。

第六，求职者在制作简历时粗心，马大哈。

求职者在简历做完后，要检查一下语法拼写。这虽然是细节问题，也体现了求职者个人潜在技能。曾经有一个英语专业的求职者，英语非常好，工作经历也很符合岗位要求，因此很顺利地得到了一家世界500强企业总经理秘书岗位的面试机会，但是最后对方却没有录用她，就因为她在填写英语求职表的时候拼错了一个单词，企业认为这个人不够细心。

简历好比求职者的"脸面"，如果出现错字、时间顺序混乱或内容错误等情况，无疑会让人觉得连自己"脸面"都收拾不好的人，工作也好不到哪儿去。所以，简历填写完毕，作为求职者要反复检查、核对以保证无误。

第七，求职者的简历与雇主岗位要求明显不符。

求职者的简历呈现出来的工作经验与应聘岗位差异太大，也是被淘汰的原因。如雇主招聘软件开发人员，求职简历里却呈现出做销售或客户开发的工作经历。如果一个求职者同时应聘三个岗位的简历，基本得出这样的结论：什么都能干的人，可能什么都干不好。因为这样的简历没有突出任何方面的技能或专长，自己对自身的发展不清楚，如无头的苍蝇乱撞，对这样的人雇主不会感兴趣的。

第八，求职者简历内容简单，凸显不了招聘岗位需要的内容。

求职者的简历只是程序化地列出接受教育、参加工作的时间段，对涉及到的实质内容则轻描淡写，让人无法了解其干过哪些工作，具备什么样的知识、经验、技能，这样的简历呈现出来的信息很有限，不会引起招聘人员的注意。除非，应聘的人员实在少，招聘人员会耐着性子，打电话具体询问一些情况或要求其详细填写应聘表，但是对于急于得到工作的求职者，还是自己主动充实简历为好，毕竟守株待兔的好事概率太低。

　　对于求职者来说，要想使自己简历顺利通过招聘者的筛选，获得面试机会，除了尽量减少因求职者自身造成的不必要的影响因素外，惟一能把握的就是写好简历。记住：写好简历是求职成功的第一步。在写简历前，求职者应该花一些时间了解自己的优点和目标。在简历上反映出自己的能力和特长，说明自己胜任所申请的职位。求职者做到这些，面试机会离你就不会太远。

密码33 — 简历中的"秒杀"

求职者在制作个人简历时，有一句话可以用来作为戒条：扫描你的简历，看不懂。为什么让求职者以此为鉴呢？因为雇主就是在这样做，他看不懂求职者的简历时，就会将其淘汰了。

任何一家在招聘的企业，每天都会有许多求职者投递简历，如果求职者的简历写得太差，雇主根本就不会保留。因为这些雇主认为，一个连推销自己的简历都写不好的人，将来进了公司，自然不能打动客户、赢得订单。雇主不会聘请说话含糊其辞，让人完全不知所云的求职者。

求职者的简历不要写太多的内容，最好控制在一页内，因为没有雇主会认真看简历上的每一条内容的，雇主只捡自己需要的看。一方面，求职者的简历要写得精练；另一方面，简历也要力求精彩。

有的求职者善于"遣词造句"，喜欢运用夸张和动人的词句，只要觉得可能会给自己的颜面增光，都会大笔一挥，"信手拈来"，不计后果。在面试中，面试官会对求职者简历中提到的一些新奇的话题、突出的成绩或者明显不合逻辑的工作内容感兴趣，想问个清楚。可以说求职者简历中的任何字句，都有可能成为面试中的话题。

求职者编造的故事永远不等于事实，这样的简历求职者也不敢让面试官反复阅读，因为读的次数越多，露出的破绽就越大。

求职者出色地简历是为自己赢得面试机会的"利器"。那么，怎样才能做出这样的简历呢？其实，求职者的一份具有清晰职业规划的简历，就是具有"秒杀"作用的简历，它能够快速获得面试官的青睐，为求职者赢得面试机会。

那么，职业规划在简历当中该如何体现呢？求职者的简历可以从以下五个方面来体现个人职业规划：

第一，求职者的自我评价。

一般来说，雇主在浏览简历时首先看的就是求职者的自我评价，出色的自我评价能使求职者的简历在众多背景类似的简历中脱颖而出。雇主从自我评价中想看到的是求职者对自己的了解，以及求职者对雇主所招聘职位的了解和匹配度，这些恰恰体现了求职者的职业规划。

比如：一个求职者这样自我评价："我是一个对工作满怀激情与热情的成熟男人，多年的销售经验令我身经百战、所向披靡，选择我，没错的！"

这种自我评价虽然充满激情，但是会让雇主误以为是一封求爱信。在自我评价部分，求职者应该简明扼要地表明自己最大的优势所在，比如："我在XX行业已经有6个年头，出色地完成销售任务，业绩已过千万……"，同时尽量避免使用空洞、老套、外行话等泛泛而谈的语言。简历上最重要的是要表明求职者的专业、能力、经验与该招聘职位高度匹配，让雇主认为你就是该职位的最佳人选，达到了这样的效果，雇主自然会对你求贤若渴。

第二，求职者的求职目标。

很多求职者认为简历对自己究竟要找什么工作需要保持一定的模糊性，这样，求职时可以选择的职位更多，赢得面试的机会也将增多。结果简历上写着这样笼统的语言："希望找一份具有挑战性、发展空间宽广的职位。"这其实是一个误区。连自己要找什么工作都没想明白的人，雇主怎么可能给这样的求职者提供机会。

求职者在进行求职之前，要先做一个全面的职业规划，其中特别包括职业性格、职业倾向性等测试，在科学测评的数据基础上，查证自己更加适合于做哪个行业，哪种职能工作。这样做的好处是帮求职者更清楚地了解自己的能力、特长及不足，通过量化，一目了然。

当求职者明确了职业定位后就能够快速锁定求职目标，自己知道该找怎样的工作，在哪里可以获得这样的工作机会，在简历上就能"投其所好"，在求职目标一栏，给雇主们一些具体的信息，比如把焦点聚集在你和雇主的需

求上面,例如,"市场部经理"就比"适合我工作能力的职位"要好得多。

第三,求职者的工作经历。

求职者的简历上不要只局限于陈述工作内容本身,如同记录流水账一般,而是应凸显求职者的职责和在工作中所取得的成就,避免空话、套话。

求职者要明白经历不等于经验,不是拥有丰富的经历就能转化为有效的竞争力,雇主想要看到的是求职者从工作经历中获得的知识和技能、学习能力以及实践能力,了解求职者在过去的工作中得到了怎样的成长。所以,求职简历上要写可以证明或者佐证求职者资历、能力的事实和数据。有效的业绩中能展现求职者对过去工作的胜任,以及对目前所应聘职位的胜任。在这其中,要表现出的核心则是——所有的工作经历都是紧紧围绕着求职者的职业目标和职业规划而稳步发展的。

第四,求职者的职业期待。

很多面试官会在面试中问求职者:"你期望从工作中获得最重要的回报是什么?五年内的职业目标是什么?"一些求职者看到这样的提问不知如何作答才好,其实,如实表现出自己的职业期待,可以向面试官表明,自己对于此次求职是有计划、有想法、方向十分明确,而不是随意海投简历、靠撞大运而随机求职的行为。对于上述问题可以有两种回答:

第一种回答:"我认为,这份工作最重要的是,适不适合我来做,如果适合我就能够充分发挥出我的专长——这会给我带来一种满足感和成就感。我还希望所做的工作能对我目前的技能水平形成挑战,从而能促使我提升自己。"

这样回答既表达了出色地完成工作时自己能够获得满足感,也说明了挑战自我极限和自我发展的重要。

第二种回答:"在今后五年内,我希望能够在一个很好的职位上呆几年,而且最好能有一次晋升,不管是向上提升还是在企业内横向的调动,对我个人来说,我希望找到一家愿意做相互投入的企业呆上一段时间。"

这样回答表明求职者有雄心和在这企业中的成长方式,表达了横向调动和向上提升愿望,具有高度的灵活性。

第五,求职者的综合体现。

求职者要懂得运用职业规划知识来武装自己的简历,让自己的简历处处都渗透着职业规划的"气息"。

不管是求职者的教育背景还是培训经历,抑或是以往的工作经历,都是以自我职业定位为中心,内容都是相互紧密关联,整体加以体现的。

求职者简历中展现的个人职业规划,还要结合雇主的岗位要求、企业文化以及发展战略来制作,千万不要写与雇主无关的"个人长远想法"。总之,求职者要让自己的简历瞬间吸引住雇主的眼球,产生"秒杀"的效果,不是把简历做得标新立异,或者一厢情愿地发挥天马行空的创意就好。

密码34 —— 简历中的瑕疵

在这个后经济危机时代,一切更是充满了变数。总有一些"意外"会令求职者措手不及,有的求职者原本顺畅的职业生涯意外中止,履历出现空白期。有的求职者冲动创业却惨遭失败,如今是"鸡首"难为"凤尾"。有的求职者少不更事,曾被劝退,在过往中纠结。有的求职者追求完美,跳槽上瘾,"跳蚤"也悔不当初……

一家国内著名公司要招一名部门经理,待遇优厚。消息一出,求职者如潮涌来。其中不乏名牌大学毕业的高才生,更有身手不凡的"跳槽"精英。然而,最后的结果出人意料,毕业于一所普通大学的相貌平平的王明浩被录用了。

面对众多求职者疑惑的表情,公司老总笑笑说:"我发现,在你们众多人的自我简介中,介绍自己的特长与成就时全都是溢美之词,大家都把自己的优点与特长包装得相当完美,但没有一个人提到自己的任何缺点。惟有王明浩,他递给我的不只是一份描述他的真实特长而且也是一份感情真挚地记录他失败经历的履历。"

大家争相观看王明浩的简历,只见上面工整地写着:

1. 大一上学期,交 50 元中介费找家教,左等右盼终于找到一份,却因家长过于挑剔,自己主动辞职,钱打了水漂儿。而某同学张贴广告宣传自己,未用几元钱便同时找到 3 份家教。

2. 担任某奶业公司学校代理期间,领导十几个人挨门送奶。自己也分担了给两幢 7 层楼送奶的任务,每天凌晨 4 时就必须开始奔波。第一个月却因用人不善导致账目出现纰漏，直接损失近千元。

  3. 首次竞聘，却与自己一同学同争销售主管一职。单独面试时经理问道："你认为，你俩谁更胜任此项工作？"结果将同学举荐，自己却被老总婉言拒之门外。

  4. 来此应聘之前，因不愿替老雇主卖足可以假乱真的配件，用雇主的话说"使公司损失几万元"，被炒了鱿鱼。

  没有人会想到王明浩的失败经历竟成为求职亮点，众人在惊叹之余，不解地问，"王明浩，你是怎么想到这样包装自己的？"

  李王明浩笑笑说："我从没想过要包装自己，我展示的都是自己真实的经历和想法。"

  众人更惊讶了："那些可都是你失败的经历，你就不怕被老总看出你的愚笨？"

  一旁的老总笑呵呵地说："你们看到的只是王明浩以前的失败，我关心的是王明浩今后的成功。商场如战场，我需要的不仅是一个诚实可靠的人，还需要一个充满智慧、愈挫愈勇的战士。"

  在人的一生中，工作时间可达30~40年，其间人们转换工作的次数平均可达8~10次之多，因此，简历绝对不是一张纸那么简单，它是求职者人生的"地图"。在僧多粥少、竞争激烈的求职场上，为了增加自己被录用的机会，很多求职者都给自己的简历戴上五彩的光环，其实，公司在决定录用你时，这些关键的信息都是要核查的。如果简历造假痕迹重，有经验的雇主一眼就能看出来。制作简历的要素只有两个：真实和简单。

  当面试官就在眼前，面对简历中的过往瑕疵，求职者又该如何沉着应对？在今天竞争激烈的职场上，很多求职者都会遇到职业空白期，如果职业空白期不可避免，是不是求职者就无能为力了呢？求职者怎样来应对简历上的职业空白——尴尬的"真空"期呢？

  赵丽鑫是一位年轻的采购主管，她一直都记得那位面试官看她的眼神，他低头看着赵丽鑫的简历，然后用红笔在上面重重地划了一道。他追问赵丽鑫那半年空白期，赵丽鑫不觉一愣，随口编了个

理由搪塞过去。结果,前半场开局顺利的面试却在解释这半年的"真空"期栽了跟头。

那段空白堪称赵丽鑫职业生涯的"滑铁卢"。

毕业后,赵丽鑫在国企干了没两年,便跳槽去了一家合资公司做采购。一年后,赵丽鑫顺利晋升采购主管,然而好景不长,公司经营状况发生变化,业务量持续萎缩,采购部也基本处于半停顿状态。最后,一个部门就剩下赵丽鑫独自支撑。朋友们都劝她走为上计,她也在网上暗中寻找机会。

这时,一家在业内前三的公司通知赵丽鑫去面试,经过前两轮淘汰面试后,赵丽鑫顺利地进入了第三轮。赵丽鑫充满自信,认为机会就在眼前。于是赵丽鑫辞职了。就在赵丽鑫满怀希望等待新雇主的上班通知书时,新雇主却迟迟没有回音。赵丽鑫着急了,打电话过去询问,新雇主称还在考虑中。

赵丽鑫彻底失望了。此后,赵丽鑫又面试过几家公司,结果不是高不成就是低不就。漫长的失业生活正式开始了。这段难捱的日子却成为下一个求职机会的"拦路虎"。

在大多数面试官眼中,求职者职业空白期并不可怕,可怕的是求职者没有从中吸取经验教训,以及缺乏正确看待职业瑕疵的态度,如:回避、掩盖、撒谎等。赵丽鑫的面试失败原因是她缺少正视职业空白期的勇气和管理职业生涯的能力。

面对面试官,求职者又当如何妥善地处理敏感的职业空白期问题呢?

第一,求职者要摆正态度——诚恳面对面试官,切忌造假。

也许有些求职者会想到,在这一时间段内编造一场就业经历,或者把前面几段就业经历的时间拉长,补上这段职业空白期,以掩盖职业空白期这一事实的真相。其实求职者的这种行为是不可取的。事实上,雇主在录用新人时,除了看简历上的内容外,还要核实简历内容的真实性。如果被雇主发现简历或者面试过程中有欺瞒的行为,那么即便求职者个人其他方面的素质再优异,雇主通常也是不会考虑录用的。

第二，求职者要勇敢应对——准确定位职业方向，让空白期体现职业价值。

求职者诚恳地表达事实，同时恰如其分地体现职业空白期对于新工作的价值，这才是处理这一敏感问题最好的方式。要体现职业空白期的价值，首先要对自己的职业生涯有个定位和规划。自己适合做什么，自己将要做什么，目标岗位需要我拥有什么，这些都必须弄清楚。比如上面的例子，赵丽鑫可以委婉地向雇主表明其实她这半年的时间都在为新工作做准备。

第三，求职者要预防为上——职业空白期也是能量储备期，预防是最高策略。

任何事情都有利有弊，职业空白期虽然因就业经历的空缺给求职者求职造成一定的困扰，但从另一方面来说，它也使求职者可以有更多时间、精力，能从更客观的角度来剖析自己的优劣势，分析行业的境况。

这一期间，求职者不妨为自己的职业生涯发展进行一次全面的回顾和盘点，找出问题和弊端，从而为自己做出一个更科学、合理的职业生涯规划。还可以利用这一时间抓紧进行充电，为即将开始的新起点储备足够的能量。做事不能意气用事，不能一时冲动，而应当想好了再做，准备好了再做。俗话说，"凡事预则立，不预则废"，说的就是这个道理。

密码35 —— 简历成功的"秘密"

刚毕业的彭新宇,通过自己的"明码实价"简历,拿到了某知名文化公司的录用通知。他的简历对自己的能力及不足来了个"明码标价",乍一看,就像一个"价目表"。

彭新宇成功地利用这份别出心裁的求职简历,敲开了用人单位的大门。不可否认,彭新宇在这方面还是有些小才能的。和其他求职者在制作求职简历时眉毛胡子一把抓的情况不同,他不仅能够认识到自己的优点和缺点,而且敢于明确地为自己的这些素质进行估价,给人有货真价实的感觉。相信从这份简历当中,雇主不仅读到了彭新宇各项素质的报价单,而且也会从中理解到他的创新能力。

与其说是"明码实价"的简历,让彭新宇轻而易举地走进雇主的大门,不如说是他那与众不同的思维能力和动手能力,在他与别的求职者竞争时,给了他超人的法力。但是,最终使他获得比较满意的工作的,并不是他那"明码实价"的简历。该公司的老总说,他得以应聘成功,真实的原因是他在后来的笔试及面试中表现出色。

在简历的背后其实隐藏着秘密——求职者的综合素质。所以,请求职者注意,求职场上危机四伏,修炼素质才是最重要的,惟有面对竞争才能克敌制胜。

求职者简历制作是求职过程中的第一步,也是相当关键的一步。雇主通过简历上的信息,对求职者进行初步的资格筛选。求职者最终能否获得面试机会,简历就起着至关重要的作用。

那么，求职者在撰写个人简历时应注意哪些技巧，怎样才能吸引雇主的眼球，增加面试的机会呢？求职者成功的简历应具备以下几点：

第一，简历版面干净，有条理。

求职者的简历版面必须干净，有条理、一目了然。因为，雇主喜欢简历结构清晰、一眼就能找到相应的信息在哪里。在描述个人信息时，求职者必须用数字与事实来说话。尤其是"自我介绍"这个环节，通过实例来说明自己的优点，而不是一味只说"有责任感、组织能力强"这种空泛的表述。

第二，求职者的简历制作要有针对性。

求职者在制作简历时，必须对简历进行"客户化"，做的简历必须有针对性，针对每一个雇主和职位去制作不同的简历。在简历中重点列举与所申请公司及职位相关的信息，弱化甚至删除雇主可能并不重视的内容。尤其是把符合雇主要求的信息点放在 A4 纸的上 1/3 处的黄金位置上。在编排信息点时，要进行逻辑分类，从而体现出求职者的逻辑思维能力。最后，简历的语言表达必须做到简炼，一页为好。在完成简历之后，一定要找至少五个人看，让他们圈出不明白的信息和感兴趣的信息，对简历再次润色，逐步完善自己的简历。

第三，求职者在网上投简历的时候，不要以附件形式发电邮简历。

简历制作完成后就要投简历，求职者如何才能把简历顺利提交到雇主的面前呢？这个小小的细节在求职过程中也充满了学问。发送简历时，最好直接将简历粘贴在正文中，粘贴后要重新排版，不要以附件的形式发送。

电子邮件必须写上自己的姓名以及应聘职位。同时还要写下有针对性的附言，说明你符合招聘的最基本的几点要求。在结尾时，可以适当写上祝"工作愉快"、"心想事成"等祝福话语。另外，还要注意的是，招聘启事上通常都要求"学历证、学位证、身份证复印件、小一寸相片"，对此，原则上只需发电子邮件简历和照片即可，并在简历上注明"为防止您下载过慢，本

人将在面试时携带'三证'以供查验,谢谢!"面试官会更喜欢这种做法。此外,除了电子邮件简历外,假如求职者对某职位非常感兴趣,就可以选择邮寄甚至亲递简历,成功率可能会更高。因为设计精美的打印简历更容易给面试官留下好印象,而且减少信件遗失的可能性。

Chapter4 ◎ 简历的"秒杀"

密码36 — 简历中的"秀"

为了吸引雇主的眼球，求职者还必须在简历中"秀"出自己与众不同的亮点，即使它与应聘的职位没有直接联系，但这往往能体现出求职者的"可转移能力"。

制作简历是求职者走向职场的第一步，也是职场必修的一门课。据了解，许多求职者其实并不知道什么样的简历才是适合自己的，怎样写简历才能把自己"秀"出来。

到了大四，王俊和他的同学们一头扎进了求职大军中。十月中旬，学校组织一场大规模的毕业生双选会。王俊从一接到消息就积极投入到了准备工作中去。准备的工作很多，其中最重要的准备就是制作一份精美的求职简历。

学校为王俊他们准备了一种蓝色的简历封皮，A4纸大小，封面与封底是由学校最好的教授设计的，端庄大方，无可挑剔。于是，王俊和他的同学们将创意发挥到简历内容里，一个个都想方设法把内容做得更有特色一点。

参加招聘会的路上，王俊和同学们都拿出自己的简历来展示，猛然看到孟一凡的简历非常独特，孟一凡的简历居然比王俊和其他同学的简历整整小了一号，里面也没有过多的修饰。王俊和同学们笑了起来，问他："一凡，你不会连简历都偷工减料吧？"

孟一凡笑了笑，顺口回答说："我这叫节省资源！"

王俊和同学们笑得更厉害了，心想，这个家伙真是吝啬到家了，

连一份简历都偷工减料。

招聘会场,人山人海,王俊和同学们很快就被人潮淹没了。当王俊走过一个个展台的时候,王俊不禁汗颜,因为在每一个招聘人员的身边都堆着小山般的简历。王俊每投出一份简历心里就一阵迷茫,因为总是不出几分钟,王俊就能看到自己精心准备的简历被新的简历重重地压在下面。王俊甚至怀疑招聘官是否会在招聘结束之后去重新翻出自己心爱的简历。

王俊和同学们谈论起自己的担心时,大家的脸上也露出了同样的担忧。

带着这样的失落与好奇,一直到招聘会结束之后,当招聘官们都开始收拾东西离去的时候,王俊和同学们却迟迟没有离去,王俊还特意到几个自己比较抱有期望的公司展台上去看自己的蓝色简历处在什么"位置"。这时,王俊惊讶地看到一本小一号的简历,几乎都摆在每个简历堆的最上面。王俊一眼就看出来那就是孟一凡的简历。

王俊回来把这件怪事情告诉了同学们,他们诧异地问孟一凡:"你小子暗地里说了什么好话啊!招聘官居然都把你的简历放在最上面,放在第一位啊!那可是最佳位置啊,就是最好的机会啊!"

孟一凡笑着说:"其实也没有说什么啊,就是事先把简历做小了一号,招聘官大概都觉得不好堆在下面,只好放在最上面啦……"

王俊和同学们顿时惊讶得目瞪口呆,原来,孟一凡把简历做成小一号,根本就不是偷工减料,而是为了得到最好的位置,这是多么聪明的做法啊!

孟一凡的创意果然得到了收获,他成了同学们中间第一个找到好工作的人。

孟一凡以小一号的简历赢得了大一号的机会。

事例中的孟一凡通过别出心裁的简历,为自己赢得了最佳的机遇。这是值得每个求职者学习的地方。有很多类似的故事值得求职者去借鉴。

第一，求职简历需要精美封面吗？

求职简历需要封面吗？许晓明至今也没弄明白这个问题的确切答案。当初，许晓明做的第一份简历也和其他求职者一样，在网上下载的logo，而且他还制作了一个简历封面，彩色打印后很是精美。但在应聘过程中，许晓明发现简历封面没有一点用，相反，有时还是一个累赘。

其实求职者给简历设置封面，越来越不被人事部经理认可。这种在求职者看来"用心良苦"的制作，在人事部经理看来却是多余的，既浪费了他们的时间，又浪费了纸张。但事情并不是绝对的，如果求职者是学设计的，一个设计精良的封面往往又成了你简历的"杀手锏"。

第二，求职者的简历一页够了吗？

彭嘉昕毕业于某大学的新闻专业，他一心想进入新闻媒体。与别人不同的是，彭嘉昕的简历永远不是一页，而是一本。除了个人的基本情况、实践经历、获得的荣誉等常规项目之外，彭嘉昕还会在简历后面附上自己在报社实习期间发表的作品。由于作品有一百多篇，所以彭嘉昕的简历最厚时就像一本书。彭嘉昕认为，厚的简历才能反映出自己的成果和做事的态度。

其实，简历的重点就在一个"简"上，没有必要长篇大论，更多的面试官只喜欢那些简练的简历。这也是大多数知名企业的招聘官的普遍看法。但对于某些注重实际经验和表达创意的行业，也可以多附点自己的作品，但不用太多，能表现出自己的能力即可。

第三，求职者的一份简历能包打天下吗？

余广生是一位药学研究生，他的职业目标首选是高职教师，其次是高校辅导员，最后是医药公司研发人员。为此，他设计了三份简历，应聘高职院校教师的简历突出自己的科研成果，应聘高校辅导员的简历就突出自己的学生工作经历，应聘医药公司研发人员的简历就突出自己的实验操作。三份简历投往不同的岗位，他认为，这样才是有的放矢。

求职者千万不要用同一份简历去投递所有的职位，要讲究针对性，针对每一个公司和职位制作不同的简历。在简历中重点列举与所申请公司及职位相关的信息，弱化对方并不重视的内容，这样才容易脱颖而出。

密码37　简历要"简"而有"力"

对于求职者而言,"简历"是一个再熟悉不过的名词,每个求职者都撰写过自己的简历,作为敲门砖,帮助求职者获得工作。

邓希捷是江西工业大学计算机科学与技术应届毕业生,人事经理江经理看完邓希捷的简历后,给出了这样的评价:"首先,这份简历有封面,相当于有一个主题。其次,还做了一封自荐信,用短短的篇幅介绍了自己,这也很好。但这份简历有个最大的缺点,没有说出自己能够打动别人的地方。"

江经理接着又说:"我觉得简历有四点非常重要,第一,为什么选择我?第二,我和其他竞争者有什么不同?第三,我为什么比别人强?第四,我能够为企业创造什么价值?就这四条,简明扼要,以争取到面试的机会。再说这份简历的字体没有区别,这让我看起来觉得很累。因为一般老板不会花大时间去看很长的文字,所以要醒目。"

求职者简历常被称为:CV 和 Résumé。其实 CV 是拉丁文 CurriculumVitea 的缩写,意思是"你经营生活工作的方式"。Résumé 来自于法文,意思是"摘要"。

"摘要"就是求职者简历中的"简",写好"简"是需要一些技巧的。

简历中的"简"就是突出求职者个人优势,秀出亮点。严格地说并不是简历,而是个人简介。简历的作用在于向雇主介绍自己,就是求职者个人的"产品说明书",制作简历要精雕细琢,条理清晰、布局合理、主次分明、亮点突出。

求职者首先必须明白并牢记:简历的目的是要求面试的机会,而并非得到工作!因为雇主不可能看了简历就决定雇用你。如果求职者希望自己的简历能脱颖而出，给浏览简历的雇主留下深刻印象，从而赢得面试的机会，那求职者必须刻意地准备自己的简历。

雇主雇佣员工是为他赢利的，其赢利价值又决定了不同的职位。如果求职者的简历能体现出自己可能为他带来的赢利价值，那雇主一定会约求职者面谈。如果求职者能在简历的开始阶段，在显著的位置，用一句话描述自己能为新雇主带来的价值，这对于看简历的雇主而言，会留下深刻的印象！

由于负责初期筛选的招聘人员的眼神停留在每份简历的时间不会超过一分钟，所以求职者的简历必需有吸引雇主的格式、内容，这样才能让他延长阅读的时间，同时增加求职者被邀请去面试的机会。

求职者的简历格式是有讲究的，只有赏心悦目的格式才能吸引住雇主的眼球，让他有兴趣把简历的内容看完。一般来说，雇主不喜欢顶天立地的格式。

作为招聘方，雇主阅读简历的目的是想通过了解求职者的过去，从求职者过去的成就去判断求职者将来的成就；如果雇用求职者的话，就会考查求职者能创造的价值。因此，按照这个思路他最想了解：求职者的前雇主；求职者什么时候为他们工作；求职者工作中的成就，而不仅仅是工作的职责。

因此，求职者可以从左至右地列出这些内容，因为所有人的阅读习惯都是从左至右的。另外，人还有一个阅读习惯就是自上而下，因此，简历中的职位也应当自高而低地列出，换句话说就是，求职者应当用倒叙的手法写简历：目前的工作在最前面，学历在最后面。

有些内容不要出现在简历中，因为一旦这些内容不合招聘的条款，求职者将失去面试的机会。比如：薪水，包括目前的薪水及渴望的薪水；离职的原因；以前的雇主；专业术语；错别字及语法错误等等。

对于简历所使用的纸张也有讲究：不要用复印件，用原件；一般用A4规格的纸张，不要用其他规格的；更不要用廉价粗糙的纸张。

如果出现上述问题，新雇主会认为求职者在敷衍，不重视。求职者在找工作中常常是处在被动的位置上，投简历、面试、听通知，录用不录用自己是雇主说了算，求职者没有主动权。求职者在简历上掌握着主动权，完全可以变被动为主动。

第一，用"点句"来表达，简单明了，避免用大段文字来陈述工作经历。

第二，以往所取得的成绩，遵守"重要优先"的原则，不必按照时间顺序排列。

第三，根据求职职位决定主要职责与主要成就的排序问题。

第四，以往接受培训的内容放在每个企业的后面写。因为培训是公司内部的一种奖励形式。

Chapter4 ◎ 简历的"秒杀"

密码38 —— 简历的"历"与"投"

求职者丁鹏飞是一个典型的"简历传单员",每月奔波于各大招聘会现场发简历,半年下来一无所获。有人问丁鹏飞:"你这样累不累啊?是不是要把简历给全市的单位都发一遍?"

丁鹏飞充满自信地回答:"对呀,现在竞争激烈,应聘成功的希望渺茫。只要简历发得够多,东方不亮西方亮,总有一家会录用我的!"

有一些求职者把应聘的过程当作"发"简历了,抱着一大摞简历去招聘会碰运气,见一个招聘摊位发一份简历。结果,赶了一场招聘会,简历发出去不少,接到的面试通知寥寥无几,更不必说录用的机会了。

求职简历就是自己的说明书,招商的推介书,千万不能简简单单地像发传单一样对待简历。

求职者利用好自己的简历,将起到事半功倍的作用。

求职者的简历要简单明了。既然是简历,首先要简单。那些动不动十几张甚至几十张的简历,恐怕没有一位招聘负责人有耐心看完。对于洋洋洒洒下笔千言的简历,雇主不仅没心思看,而且还会认为此人处事风格低下,拖沓松散,不会抓重点。这种作风如果带到工作当中去,没有哪家企业会欢迎的。

求职简历的重心在于"历"。历,包含经过、选择、超越三层意思。求职者经过哪些知识的培训;求职者选择哪一行作为自己的奋斗岗位;求职者的理想是在哪个方向上实现超越,这些关键的地方必须说明得简洁而清楚。招聘方明白了求职者的事业基础,才能因岗招人,因人给事。

求职者在投递简历时应慎重,向一家用人企业投递简历之前,掌握对方

的岗位需求状况是必要的。若对方单位用不到求职者的专业技能,求职者就不必投简历了;若对方单位暂时不缺符合求职者的岗位,求职者也不必急着投简历。盲目乱投简历的话,一是浪费人力物力,二是容易给用人单位造成不好的印象,这人连应聘都是瞎撞的,工作怎么会认真呢?

求职者的简历一定要"对号入座"。求职者的简历投给哪家公司的,自己应聘该公司的哪个岗位,简历应该投给哪个人的,求职者最好一一详细注明。"对号入座"的简历,让招聘单位感觉求职者的应聘之心很真诚。假如求职者的简历失去了针对性,千篇一律,雇主就会觉得求职者是在"广撒网"——谁也不想成为一条鱼,钻进你的网里。

求职"投"简历,好比是在打篮球,求职者必须先找到"球架",再看好"篮板",最后还要瞄准"线框",这样投出去的"球"才可能得分——求职者的简历才能中的。

现在求职者投简历的方法不外乎以下几种:网申,电子邮件,邮寄,亲自送。建议求职者最好的方法是自己送过去,其次是邮寄,再次是电子邮件,最烂是网申。

很多求职者会问,那些招聘公司在招聘时,不是写明"勿电勿访"吗?没错,正是因为它写明了,所以98%的人都不会去打电话咨询,也不会过去走访。而那2%去亲自送简历的求职者,成功机率也就最大。

求职者要知道,看电子版的简历,比看纸制的简历更累,也更不方便。人事经理不会喜欢打开邮箱,花一段时间下载,或者在邮件正文看着格式全乱七八糟的简历,而是喜欢助理直接把打印好的,整齐美观的简历,放在他面前。

求职者送简历的时候,只需要把自己的简历交给前台,让她们转交人事部就可以了。不要死缠烂打到一定要见到人事经理,要是这样做也就太过了。求职者最好用信封把简历装好。

求职者如果采用邮寄简历的话,可以两种选择:第一,到邮局采用EMS;第二,采用esojob的简历E递。就费用和速度来讲,简历E递更快。

求职者如果用EMAIL发简历的话,先在邮件正文里面将简历粘贴上去,再在附件里面附一份。然后在邮件正文最后加上一句:为了节省您的时间,我将简历直接粘在正文里。但为了更好的效果和格式,强烈建议您下载并打印。求职者附件中的简历名称，请一定要改为"XX学校XXX（姓名）简历。因为人事经理可能把所有的简历都下载到一个文件夹，如果你的简历名称只是"个人简历"或者"RESUME"，那么人事经理要找你就如大海捞针了。

密码39 —— 小简历，大文章

求职者一份好的简历，是取得面试机会的主要武器，它首先应当包含这几个基础因素：自我基础情况介绍，如年纪、性别、学历等；工作教训的诠释，如工作时间、负责过的名目等；还有就是求职动向。

在人山人海的招聘会现场。董浩拿着三个版本的简历在人群中挤来挤去，他的一份简历上标明的是博士文凭，一份是硕士文凭，一份是本科文凭。

董浩挤了大半天，不是招聘单位不要他，就是他看不上招聘单位，累得他两腿发软。远远地看见一个招聘台前围满了好多人，董浩走近一看，是一家不错的医院。旁边的招聘启事上写着"博士，年薪十万；硕士，年薪七万五；本科，年薪五万"。看得董浩心里怦怦直跳，转悠了这么久，就这家待遇最好了。董浩心想：不错，就是它了，今天我一定要搞定这家单位。

董浩费劲地挤到台前，利索地把自己的博士文凭简历掏出来，砸在桌子上。坐在桌子后面的面试官，头也不抬，翻一翻："博士？"

董浩大声回答："对！"

"你能不能做胃癌根治手术？"面试官问道。

董浩心里一愣，心想我刚博士毕业，哪有这个能耐啊！一下子气馁了，声音不自觉地低了很多："我不会，但我能做胃大切手术。"

"哦，留下简历吧，有消息的话，我会通知你的。"

不用多想，董浩知道自己被委婉拒绝了，看来下面是没戏了。

在旁边又转悠了几圈，董浩觉得有些不甘心，就跑到厕所用水把头发胡乱搅一搅，取下领带，敞开外衣，心想这回面试官不会认出自己来了吧。

董浩又挤了进去，在招聘台前慢慢把有硕士文凭的简历掏出来，放桌子上。面试官翻了翻："硕士？"

董浩轻声说："是。"

"能不能做胃癌根治手术？"面试官又问道。

董浩轻声说："我不会，但是我能做胃大切手术。"

"还可以，不过硕士都招满了，不好意思。"

董浩小声嘟囔："招满了还啰嗦什么！"董浩越发觉得不是味道，一下子激发了董浩的好胜心，不信自己搞不定这个面试官。董浩又来到厕所，把头发全部打湿，用手往后捋成一个大奔头，然后把眼镜取掉，干脆把外套也脱掉，心想面试官肯定认不出自己了。

董浩又回到招聘台前，把有本科文凭的简历掏出来后，小心翼翼地放在桌子上。面试官翻了翻："本科？"

董浩点点头。

"能不能做胃癌根治手术？"面试官还是问同样的问题。

董浩压低了声音说："我不会，但是，我能做胃大切手术。"

面试官马上抬起头来，看了董浩好久，语气也好了许多："不错！很厉害嘛！好，就是你了，一会签合同。"

董浩长长地舒了一口气，心想今天总算把自己卖出去了，累了这一整天，真是够呛。

事例中董浩备了三份不同的简历，才敲开求职的大门。很多求职者的简历只包含一个信息：通过以前的经历告诉雇主你是谁，你从哪来的，你以前做过些什么。

有句老话说得好，在期望有人买你的产品前，先给顾客你的样品。就是给你潜在的顾客下饵，让他或她买更多你的产品。更重要的是，让你的顾客知道你的产品有多好。

这一点对求职者同样适合，在求职者的简历中体现尤其明显。求职者都

想给很有希望录用自己的雇主一点"东西",展示自己可以为新雇主做些什么。这样做,可以引起新雇主的注意力,并且可以证明求职者的目标是做这项工作,而不是得到这项工作。

求职者如何在小简历中给用人单位做出大文章呢?

求职者必须明确知道,在自己的工作领域,求职者的哪些工作经验和能力对公司是有利的。不要老是想着自己的技能。求职者想一想,自己是运用什么技能来做出成绩的。但不要把它们写在你的简历上。它们只不过是老调重弹了。这是因为,虽说求职者可以帮助自己过去的老板,但这不能证明求职者可以帮助新的雇主。求职者必须在简历中证明:这是我可以为你做的。

要做到这一点,求职者必须了解雇主需要什么。即求职者必须知道雇主的公司有什么问题,面临什么样的挑战,做一些调查。同一行业的公司往往面临同样的问题。求职者可以看一些行业刊物来了解,或和从事这一行当的主要的人谈一谈。求职者可以通过他们写的文章或介绍他们的文章找到他们。致电给他们,或是打电话给自己确定好目标的公司。和该公司所属协会的专业人士谈一谈,挖掘一下。求职者会很诧异自己的发现,求职者用自己所知的信息,来判断出自己可以如何运用自身技能来帮助新雇主解决他面临的问题。

求职者过去都取得了哪些成就,拥有什么样的技能。想一想,写下来。这些成就和技能又是如何为你原来的公司获取了利益,现在所需的并不要和你曾经取得的有很大的区别,但必须有点不同。最后问问自己,可以如何把已掌握的技能运用到你想去的公司。

求职者可以给自己的简历新加一块,可以把它叫做:我的价值所在。把它放在简历开头,紧接在你名字的下面。简简单单两句话(最多不要超过三到四句),来体现你的价值,简明扼要,针对不同的雇主,说不同的话。

Chapter4 ◎ 简历的"秒杀"

密码40 —— 简历是块敲门砖

求职者的简历是叩开用人单位的敲门砖，也是用人单位对求职者的第一印象。一份让人一目了然、简洁明了的简历，会给求职者带来更多的机会。

求职者的简历就是一份非常重要的自我推销说明书，目的在于争取面试机会，要达到这个目的，就得让简历的内文告诉新雇主，让他知道你具有什么条件。你可能要与几百个、甚至几千个应征者竞争，所以必须设法展现自己的才能，瞬间抓住未来雇主的注意力，出奇制胜。在新雇主的挑选过程中，简历是求职者惟一能够全权控制的部分，至于写出来的简历如何，则与求职者所做的准备功夫成正比。

大学没毕业，郑晓嘉就开始寻找工作。上网、查报纸、跑招聘会，登写字楼，一次次打印简历，复印证件，他急着想投入社会，开始人生的新阶段。

他的爸爸问他："晓嘉，看你最近忙得整天不着家，到底在忙什么呢？"

说实话，郑晓嘉不想告诉他爸爸，郑晓嘉是想找到一份好工作了，再告诉家里人。既然爸爸问了，郑晓嘉只好把自己跑工作的事情讲了出来。

他的爸爸接着问："跑了这么久，有愿意用你的单位吗？"

郑晓嘉说："还在听信。"

他的爸爸说："把你的简历拿过来，我看看。"

郑晓嘉把打印的简历找出来给他父亲。他父亲扫了两眼，说：

"你的简历写得有毛病：该突出的没有突出。你看，你的应聘意向是'导游'，只写这两个字就显得太简单！"停了一下，他的父亲接着说："一列队伍走来，你在其中，别人会注意到你么？到了森林之中，你会注意到每一棵树么？"

郑晓嘉不得不承认他父亲的话是对的。郑晓嘉知道他父亲的一位朋友，多年奔波求职想换工作，投出去的简历都是石沉大海，没有回音。后来偶然和他父亲说起，他父亲知道这位朋友的口才很棒，办事也干练，于是根据他的特点，帮他写了一份简历。结果接连在几家报社等单位应聘成功，经过挑选后，最后到一家台资企业任人事部部长。

他的父亲接着问："晓嘉，还记得李白写的《上韩荆州书》么？"

郑晓嘉："我还记得，其中是……白闻天下文士相聚而言曰，生不愿封万户侯，但愿一见韩荆州，何令人向往至此！"

他的父亲说："好！李白写这篇文章的目的，是要韩荆州荐他做官，他吹捧韩荆州，吹捧得惊天动地，却不露谄媚之态，反而把文章写得豪气逼人，显露自己的才华，把韩荆州挤到不推荐李白反觉愧疚的地步。这就叫语言艺术！你应该在求职意向一栏发挥一下，谈谈对导游工作的认识，自己为什么要选择这项工作？"

郑晓嘉经过一番思考，在求职意向栏中填上这么一段话："我愿在国际旅行社从事导游工作，因为本人对导游工作有极浓厚的兴趣，该工作要求从业人员具备多方面素质：高度的责任心、广博的知识面；组织能力、协调能力、应变能力、语言表达能力、与人沟通能力、以及流利的英语，活跃的思维等诸条件。从事这项工作，对于青年人将是一个极大的挑战，也是难得的机遇。它将磨砺青年人快速成长，对社会做出应有的贡献。"

果然，情况有了不同的变化。几天下来，有几家旅行社通知郑晓嘉去面试，郑晓嘉的底气也足起来。经过一番比较，郑晓嘉选择了一家外企，经过面试后，经理让郑晓嘉负责开通中国与巴厘岛的旅游线路，这属于独当一面的具有开创性的工作。

从郑晓嘉的求职事例里，我们可以看到，工作的机会就在于求职者能适应雇主的需要，而要引起雇主能够对自己感兴趣，求职者就要好好地设计自己的简历，展示自己的特点。其中的奥妙，要根据求职者个人的情况而定。目的只有一个：你如何打动新雇主，让他强烈感到，你就是他要寻觅的人！

求职者的简历的惟一目的是得到一次面试的机会，所以简历只要引起雇主的兴趣并联系自己就够了。简历一般一页就可以了，不要在细节上去深入，把细节问题留到面试时去展示。

求职者要真正理解简历的作用，假如求职者应聘某个企业的时候，已经有关系帮你给那个企业的领导打了招呼了，那么至少你肯定能得到面试机会，这种情况下，简历不过是走过场的东西了。再如若是用人企业主动找到你，那么你也不需要简历这个东西。

很多求职者将简历投递视为一种机会游戏。就好比是骰子掷出，至于结果如何只能听天由命了！这不是一个很好的策略。当求职者在找一份合适的工作，并且没有"关系"能帮助自己时，那么求职者就需要一份合适的简历，求职者就需要认真对待简历了。记住：自己的简历所起的作用就是敲门砖。

求职者找工作，一开始竞争的是什么？其实最初的竞争就是简历！因为求职者到任何一个招聘单位要做的第一件事情就是要投递自己的简历，而简历就是那些雇主了解求职者的第一扇窗口。因此简历就成了求职者和雇主沟通的第一通道，也往往是负责招聘的人员了解求职者的第一个途径，适度地引起招聘人员对你的兴趣才是最重要的。一份好的简历，可以在众多求职简历中脱颖而出，给招聘人员留下深刻的印象，然后决定给你面试通知，所以说它是帮助你应聘成功的敲门砖。

应当说，求职简历不是用来填写个人的"丰功伟绩"，或者仅仅是把自己工作的经历，学习状况罗列一下。

求职者要记住：只要你的简历没有引起雇主的注意，那么你的这次应聘就是失败的。

所以求职者要注意简历如何撰写，写简历的最基本的出发点——尽可能地引起雇主的注意。实际上，雇主希望求职者的简历能提供足够的信息，使他们能给予其面试机会，对其做更进一步的了解。如果求职者了解到这一点，并能提供出雇主最关注的相关信息，那么就能引起招聘者的充分注意。求职

者的这个目的达到了,那么你的简历就发挥了敲门砖的作用,为你的求职打通了第一关。

有很多求职者在写简历的时候,容易进入一些误区。

首先,求职者写简历最大的误区是思维问题,自说自话,完全以自我为中心,不从雇主的角度看问题。

其次,求职者在简历上不会用数字来为自己论证。简历上的获奖情况、学习成绩、社会活动、社团经历,是展现求职者能力的重要内容。很多求职者都注意了这一点,在这几个部分详加讲解。但是,一条条内容的罗列未必会给招聘人员一个直观的印象。

求职者的简历是要用事实来说话,事实就需要靠数字来支持。招聘企业的人事经理与求职者是完全陌生的,他不可能了解求职者的具体情况。

第三,求职者在简历的自我评价上把自己写得十全十美。

自我评价是简历上的最后一项内容,写还是不写,很多求职者把握不定。不写呢,觉得简历上的事实罗列缺少情感色彩,没有展示个性魅力;写呢,总觉得几句话难以全面描述自己的性格特点,说不清楚自己到底属于哪种人。几经琢磨,求职者往往在简历的自我评价中出现这样的语句:"本人性格开朗、稳重、有活力,待人热情、真诚;工作认真负责,细致踏实,对工作精益求精、积极主动,能吃苦耐劳,勇于承受压力,勇于创新;有很强的组织能力和团队协作精神,乐于助人,具有较强沟通、协作能力;意志坚强,具有较强的无私奉献精神。"从自我评价上看,这个求职者简直就是一个"完人",具备了一切职场人士的美德。

其实,雇主看简历上的自我评价,主要有两个目的:一是看求职者适合做哪项工作。比如性格沉稳、做事细致的人大多能胜任行政管理、助理等工作,勇于创新、喜欢接受挑战的人,比较适合做销售等职位,而态度温和有耐心的人适合做客服等工作。二是雇主通过对求职者面试后,将得出的评价与求职者简历上的自我评价比较,两者较为一致,说明求职者自我评价较客观,而如果两者差距较大,雇主就要考虑求职者的诚信度了。

求职者明白了雇主看自我评价的目的,那么在写简历时就要相对客观地写出自己的突出特点,最好结合职位要求,突出自己胜任职位的能力。

密码41 —— 面试时，求职者本身就是介绍信

现在是好工作越来越难找，面试关越来越难过，很多求职者在面试这一关败下阵来。面对雇主挑剔的目光，其实，求职者本身就是一封很好的自我介绍信。

王先生的公司需要一名勤杂工，于是在一家报纸上刊登了"诚聘"广告。广告一经刊出，当天就有50多人前来应聘。最后，王先生选中了一个很不起眼的男孩儿。

他的朋友很不理解，便问王先生："比这个男孩儿好的求职者那么多，可你为什么偏偏喜欢这个男孩儿呢？他既没带一封介绍信，又没有任何熟人推荐，真让我感到意外。"

王先生笑了笑说："实不相瞒，这个男孩儿之所以被我相中，是因为他本身就带来了三封极好的介绍信。"

"三封介绍信？我怎么没看见？"

"你听我说，当这个男孩儿看见一位比自己年龄大的人前来应聘时，他赶紧起身让座，而别的求职者却装作没看见，这是他的第一封介绍信——文明。进了我的办公室之后，他先摘下帽子，然后，微笑着彬彬有礼地回答我的各种提问，这是他的第二封介绍信——礼貌。在他进门之前，他在门口的那块脚踏毯子上先蹭掉脚上的泥土再进屋，以免踩脏了屋里的地面；当我和他交谈时，只见他衣着整洁，头发梳得整整齐齐，指甲也修得干干净净，这是他的第三封介绍信——卫生。我认为，当一名勤杂工能有这么三封过硬的'介绍信'，比什么熟人的推荐都要强得多，所以……"

从事例中，我们可以看到小男孩的文明、礼貌和卫生。求职者去求职去应聘的话，就应当学一学王先生选中的那名男孩儿，随身"携带"自己的"介绍信"，以便在众多的应聘者之中脱颖而出。

求职者如何准备并迈过面试这一关呢？

第一，求职者必须先塑造良好的第一印象。

首先，求职者看上去整洁大方，男性求职者切忌短裤、背心；女性求职者不要浓妆艳抹、穿着超短裙等。

求职者记住：简单就是美。

参加面试的时候，衣服的色调最好以黑、白、灰、蓝、咖啡等色调为主，太花哨的衣服容易令面试官产生反感。衣服简单、饰物也以少而简单为好，款式繁杂、饰品过多会给面试官"不职业"的感觉。

其次，求职者要以干净、整洁为上。

除了简单，干净也是面试时要特别注意的。干净整洁是最好的要求。干净不仅仅指着装，头发的整洁也很重要，如果顶着一头乱糟糟的头发去面试，会让面试官认为求职者不善于打理自己、不善于管理时间，这样对求职者的面试是极为不利的。

不少求职者受经济条件的限制，很难承受昂贵的服装，这一点面试官完全理解，他们不会去计较来面试的人穿的是不是名牌。因此，花钱多少在面试时并不能改变或决定什么。

第二，求职者面试时的文明与礼仪。

求职者面试时的基本礼仪非常重要，如在面对面试官时注意自己的礼仪行为，就能增加印象中的好感，直接关系到能不能找到一份合适满意的工作。自然大方的面试礼仪是求职者必备的面试礼仪战略。

那么，求职者在求职面试时，应该做到哪些基本礼仪呢？

首先是求职者站姿的基本要求。

求职者的站姿是仪态美的起点，良好的站姿能衬托出求职者良好的气质

和风度。

求职者站姿的基本要求是：挺直、舒展，站得直，立得正，线条优美，精神焕发。

其具体要求是：头要正，头顶要平，双目平视，微收下颌，面带微笑，动作要平和自然；脖颈挺拔，双肩舒展，保持水平并稍微下沉；两臂自然下垂，手指自然弯曲；身躯直立，身体重心在两脚之间；挺胸、收腹、直腰，臀部肌肉收紧，重心有向上升的感觉；双脚直立，女性求职者双膝和双脚要靠紧，男性求职者两脚间可稍分开点儿距离，但不宜超过肩膀。

其次是求职者坐姿的基本要求。

求职者的坐姿是仪态的重要内容。良好的坐姿能够传递出求职者自信练达、积极热情的信息，同时也能够展示出求职者高雅庄重、尊重他人的良好风范。

求职者坐姿的基本要求是：端庄、文雅、得体、大方。

具体要求是：入座时要稳要轻，不可猛起猛坐使椅子发出声响。女性求职者入座时，若穿的是裙装，应用手将裙子稍向前拢一下。坐定后，身体重心垂直向下，腰部挺直，上体保持正直，两眼平视，目光柔和，男性求职者双手掌心向下，自然放在膝盖上，两膝距离以一拳左右为宜。女性求职者，坐时不要将双手夹在腿之间或放在臀下，不要将双臂端在胸前或放在脑后，也不要将双脚分开或将脚伸放得过远。坐于桌前应该将手放在桌子上，或十指交叉后以肘支在桌面上。入座后，尽可能保持正确的坐姿，如果坐的时间长，可适当调整姿态以不影响坐姿的优美为宜。

再者是求职者走姿的要求标准。

求职者的走姿是站姿的延续动作，是在站姿的基础上展示人的动态美，无论是日常生活中还是社会场合，走路往往是最吸引人注意的体态语言，最能表现一个人的风度和魅力。

求职者走姿的具体要求是：行走时，头部要抬起，目光平视对方，双臂自然下垂，手掌心向内，并以身体为中心前后摆动。上身挺直，腿部伸直，腰部放松，脚步宜轻且富有弹性和节奏感。

男性求职者应抬头挺胸，收腹直腰，上体平稳，双肩平齐，目光直视前方，步履稳健大方，显示出男性的刚强雄健的阳刚之美。

女性求职者应头部端正,目光柔和,平视前方,上体自然挺直,收腹挺腰,两脚靠拢而行,步履匀称自如,轻盈,端庄文雅,含蓄恬静,显示女生庄重而文雅的温柔之美。

最后是求职者仪态礼仪应注意的几个问题。

在面试时,求职者的行为举止十分重要。一般而言,求职者的行为举止要注意七个问题:

1. 应聘时不要结伴而行。

求职者无论应聘什么职位,求职者的独立性、自信心都是面试官对每位应聘者的基本素质要求。

2. 求职者要注意保持一定的距离。

面试时,求职者和面试官必须保持一定的距离,不适当的距离会使面试官感到不舒服。如果前来求职的人多,招聘单位一般会预先布置好面试室,把应试人的位置固定好。当求职者进入面试室后,不要随意将椅子挪来挪去。有的求职者喜欢表现亲密,总是把椅子向前挪。殊不知,这也是失礼的行为。如果应聘的人少,面试官也许会让求职者同坐在一张沙发上,求职者这时应界定距离,太近了,容易和面试官产生肌肤接触,这也是失礼的行为。

3. 求职者面试时态度谦和。

求职面试的过程实际上是一种人际交往的过程,求职者应用保持平和的心态与面试官去交流。

4. 求职者的举止大方。

举止大方是指求职者举手投足自然优雅,不拘束。沉稳不急躁,要从容不迫,显示出自己良好的风度。

5. 求职者忌不拘小节。

有的求职者,自认为学历高,或者有经验、有能力,不愁用人单位不用,在求职时傲慢无礼,不拘小节,表现出无所谓的样子,这是不可取的。正是这些不易被人注意的细节,使不少求职者失去了好的工作机会。

6. 求职者不要表现得犹豫不决,没有自信。

一般来说,求职者面试时举棋不定的态度是不明智的。会让面试官感到求职者是个信心不足的人,进而会怀疑求职者的工作作风和实际能力,这样容易让面试官有更多的选择机会,而自己却丧失了一次机遇。

第三，求职者参加面试时的礼仪。

1. 求职者应遵时守信。

求职者一定要遵时守信，千万不要迟到或毁约。迟到和毁约都是不尊重面试官的一种表现，也是一种不礼貌的行为。如果求职者有客观原因，不能如约按时到场，应事先打个电话通知面试官，以免对方久等。如果求职者已经迟到，不妨主动陈述原因，宜简洁表达，这是必须有的礼仪。

2. 求职者要放松心情。

许多求职者在面试的时候，会产生一种恐惧心理，害怕自己思维紊乱，词不达意，出现差错，以致痛失良机。于是往往会因为紧张而出现心跳加快、面红耳赤等情况。此时，应控制自己的呼吸节奏，努力调节，尽量达到最佳状态后，再面对面试官。

3. 求职者对他人应以礼相待。

求职者在等候面试时，不要旁若无人，随心所欲，对接待员熟视无睹，自己想干什么就干什么，给人留下不好的印象。对接待员要礼貌有加，也许接待员就是公司经理的秘书，办公室的主任或人事单位的主管人员。如果求职者目中无人，没有礼貌，在决定是否录用时，他们可能也有发言权，所以，求职者要给所有的人留下良好的印象，而并非只是独自面对面试官。面试时，求职者请自觉地将手机关掉。

4. 求职者入室应先敲门。

求职者进入面试室时，理应先敲门，即使面试房间是虚掩的，也应先敲门，千万别冒冒失失地推门就进，给人鲁莽、无礼的感觉。

敲门时要注意敲门声的大小和敲门的速度。正确的做法是用右手的手指关节轻轻地敲三下，问一声：我可以进来吗？待听到允许后再轻轻推门进去。

5. 求职者应以微笑示人。

求职者在踏入面试室的时候，应面露微笑，如果有多位面试官，应面带微笑地环视一下，用眼神向所有人致意。

一般而言，陌生人在相互认识时，彼此会首先留意对方的面部，然后才是身体的其他部分。面带真诚、自然、由衷的微笑，可以展示一个人的风度、风采。有利于求职者塑造自己的形象，给人留下美好的印象。

求职者与面试官相识之后，便要稍微收敛笑容，集中精神，平静的面容有助于求职者面试成功。

6. 求职者在面试时莫要先伸手。

求职者进入面试室，行握手之礼，应是面试官先伸手，然后求职者单手相应，右手热情相握。若求职者拒绝或忽视了面试官的握手，则是失礼。若非面试官主动先伸手，求职者勿贸然伸手与面试官握手。

7. 求职者应听到面试官说"请坐"后，才可入座。

求职者进屋后，不要自己坐下，要等面试官请你就座时再入座。面试官叫你入座，求职者应该表示感谢，并坐在面试官指定的椅子上。如果椅子不舒适或正好面对阳光，求职者不得不眯缝着眼，那么最好提出来。

8. 求职者在递物的时候应大方自然。

求职者求职时必须带上个人简历，证件，介绍信或推荐信，面试时一定要保证不用翻找就能迅速取出所有资料。如果送上这些资料，应双手奉上，表现得大方和谦逊。

密码42 —— 看清面试提问背后面目

王芳是将要毕业的硕士生,她刚参加完一家公司的招聘会。由于学的是环境管理,可应聘的是技术销售,所以,面对销售经理的提问,觉得自己回答问题时很有点"班门弄斧"的感觉。王芳挺喜欢自己的环境管理专业,自己既没有销售实践,也没有强烈的改行意愿。之所以投出这份简历,是因为惟有销售部门没有专业限制。王芳没有通过面试,是因为她没有通过面试提问。有些问题看似简单,却暗藏"心机"。王芳遇到了面试官这样的几个提问:

面试官的提问一:"你有小孩吗?你的孩子几岁?"

很多面试官在看到女性求职者时都会这么问的。这类问题背后的面目是:如果我们雇用你,你的家庭和孩子会不会成为你工作的绊脚石?

这个问题真是一个烫手的山芋,很多雇主对女性的结婚生子有负面印象,认为她们"私人"问题比较多,所以大多偏爱招聘单身员工。面对这样的问题,女性求职者可以这样回答:"我了解你的感受,不过,请你放心,我有一套照顾家庭、孩子的计划安排,我保证每天能专心工作,不受那些小麻烦的影响。"

面试官的提问二:"你愿意无报酬工作吗?"

这个问题的背后的含义是:你对这份工作热情有多高?这份工作对你的吸引力有多大?因此,薪水不是关键问题,就算求职者昨天刚中了百万大奖,今天仍愿意在这里工作才是重点。

求职回答这样的问题，其实很简单，只要表现出求职者对这份工作、对新雇主新公司的最大热情，强调自己对这份工作兴趣很高就行了。

面试官的提问三："你最大的缺点是什么？"

这个问题的背后就是一个陷阱，一个人不可能没有缺点，但如果求职者真的很老实地说出自己的缺点，等于自暴其短，断了自己的职业之路；但如果求职者回答没有缺点，岂不是太假！世上没有完人的。

求职者回答这样的问题，要着重于过去的经验，自己学到哪些东西，有哪些进步。例如，求职者曾担任某个项目的负责人，学到如何去倾听别人的建议。绝不要说自己"缺乏耐心"、"沟通能力差"之类的不足。

面试官的提问四："你计划在公司工作多久？"

这个问题不难回答，问题是求职者有时候实在不想说："我愿意做一辈子"、"也许几年"或者其他相类似的话。那么，求职者应该如何回答呢？求职者需要重新架构回答内容，先说自己想呆在这家公司的原因，将话题转到这份工作能激励自己哪些潜能、对自己有多少吸引力。例如，求职者认定这份工作能使自己一展才华，求职者就这样回答："只要机会一直存在，我就会一直呆下去。"

密码43 面试的基本形式汇总

现在的雇主为了考查求职者的全面能力，不再只采用一对一提问题的传统面试形式，很多的面试形式可能会让求职者意想不到。

赵嘉琪说："给我印象最深的面试就是现在录用我的这家著名咨询公司的面试，当时我应聘的是咨询师的位置。"

赵嘉琪在经过一路的过五关斩六将之后，终于赢得了和公司里最高级别的管理者面对面交流的机会，也就是面试的最后一关。

面试官非常和蔼，问的问题非常专业。面试官要赵嘉琪做一个案例。

赵嘉琪回答的案例，是模拟开设一家挡风玻璃厂，要在中国选择一个最佳的地方。赵嘉琪可以随意向面试官提问，直至赵嘉琪得出分析结果。

赵嘉琪首先挑选了两座自己比较熟悉且可能比较符合选址条件的城市，上海和深圳，想从中二选一。在进一步咨询面试官时，面试官给赵嘉琪的答案都是模棱两可的。

比如：赵嘉琪问："上海和深圳的挡风玻璃销售量哪个大？"

面试官会回答："一样的。"

很多求职者听到这样的回答，就不知道该怎么往下问了，赵嘉琪想了想，继续往细里问："那在这两座城市里高档车和低档车的销售情况各是怎样的？"

面试官还是含糊其辞，赵嘉琪再换个角度，继续往里挖。这样的提问、回答很是考验赵嘉琪的心理承受能力、随机应变的能力、钻劲、逻辑分析能力等等。只要自己有一个犹豫、一个紧张就会落入面试官的眼中。

这场面试结束的时候，赵嘉琪深深叹了口气，面试的过程真是像武侠小说里描写的高手过招，不见刀光剑影，比拼的是内力。

赵嘉琪遇到的是不见刀光剑影，比拼内力的面试。而许晓萱遇到的面试却是在聚餐中进行的。

那天，许晓萱抱着忐忑的心情去面试，但是整个面试现场一片轻松。所有的求职者围坐在一个大圆桌周围。

面试官正襟危坐，一言不发，其他工作人员负责给许晓萱等求职者派发各类零食，外加一份非常简单的问卷，算是笔试。

大部分求职者在吃喝聊天，一点也没有面试的气氛。等到做完问卷，面试官告诉许晓萱可以回家等通知去了，许晓萱才意识到刚才自己跟旁边的求职者分东西吃，和别人咬耳朵聊天都有可能是面试的一部分，被面试官雪亮的眼睛记录在案了。结果是，等了一个星期后，许晓萱收到了婉拒信。

这场面试一直让许晓萱觉得有点匪夷所思，面试官到底在以什么样的眼光观察他们这些求职者，又是用什么样的标准来评判他们，这个谜团让许晓萱印象特别深刻。

求职者遇到的面试可能是各种各样的，现在将面试的基本形式归类如下：

第一，求职者的单独面试。

单独面试又称个人面试。指面试官与求职者单独面谈，是面试中最常见的一种形式。

单独面试又分两种情况：一是只有一个主面试官负责整个面试的过程。这种面试大多在较小规模的公司录用人员时采用。二是由多位主面试官参加整个面试过程，但每次均只与一位求职者交谈。

单独面试的优点是能够提供一个面对面的机会，让面试双方能够较深入地交流。

单独面试一旦通过，一般可以参加小组面试。经过小组面试和小组讨论，从中即可筛选出参加最终面试的求职者。

最终面试会再次出现单独面试的情况。这时可能会有五、六位面试官，也许还会有更多的面试官坐在求职者的面前，他们中的任何人都可能向求职者提出各种各样的问题让求职者来回答。求职者的处境形同"众矢之的"。求职者一个人面临这样的场面和这种气氛，心可能会很慌乱，所以，求职者事先必须做好心理准备。

无论哪种场合，单独面试所要谋求的是尽可能地挖掘出求职者的真实内涵，通过交谈，相互进行了解，要牢记自己的目的是要让面试官接纳自己，这是求职者回答问题的出发点和根源所在。

第二，求职者的集体面试。

集体面试主要用于考查求职者的人际沟通能力、洞察与把握环境的能力、组织领导能力等。在集体面试中，通常要求求职者参加小组讨论，相互协作解决某一问题，或者让求职者轮流担任领导主持会议、发表演说等。

无领导小组讨论是最常见的一种集体面试法。众面试官坐于离求职者一定距离的地方，不参加提问或讨论，通过观察、倾听为求职者进行评分，求职者自由讨论面试官给定的讨论题目，这一题目一般取自于拟任岗位的职务需要，或是现实生活中的热点问题，具有很强的岗位特殊性、情景逼真性和典型性及可操作性。

第三，求职者的一次性面试与分阶段面试。

1. 求职者的一次性面试。

一次性面试，即指雇主对求职者的面试集中于一次进行。在一次性面试中，面试官的阵容一般都比较"强大"，通常由用人企业的人事经理、业务经理及人事测评专家组成。在一次面试情况下，求职者是否能面试过关，甚至是否被最终录用，就取决于这一次面试表现。面对这类面试，求职者必须集中所长，认真准备，全力以赴。

2. 求职者的分阶段面试。

分阶段面试又可分为"按序面试"和"分步面试"两种。

按序面试一般分为初试、复试与综合评定三步。初试一般由用人企业的人事部门主持,将明显不合格者予以淘汰。初试合格者则进入复试。复试一般由用人部门经理主持,以考查求职者的专业知识和业务技能为主,衡量求职者对拟任岗位是否合适。复试结束后即再由人事部门会同用人部门综合评定每位求职者的成绩,确定最终合格的人选。

分步面试,一般是由用人企业的主管领导、处(科)长以及一般工作人员组成面试小组,按照小组成员的层次,由低到高的顺序依次对求职者进行面试。面试的内容依层次各有侧重,低层一般以考查专业及业务知识为主,中层以考查能力为主,高层则实施全面考查与最终把关。实行逐层淘汰筛选,越来越严。求职者对各层面试的要求要做到心中有数,力争在每个层次均留下好印象。在低层次面试时,不可轻视、麻痹大意,在面对高层次面试时,也不必过度紧张。

第四,常规面试与情景面试。

1. 常规面试。

所谓常规面试,就是平常常见到的面试官和求职者面对面以问答形式为主的面试。在这种面试条件下,面试官处于积极主动的位置,求职者一般是被动应答的姿态。面试官根据求职者对问题的回答以及求职者的仪表仪态、身体语言、在面试过程中的情绪反应等对求职者的综合素质状况作出评价。面试官提出问题,求职者根据面试官的提问作出回答,以展示自己的综合素质。

2. 情景面试。

情景面试是面试形式发展的新趋势。在情景面试中,突破常规面试即面试官和求职者一问一答的模式,引入了无领导小组讨论、公文处理、角色扮演、演讲、答辩、案例分析等人员甄选中的情景模拟方法。在这种面试形式下,面试的具体方法灵活多样,面试的模拟性、逼真性强,求职者的才华能得到更充分、更全面的展现,面试官对求职者的素质也能作出更全面、更深入、更准确的评价。

在情景面试中,求职者应落落大方,自然和谐地进入情景,去除不安和焦灼的心理,只有这样,才能发挥出最佳效果。

第五,其他面试形式。

1. 餐桌面试。

餐桌面试,就是求职者会同新雇主一起用餐,席间新雇主与求职者一边吃一边谈。餐桌面试一般用于测评高级或重要职员时使用。这种面试易于创造一种亲和的气氛,让求职者减轻心理压力,以便能真实地反映求职者的素质;同时也可以在特定情境中,全面考查求职者对社会文化、风土人情、餐桌礼仪、公关策略、临场应变能力等熟悉与掌握的真实情况。求职者要注意,在餐桌面试中点菜时,切勿点最便宜的菜或最昂贵的菜。点最便宜的菜,易于使人低估你的价值;点最贵的菜,也易于使新雇主产生反感,觉得你不为公司精打细算,切不可只认为是在点菜而已,似在点菜,实是考查。

2. 会议面试。

会议面试,就是让求职者参加会议,就会议的议题展开讨论,确定方案,得出结论。这种面试内容通常就某一具体案例进行分析处理,从中可以比较直观、具体、真实地体现求职者实际应用知识的水平和能力。会议面试主要考查求职者分析问题,解决问题的能力,从中可以考查其知识水平、思维视野、分析判断、应用决策等素质。

3. 问卷式面试。

问卷面试,就是运用问卷形式,将所要考查的问题列举出来,由面试官根据求职者面试中的行为表现对其特征进行评定,并使其量化。

问卷面试是面试中常用的一种方法,它的优点在于把定性考评与定量考评相结合,具有可操作性和准确性,避免了凭感觉、模糊地主观评价的缺陷与不足。

4. 引导式面试。

引导式面试,主要由面试官向求职者征询某些意见,寻求或获得一些较为肯定的回答。如涉及薪金、福利、待遇和工作安排等问题宜采用此类方法面试。

引导式面试其特点在于就"特定"的问题要求做"特定"的回答,主要通过求职者回答问题的水平来测试其反应能力、智力水平与综合素质。

5. 非引导式面试。

与引导式面试相反的是非引导式面试。在非引导式面试中,面试官所提的问题是开放式的，内涵丰富，涉及面较广泛。面试官提问后，求职者可以充分发挥，尽量说出自己的意见看法或评论。

非引导式面试没有"特定"的回答方式，也没有"特定"的答案。同引导式面试相比，非引导式面试，求职者可畅所欲言，因此可以取得较丰富的信息，有利于作出较为客观的评价。

第六，奇特的面试形式。

有时，面试官还根据具体情况和实际需要，采取一些奇妙而独特的面试形式。

1. 吃一顿饭的面试。

有一次，面试官举行了一次宴席面试会，请求职者吃了一顿饺子。吃完后，面试官却问起求职者吃了多少个饺子，有的根本没数过，茫然无知，有的则数了自己吃的水饺数，还有个别的不仅把自己吃的数了，连旁边人吃了多少也都清楚。这就从一个无意的活动中了解了求职者的观察力和细心程度，对诸如会计、保险等工作，这是较重要的素质。可见，处处留心会使求职者拥有更多的机会。

2. 以小见大的面试。

常言道，露珠虽小，却能反射太阳的光芒。所以，面试中的一件小事，看似寻常，出自无意，但能反映出求职者的内在素质，并被面试官捕捉、赏识。

福特大学毕业后，去一家汽车公司应聘。同时还有其他前来应聘求职的人，他们的学历都比福特高，当前面几个人面试后，福特觉得自己没什么希望了。他敲门进了董事长的办公室，一进办公室，他发现门口地上有一张纸，他弯腰捡了起来，发现是一张渍纸，便顺手扔进了废纸篓里。然后才走到董事长的办公桌前，说："我是来应聘的福特。"

董事长说："很好，很好，福特先生，你已被我们录用了。"

福特惊讶地说："董事长，我觉得前面几人都比我好，你怎么把我录用了？"

董事长说："福特先生，前面三位的确学历比你高，而且仪表堂堂，但是他们的眼睛只能看大事，而看不见小事。你的眼睛能看见小事，我认为能看

见小事的人,将来自然能看到大事。一个只能看见大事的人,他会忽略很多小事,他是不会成功的。所以,我才录用了你。"

后来,果不出所料,福特成为"美国福特公司"的创始人。

3. 间谍式面试。

求职者对"随时都在进行面试"的这种面试绝不能漠视。参加面试时,在旁边的休息室常见有新雇主的职员出入。求职者在这种情况下闲谈,要注意谈话的内容和态度,因为在闲谈中稍不注意就会流露出在面试时不愿讲的真话。

有些公司在面试休息时,会有意安排一些职员进出休息室,以了解求职者在互相的交谈中所暴露出来的本意,为决定是否录用而收集材料,有些新职员,也会身着制服,在休息室做接待工作,他们也会按照公司的指示积极地和应聘者谈话,以探听和收集所需的情报,了解应聘者的本意。

聪明的求职者可利用这种面试形式,在休息室内交谈时如公司的员工在场,求职者可有意表露一些诸如"这个公司确实是我的第一志愿","不管如何困难,我一定要进入这个公司"等等的想法,因为公司的人事部门认为,面试的求职者在休息室内的闲谈中最能暴露出自己的真实想法,结果,在休息室中闲聊得体,迎合面试官心理的人,得以被聘用。

所以,在休息室的闲谈,求职者也要有"面试意识"。说到实质性的问题,即使是在休息室这种非正式面试的场合,也要慎重,要尽量表达对自己有利的看法,增加自己面试的成功率。

4. 早到的面试。

俗语说,早起的鸟儿有虫吃。对面试时间抓得早的人,不仅可以从容应试,而且会给面试官留下重视、珍惜应聘岗位,工作勤勉、负责的良好形象,给面试官一种可信、可靠的感觉。

有一个新雇主给求职者发了通知,规定某月某日某时到公司应试。这天,面试官提前半小时来到面试现场,给早已到来的求职者发"初步录用"的通知。通知上写着:本公司只录用提前到达的人。那些按照规定时间来的人,当然一无所获。早到,反映出应试者对此事的重视程度。

密码44 ——｜轻松应对面试压力

对许多求职者来说,"面试"是压力的代名词。糟糕的压力一直会伴随到找到工作。这种压力可以使求职者受到打击,让求职者变得惊恐,心慌意乱,在面试中甚至紧张得出汗。比如:"你生小孩了吗?"话语背后隐藏着试探,已婚未孕女性在求职中往往因此而碰壁。女性求职者未生育成了自己求职路上的"绊脚石"。

王丽珺结婚几个月后,所在公司因为经济危机使其被"裁员"辞退了。从那以后,她就开始忙着找工作,每天浏览报纸上的招聘广告,跑人才市场,网上求职……

王丽珺会日语和英语,以前做过总经理秘书,不少新雇主看到她的简历后,都约她去面试。但是,每次面试后,王丽珺都是失望而归。

面试失败的原因只有一个:她结婚了,但她还没有小孩。

王丽珺先后应聘了20家单位,雇主一知道已婚未孕的情况后,就再也没了消息。

其中有一个雇主招总经理秘书,要求26岁到32岁之间的已婚女性。雇主看过王丽珺的简历,非常满意,当即让她去面试。

面试时,该雇主第一个问题就是"你生小孩了吗",当对方得知王丽珺还没有生小孩后,便再也没了音讯。

王丽珺就是降低身价,依然是求职无门。在屡屡碰壁后,王丽珺求职时只好退而求其次,她不再强求做"总秘",转而应聘公司前

台接待员和服务员之类的岗位。

一天，王丽珺去应聘某餐厅服务员，对方看完王丽珺的简历后一脸诧异地问："我们只要求高中学历，你是大专学历，还做过总经理秘书，为什么想来当服务员？"

王丽珺解释说："我已经离职3个多月了，只希望有一份工作，从底层做起也没有关系。"但是对方直截了当地说："我担心你很快就会面临生育这个问题。"

万分失望的王丽珺无奈之下想到了去做兼职，但是因为她已婚未孕，投出去的简历都石沉大海。

"这几个月来，我已经面试多次，就是没有雇主给我一次机会。"王丽珺非常沮丧，时常感到紧张。除了这些，更多的求职者是在面试环节因为心理压力过大，由于太紧张而导致了面试失败。

求职者如何克服紧张的感觉呢？面对掌握"生杀予夺"大权的面试官，多数人都会表现出紧张来，这是求职者面试时的大忌。对大多数求职者来说，面试时的紧张多半是由于太在乎面试机会、惟恐不被录取导致的。

告诉求职者一个调整的方法：面试前全身心地放松，面试时用深呼吸的方法保持平静，或用心理暗示的方法来使自己放松，如在心里默念"我很放松，我尽力就行了"。只有放松，才能有一颗冷静的头脑，准确把握面试官要问的问题和自己的回答方式。

求职者面试时记住：心情放松、心态平和、充满自信，这样不仅能给面试官留下好印象，也有利于求职者自己保持头脑清醒、思维敏捷，在这样的状态下所作的回答才是最能令面试官满意的。

因此，能让求职者保持冷静的就是放松。有一些简单的方法可以帮助求职者放松紧绷的神经，舒缓紧张的情绪。

求职者在面试的时候，早到10分钟，做好面试前的心情准备。如果面试时求职者来得太早，在等待的时候慢慢会产生忧虑；如果面试时求职者来得太晚，迟到造成的紧张和压力会整个扰乱求职者。

求职者早到10分钟，面试前休息一下，可以让求职者有机会体会到自己的呼吸和自己所处的环境变化。

一个轻松的求职者是一个自信的求职者。展现在面试官面前的是求职者的平静、沉稳，求职者也能够在面试期间充分展示自己的才能。面试官很可能会认为你在工作中也会保持这种稳健的作风。

在面试时保持放松，求职者可以使用这些提示：深呼吸，慢慢地静静地，缓慢而柔和；坐直，不要交叉腿或手臂；慢慢地说，有节奏；让自己的手和下巴放松，不要紧绷；你的微笑——这真的是会传染的！

面试中不要惊慌，在面试中总会有一个尴尬的沉默。求职者要是内心害怕了的话，将很难冷静回答下面的提问。当求职者觉得自己开始恐慌和烦躁焦虑时，暂停。默默告诉自己，你能做到这一点。深吸一口气，重新调整，然后恢复面试。

快速10秒的暂停，可以帮助求职者恢复到镇静，能更好地控制自己的情绪，而面试官可能根本就不知道你内心的慌乱。

密码45 面试中的潜台词

求职面试,是所有求职者都要经历的求职关。要跨越这道关卡,个中精髓可不能不掌握。

其中的潜规则不得不知。知道了这些潜规则,求职者只有沿着自己的路,才能走到终点。

张越就任一家德资跨国公司中国区总经理后,一个朋友向他求教,问他取得成功的关键是什么,张越沉思片刻,说起他的第一次求职……

那是德国一家大公司招聘人事经理,经过层层筛选后,张越成为最后三名决赛者之一。面试前张越的准备工作做得十足,他期望能够凭借这一次应聘的成功迅速在德国站稳脚跟。

没有想到面试是三个人同时进行的,面试的考题也异常简单:把一份紧急公文送到公司对面的一家酒店的公司谈判代表手中。

张越和另外两个求职者拿着相同的公文走出总经理办公室,向公司大门疾步走去。

公司与谈判代表所在的酒店只隔着一条马路,但在公司大门和马路之间却有一片圆形的大草坪,公司的大门刚好对着草坪的中间部位。

张越出了公司大门,沿着草坪旁的人行道向前跑去,他想用最快的速度绕过草坪,将公文送到酒店的谈判代表手中。一名竞争对手和他并肩一同向前跑着。

跑出大约十几米时，张越回头，发现另外一名竞争对手正穿越草坪向对面跑去。见状，张越改变了方向，也踏进草坪。

最后的结果，那名一开始就横穿草坪的人第一个将公文送达，张越第二个送达，而一直坚持绕过草坪的人最后送达。

聘用结果很快就出来了：绕过草坪的人被聘用为人事部经理。

总经理说："虽然他是最后送达公文的人，但他能够坚持原则，这种原则第一的观念是人事经理最应该秉承的。"

让张越感到更加诧异的是：穿越草坪，第一个将公文送达的人同时被破例聘用为公司经销部经理。

总经理说："这种打破常规，不按部就班的精神能够为公司带来另外的收获。"

三个人中只有张越落败。

张越讲述完，感慨道："一个求职者能坚持什么不是最重要的，最重要的是不能飘摇不定、缺少主见。这一次失败校正了我此后处理问题的准则，我才有了今天的收获。"

面试官提出问题的背后，都是有潜规则的，有他们想要考查的东西。求职者要能听出面试官的潜台词。

在面试前，新雇主总是让求职者等待很长的时间，直到求职者望眼欲穿，几近绝望，才会收到面试通知。雇主的面试花样繁多，面试题目并不非常注重数理化试题，而更注重分析思路和推理等方法层面的东西。有的竞争辩论、有的估算存货价值，有的当场测试打字速度，让求职者防不胜防。

雇主希望找到一个成熟、活跃、聪明的新员工。面试官提的问题，通常是"旁敲侧击"型，比如问"你有什么缺点？"如果你简单地回答诸如"粗心"、"交际能力不强"等，那么，这样回答的求职者就会得0分。

有关缺点的问题，面试官其实只想了解求职者能通过什么方法克服缺点。如果不能听出问题的潜台词，那么面试机会就会被浪费。

求职者可以通过面试官的提问，探查出雇主想要了解自己什么。面试是雇主"相马"的过程，雇主想"相"的是德才兼备的求职者，所以雇主非常关注求职者的综合素质和实际运用能力。雇主的考查涉及方方面面，除了考

查求职者的专业技能这些"硬件"外,更注重"软件"资质,如学习能力、适应能力、表达能力、说服沟通能力、创新能力、组织协调能力、团队合作精神等。

求职者在面试的时候对面试官爱用的招数要心知肚明。面试官在面试的过程中,除了传统的口试和笔试外,还加入了管理游戏和情景模拟面试法,这样,对求职者的考查会更加全面。

求职者要学会以不变应万变。首先,面试前,要仔细分析自己的强项和弱项,扬长避短,明确定位,尽可能详尽地了解雇主的用人制度、企业文化和应聘职位的要求,寻找自己与雇主的最佳契合点。其次,在面试前最好做一次有针对性的模拟面试,估计面试官会问什么样的问题,自己采取什么策略来回答,这样,基本上能做到心中有数。

面试官会观察诸多细节:从求职者的仪表风度、体型外貌、衣着举止、精神状态到礼仪礼貌、创新精神等。

在提问过程中,希望能看到求职者努力展现出对雇主的忠诚度、团队协作精神、创新精神,在回答问题时阐释出对企业文化的了解和认可程度。需要提醒的是,诚信在面试中是很重要的,很多求职者在面试中采取撒谎策略,其实面试官很快就能区分出谎话与真话。

求职者的以下表现可以加分:自信的微笑,静心聆听;端正坐姿;传递文件时双手接送,面试后礼貌地表示感谢,并将所坐的椅子放回原位。自我介绍时重点突出。对面试官的提问,能通过分析抓住本质,说理透彻。

求职者记住:不管面试官的潜台词背后有什么,你必须把雇主想要的一面彰显出来。面试时,求职者有什么能力不是最重要的,重要的是雇主需要你有什么能力。很多求职者最容易犯的错误是有机会就猛吹,却不了解雇主的需求。所以一定要了解雇主心态,只给对方想要的。

密码46——面试中"问"暗藏玄机

求职者一定要小心面试中的每一问,因为这背后都暗藏玄机。求职者的自我介绍,是面试中非常关键的一步,在自我介绍中,面试官借机考查求职者的语言表达能力、应变能力。求职者也可以借此来主动向面试官推荐自己,展示自己的才华。

求职者的自我介绍,在时间上,一般控制在3分钟左右,有些雇主可能只给求职者仅1分钟的时间来介绍自己。在如此短的时间内,如何"秀"出自己呢?该做哪些准备?有什么问题值得注意?

第一,求职者自我介绍时,如何把握好时间?

健谈的求职者赵一鸣,口才很棒,觉得在面试时自我介绍不在话下,所以他从来不准备,看什么人说什么话。他的求职目标是图书策划,有一次,应聘一家大型文化公司,在自我介绍时,他大谈起了图书行业的走向,由于跑题太远,面试官不得不把话题收回来。自我介绍也只能"半途而止"。

求职者要记住:1分钟只谈一项与面试有关的内容。求职面试时的自我介绍,一般控制在3分钟左右,在时间的分配上,第一分钟可谈谈学历等个人基本情况,第二分钟可谈谈工作经历,第三分钟可谈对本职位的理想和对于本行业的看法。如果自我介绍要求在1分钟内完成,自我介绍就要有所侧重,突出一点,不及其余。

有些求职者不了解自我介绍的重要性,只是简短地介绍一下自己的姓名、身份,其后补充一些有关自己的学历、工作经历等情况,大约半分钟左右就结束了自我介绍,然后望着面试官,等待下面的提问,这是相当不妥的,白

白浪费了一次向面试官推荐自己的宝贵机会。还有一些求职者则试图将自己的全部经历都压缩在这几分钟内,这也是不明智的做法。合理地安排自我介绍的时间,突出重点是首先要考虑的问题。

第二,求职者自我介绍时,千万别太做作。

贾芳去应聘一家公司编辑,面试在一个大的办公室内进行,五人一小组,围绕话题自由讨论。面试官要求每位求职者先作自我介绍,贾芳是第二位,与前面应聘者一句一顿的介绍不同,贾芳早做了准备,将以往的经历写了一段话,还作了一些修饰,注重韵脚,听起来有些押韵。贾芳的自我介绍极其流利,遗憾的是给人一种背诵的感觉。

求职者切勿采用"背诵"的方式来做自我介绍。求职者的自我介绍可以事先准备,也可以事前找些朋友做练习,但自我介绍应避免书面语言的严整与拘束,而应使用灵活的口语进行组织。切忌以背诵朗读的口吻介绍自己,如果那样的话,对面试官来说将是无法忍受的。自我介绍还要注意声音,尽量让声调听起来流畅自然,充满自信。

第三,求职者自我介绍时,如何来谈自己的成绩?

贾鹏去应聘某电视节目制作机构的文案写作,面试时,面试官首先让贾鹏谈谈相关的实践经历。贾鹏所学的专业是新闻传播类,偏向于纸质媒体,对电视节目制作这一块没有什么深入接触。无奈之下贾鹏只好罗列自己平时参加的一些社会活动,听起来挺丰富,但都与电视沾不上边。

求职者要记住,只说与应聘职位有关的特长。自我介绍时要投其所好摆成绩,这些成绩必须与现在应聘的岗位有关。在面试中,求职者不仅要告诉雇主自己是多么优秀的人,更要告诉雇主,自己是如何适合这个工作岗位的。那些与面试无关的内容,即使是求职者引以为荣的优点和长处,此时也要忍痛舍弃。

求职者在介绍成绩时,说的次序也极为重要,应该把你最想让面试官知道的事情放在前面,这样的事情往往是你的得意之作,也可以给面试官留下深刻的印象。

求职者要了解面试题背后是暗藏玄机的。为此,专门列举一些实例,希望能给求职者提供一些帮助，来识破面试当中面试官问的玄机。

面试官问："你谈恋爱了吗？"

玄机：雇主想考察求职者的人生观、价值观。求职者别天真地以为，问你这些面试题，雇主是为了获知你的个人信息。其实求职者是否恋爱，雇主并不关心，这道面试题是为了考查求职者的成熟程度和处理生活事务的能力，以及考察应试者的人生观和价值观。

面试官问："能谈谈你选择这份工作的动机吗？"

玄机：这个题目看似简单笼统，但想要答好并不容易。这道题目，除了测试面试者对这份工作的理解程度及热忱之外，雇主还将根据这道题目筛选掉因一时兴起、暂时找不到工作，而将企业当跳板的人。所以这道题目回答恰当与否，直接影响求职的应聘结果。

作为成熟的企业，能理解求职者追求更高职位的想法。但企业不能容忍的是到处找"跳板"的员工，没有雇主喜欢跳蚤式的员工。

面试官问："你认为自己最适合做什么？"

玄机：雇主是想考查求职者的思想性、主见性，所以求职者的回答必须明确。在面试过程中，这道题目是个坎，一些原本笔试成绩不错的求职者就是因为这道题目而落马的。他们被淘汰的原因：一是对自己的职业目标不明确，二是性格原因，怕暴露自己的欲望。

密码47 — 如何让面试官喜欢你

求职者无论参加何种类型的面试，让人喜欢的气质在面试官决定谁能获得职位时总是起着很大的作用。喜欢欣赏我们的人或者与我们兴趣、观点相同的人，这是人之常情。求职者要记住：让面试官喜欢你。

英国一家著名马戏团招收滑稽演员，吸引了很多的求职者。在西装革履的求职者中，一位身穿老式黄色夹克、皮鞋头上还蹭有一小撮烂泥的清瘦求职者，显得格外引人注目。周围对他的嘲笑声溢满了整条走廊，而这名求职者却置若罔闻，对着镜子一遍遍地做着表演准备。

"当场使人捧腹大笑"是这次面试的惟一题目。

面试时，这名求职者成竹在胸，先讲了一个曾让人开心不已的笑话，令人意外的一幕却出现了，在场面试官都紧绷着脸，没有一丝笑容。

这名年轻的求职者心想："莫非这个笑话不太好笑？或者他们已经听过？"沉思了片刻，这名求职者决定拿出自己的绝招——哑剧表演。

他开始模仿生活中常见动物的姿态神情，竭力表演出一些怪异和夸张的动作，在无声的哑剧世界里，将表演的天赋与享受表演的快乐发挥到了淋漓尽致。令他意想不到的是，三位面试官还是一言不发，没有露出一丝笑意。

紧张的汗珠顺着这名求职者的额头滴了下来，他伫立在原地，动作也渐渐慢了下来。面试官互相对望了一眼，其中一位甚至抬起手，示意他可以出去了。这名年轻的求职者嘴唇张了张，欲言又止，沮丧地转过身，颓然地向门口走去。

突然，他脑中灵光一现，对着门外走廊上其他等候面试的求职者们大叫："喂，你们都可以回家吃饭了！他们已经决定录用我了！"

听他这么喊，门内已经憋了很久的面试官们全都暴笑了起来。

面试官边鼓掌边说："恭喜你，你被录取了。经过我们的考查，证明你不但是一位合格的滑稽演员，而且难能可贵的是，你能急中生智地施展自己的滑稽天赋，给我们所有在场的人都带来了惊喜。"

在求职过程中，求职者遇到了面试官刻意安排的"冷场"，对求职者极具天赋的滑稽表演置之不理，但这名求职者却能绝处逢生地抖出笑料，博得了"满堂彩"，最终脱颖而出。所以，求职者在面试时，一定要让面试官看到你的时候眼睛一亮。

求职者在面试中要突出自己的特色。在通过简历和笔试筛选出来的求职者中，大家的能力和状态都很接近，那么，你面试时的表现要有别于其他求职者，才能让面试官对你的印象深刻。

求职者给面试官良好的第一印象，才能让他很容易记住你。除了在服饰上做到合理范围的出彩之外，开场白、自我介绍、回答问题等语言沟通环节，也要注意使用一些风格明显的词汇，不要说空话浪费时间。当然，突出自身特色的前提要建立在对雇主的风格、要求、组织文化的了解上。展现个性也要有限度，如果有失美感或有违雇主的用人需求，就弄巧成拙了。

求职者展现你与面试官的相似之处。你们也许并不完全相同，但求职者应该找出与面试官兴趣相同的方面：比如共同喜欢的电影、工作方法、产品等等。如果求职者成功地使面试官看到了你们的共同之处，例如世界观、价值观以及工作方法等，那么求职者便赢得了他的好感，并因此能获得工作机会。

经过几个月的努力，于小明终于得到了一家大公司面试的机会。于小明在准备面试时丝毫不敢懈怠。作为准备的一部分，于小明在

面试前一天傍晚去了一趟他准备前去面试的公司。

于小明纯粹只想看看公司办公楼里面究竟是什么样子，可就在他看的时候，一名正在扫地的大楼管理员注意到了他，并且问他是否需要帮忙。

于小明说："明天我要来这里接受一个重要的面试。我想先了解一下这个地方。"

那名管理员把于小明带到面试官的办公室，并把摆在高高的架子上的几艘制作得非常精致的轮船模型指给他看。显然地，面试官是名收藏迷。

那天晚上，于小明赶紧在网上查看有关旧轮船的资料。

第二天，当于小明与面试官见面时，他指着其中的一只轮船模型说："嘿！那艘帆船不就是哈得逊号吗？"这立刻引起了面试官的好感，于小明也因此得到了这个工作机会。

举这两个例子，只想告诉求职者，在面试的时候，要充分展示你的特长，要有针对性。在面试中，求职者还要注意自己的行为举止。求职者在赞美面试官时，不要做得太过头。当求职者看到办公室好看的东西时，可以趁机赞美几句以打破见面时的尴尬，但不要说个没完。多数面试官是很讨厌这种赤裸裸的巴结奉承的。相反，求职者应该及时切入正题。

回答面试官的提问时，在自己讲话时要注意停顿，显得像是在思考的样子。这么做能使求职者显得是那种想好了再说的人。这种做法在面对面的面试时是可以的，因为面试官可以看得出求职者在思考而且是想好了才回答。

求职者还要记住，要聆听面试官说的话，因为人们喜欢别人听自己说话胜于自己听别人说话。求职者应该通过总结、复述、回应面试官说的话，使面试官喜欢你，而不是仅仅注意你要说什么。

密码48 ‖ 面试中的聆听

在面试过程中,求职者主动地与面试官交谈,传递出雇主需要的信息,展示出求职者的能力和风采。而求职者的"聆听"会起到非同凡响的作用。求职者如果不会聆听,也就无法回答好面试官的问题。

面试中好的交谈是建立在"聆听"基础上的。聆听就是要对面试官说的话表示出有兴趣。在面试过程中,面试官的每一句话都可以说是非常重要的。求职者要集中精力认真地去听。要记住面试官讲话的内容重点,并了解面试官的希望所在,而不要仅仅注重面试官的长相和语调。即使面试官的谈话确实无聊、乏味,求职者也要转变自己的想法,认真听面试官的谈话或多或少可以使自己受益。

求职者在聆听面试官谈话时,自然流露出敬意,就能表明求职者是一个有教养、懂礼仪的人。

李瑞毕业后到一家编辑部去求职,主编照例对李瑞面试,开始一切都很顺利,由于对李瑞第一印象很好,主编后来就拉家常似地谈起了自己在假期的一些经历,李瑞忽然走了神,没有认真去听。临走时,主编问李瑞有何感想,李瑞回答说:"您的假期过得太好了,真有意思。"

主编盯了李瑞好一会儿,最后冷冷地说:"太好了?我摔断了腿,整个假期都躺在医院里。"

可见,善于聆听,是面试成功的又一个要诀。那么,求职者怎样听面试

官说话才能取得对方的好感呢?

第一,求职者要有耐心。

对面试官提起的任何话题,求职者都应耐心倾听,不能表现出心不在焉或不耐烦的神色,要尽量让面试官兴致勃勃地讲完,不要轻易打断或插话。

第二,求职者要细心。

也就是要具备足够的敏感性,善于理解面试官的"弦外之音",即从面试官的言谈话语之间找出他没能表达出来的潜在意思,同时要注意倾听面试官说话的语调和说话的每一个细节。

第三,求职者还要专心。

求职者专心的目的是要抓住面试官谈话的要点和实质,因此,求职者要保持着饱满的精神状态,专心致志地注视面试官,并有表示听懂或赞同的声音或动作;如果面试官提出的问题本身很明确,但求职者却没有完全理解,那么求职者可以以婉转诚恳的语言提出不明确的部分,面试官会进一步解释的。这样既能弄清问题的要点和实质,又能给面试官以专心致志的好印象。

第四,求职者要会强化面试官的提问。

要认真琢磨面试官讲话的重点或反复强调的问题,必要时,求职者可以进行复述或提问,如:"我同意您刚才所提的……"、"您是不是说……"重复面试官强调的问题,会使面试官产生"酒逢知己千杯少"的感觉,求职者和面试官往往会因此促进情感的贴近。

一个好的聆听者会做到以下几点:记住说话者的名字;用目光注视说话者,保持微笑,恰当地频频点头;身体微微倾向说话者,表示对说话者的重视;了解说话者谈话的主要内容;适当地做出一些反应,如点头、会意地微笑、提出相关的问题;不离开对方所讲的话题,巧妙地通过应答,把对方讲话的内容引向所需要的方向。

密码49 面试中的沟通

失败的求职者常会有这样的抱怨:"为什么别人每次求职,都能找到适合自己的工作,而自己却总是被淘汰,是什么使他无往不利、百战百胜呢?"

邱毅鸣的朋友开了一间小工厂,离城市很远,坐公交车要一个多小时。没想到在报上很节省地登了豆腐块大小的招聘启事,竟然收到很多求职信,邱毅鸣被拉去"客串"了一回面试官。

前来应聘最多的岗位是文员,日常工作就是接电话、打字、复印资料、购发办公用品、保管档案,还要做办公室的杂务,工作繁杂但简单,一个普通高中生就可胜任。

出人意料的是,前来求职的有很多是大学生。有的求职者的英语都过了六级;有的求职者精通英语、俄语;有的求职者唱歌、舞蹈在全国获过奖。可是老板大笔一挥,这些人一概不要。老板知道:自己的厂子小,离城远,工资不高,发展前景也很受限制,凭什么长期留住那些高学历的"潜力股"?

最后初选出几十位中专学历的人,这些求职者独立意识较强,多少都有过初步社会实践或是假期勤工俭学的经验。

面试在城中心的一家酒店里进行,求职者站满了酒店大堂。有姐姐或父母陪着来的,有同学陪着来的,也许在家人看来,找工作像相亲,需要家人帮助鉴别,但对于一个小企业来说,这很令人担忧。来应聘者不能自立,将来要到城郊上班,怎能干好工作,连打理自己的生活都没有能力,对于这类有陪伴的求职者,统统刷掉。

有一类求职者,给人感觉蛮好的,但在面试时,生怕被小瞧了,总是把自己往高处拔、往大处说,人生、理想、五百强企业,滔滔不绝。在一个小厂长听来,有些担心和感觉不妙:工厂希望自己的员工安心工作,如果员工干上三月半载的,工作刚熟就跳槽,岂不是为他人做嫁衣!这类心比天高的求职者,也不在考虑之列。

还有一类求职者,刚一接触,还没说话,就已决定不招。他们戴着MP3耳机,嚼着口香糖,面试官彬彬有礼地站起来请他坐,他则大大咧咧地一屁股坐下,或跷着二郎腿,不懂得最基本的社交礼仪。也许这类求职者属于衣来伸手,饭来张口享乐型的人。企业虽小,但也需要健康的、积极向上的人。

有一位应届毕业的女求职者,她极其普通,也没有工作经验,在面试过程中,邱毅鸣提了若干关于工作和社会方面的问题,她的回答也都不太令人满意,连她自己也意识到了。在即将结束时,她低着头说:"我的父亲过世得早,是母亲一手把我和妹妹拉扯大,为此,我很早就知道生活的艰辛和不易。虽然没有工作经历,但生活教会我坚强、认真、负责,这是我自认为最值得说的优点。还有一点,我不会远离本地,因为我要赡养母亲。"

她淡淡地说,神情有些拘谨,但说出的话,令邱毅鸣等为之动容。不是同情她的身世,而是她的话,对于她这个年龄来说,成熟有见地。邱毅鸣等默然不语,心里一致选定她,因为工厂就需要这样踏实、能吃苦耐劳的人。

事例中的主人翁就是通过情感的沟通,为自己争取到了就业的机会。通过观察发现,那些成功的求职者往往在求职的最初环节——在面试中用情感沟通了自己的就业渠道,从而顺利地实现成功就业。

求职者在面试过程中可根据现场情况,相机运用赞扬口吻对面试官的优点或业绩给予真诚的赞扬,表达崇敬之意,创造有利于自己的面试氛围。

王晓杰毕业后,决心进入广告业,他把目光投向著名广告策划人的李先生。王晓杰从各种传媒中收集李先生的精彩案例,对其卓越才能、创业经历和骄人业绩十分仰慕和崇敬。

王晓杰为了能在这家营销策划公司求职成功，就别出心裁地在一家具有全国影响的报纸登发了一则他给李先生个人的求职广告。

广告刊出后，李先生通知王晓杰到公司来谈谈。在面谈中，李先生问了一些基本情况，之后又问王晓杰为什么会想到给他个人发广告。

王晓杰不失时机地说："我早就关注您和您的公司了。您是广告策划高手，您的策划招无定式，屡屡使用新奇特手法，让人拍案叫绝。对您的超凡创意我十分赞赏，投奔您门下一定会有很大发展。我正是奔着这种理念前来接受您挑选的。那个广告就是我交出的第一份试卷。"听了他的话，李先生露出微笑，当场拍板录用了他。

这次面试的成功不仅得益于王晓杰独具匠心的求职广告，更重要的在于他那席真诚而又恰当的赞扬话，既表达了他对李先生的崇敬之情，又在无形中激发了对方的荣誉感，因而引起李先生对他的好感，缩短了两者之间的心理距离。

求职者为了能和面试官进行很好的情感沟通，还可以使用知音共鸣法。在面试中，求职者通过抒情或煽情的表达，勾起面试官的某种回忆，点燃面试官的特定情感，拨动其心弦，形成知音效应。当求职者与面试官拥有相同或相似的经历、境遇时，便可通过重温往事的方法，借以唤起某种情感，引发彼此心灵的共鸣。

一家国企公开招聘文秘和法律人才，王总经理亲自主持面试。祁俊是位政治教育专业的研究生，明知自己专业不对口，但还是希望能抓住这次机会。此前，祁俊了解到这位总经理出生在贫困山区，曾当过民办教师，后苦读自学考上大学，被分配到国企工作，与自己有相似的经历。

在面试现场，祁俊发现王总经理对大多求职者的成果、能力和荣誉等，都未显出特别的兴趣。

轮到祁俊面试时，祁俊略一思索，说道："我说说我的经历吧。

我1989年参加工作，在乡村当教师，我一心一意教乡下的孩子。但在学业上我没有停顿，通过自学获得英语大专学历。后来，我觉得那份工作未能让我充分发挥自己的才能，于是决定考研。"

这时，王总经理把目光投向祁俊。

祁俊继续说："从农村出来的人都知道，乡下信息闭塞，学习条件很差，要想同科班出身的大学生竞争难度非常大。但是我加倍努力。在完成教学任务的同时，凭着自己的毅力，自学完所有课程，以较好的成绩考取了研究生。"

王总经理的眼里闪着兴奋的神色，赞同地说："我们的员工特别需要这种毅力和吃苦精神，这是很重要的素质。不过，你的专业与我们不太对口……"

一听这话祁俊接着说："专业并不是最大的障碍。我认为最重要的是一个人不断学习的能力，我的经历表明我具有接受新事物、不断进取的个性特点。我相信自己可以做好这份工作。"

王总经理欣喜地点点头。两周后，祁俊接到录用通知书。事后，王总经理告诉祁俊："你的经历让我看到了自己，促使我下了录用你的决心。"

从事例中不难看出，求职者祁俊的面试陈述是用了心思的。祁俊善于寻找共同点，充分利用一切可以利用的有利因素，以自己的经历去拨动面试官的心弦，成功地勾起了对方的回忆，从而形成心灵共鸣，促使对方选择了他。

还有就是求职者可以用贴近认同法来加强与面试官的情感沟通。在面试中，求职者如果发现与主面试官的观点有接近之处、共同之点，就应该及时把自己的感受告诉对方。注意使用"我也……"的表达句式。如"我完全赞同你的看法……"，"我也是这样想的……"

当求职者运用这种句式陈述自己和面试官存在的共同感受时，能有效地激发面试官的认同感，使之倍感亲切，彼此间的沟通渠道就更加畅通了。此外，在面试中，任何能接近或靠拢面试官内心世界的言行，都可能成为打开面试官心灵的通道，促成彼此间的沟通。

有一家合资公司招聘员工，刚毕业的蔡国明前去面试。蔡国明走进面试厅，见到正面坐着一位军人模样的人，一张严肃的脸，没有一丝笑意，心里不免紧张。很多求职者就是在他这一关被刷了下来。

蔡国明深呼吸几口，调整好自己的情绪，主动迎上去与他握手，热情而坦率地说："你不像是经理，倒像是个军人。"

蔡国明这句真情实感的话刚出口，情况立即出现了变化。对方脸上露出笑容，说："我刚从部队退伍，做经理没多久。"就这样，一种朋友交谈的气氛出现了，接下去面试官随便与蔡国明聊起天来。蔡国明顺利地过了这一关。

为什么蔡国明那句话能产生这样的奇效？原因就在于，当过兵的人对自己那段经历通常倍感自豪，十分珍视。蔡国明好眼力，能认出并以赞赏口吻指出他是个军人，无疑拨动了面试官的心弦。他像遇到战友那样感到激动和亲切，自然会采取相应的友好态度。

密码50 —— 面试中的晕轮效应

在面试中，面试官有着"生杀"大权，他的肯定与否成为求职者能否获得工作的关键。那么，在面试时，求职者除了应具备的能力外，要怎样才能赢得面试官的"心"呢？

现实生活中有一种常见的现象——人们认识过程中会有一种晕轮效应，那么在面试中也可以去运用这一晕轮效应，即面试中面试官对求职者的某个亮点产生的强烈印象会不加分析地扩展到其他方面去。比如：面试官对某个求职者端庄的仪态或儒雅的风格产生了好感，就很可能会认为这个人工作严谨、踏实可靠，富有内涵；如果面试官对某个求职者不合适的着装或者一见面就主动握手拍肩的过于热情产生反感，便会想当然地认为这个求职者在其他方面也会轻浮随便，不能得体地应付局面、处理问题。

一家合资的日化公司通知孟晓星去面试。孟晓星到了那家公司后，在面试中从面试官不标准的普通话中，听出了家乡话的尾音。于是，孟晓星及时调整了说话的语速，有意地"泄露"出了几句家乡话。面试官听了，神情大悦。两个人用家乡话一对，果然是正宗的老乡，而且还相距不远。结果面试官的重心落在了孟晓星的身上，不动声色地把这个岗位留给了这个小老乡。

求职者的这种巧遇老乡的机率并不是每个求职者都能碰得到的，主要是说晕轮效应的作用是不可否认的，面试官做出决定时，有时会"掺杂"某些主观的因素。这个事例可以说明，求职者在适当的场合主动运用晕轮效应，就能为自己赢得面试的成功。

　　肖晓光是体育学院的毕业生，他站在一家电器公司的招聘台前，并不急于递应聘简历，而是等那位面试官空闲时，随意和他攀谈了起来，面试官起初对肖晓光没什么兴致，但知道肖晓光是体育学院的学生后，就随便跟肖晓光聊起了体育运动。面试官说他在学校时，爱好各项体育活动，而且在校足球队还当过守门员。在交谈中面试官对肖晓光产生了好感。虽然他们企业不需要肖晓光这类专业的人才，但通过他向另一名同行的"引荐"，肖晓光迂回应聘到了一家公司工会干事的职位。

只要面试官不反感，对于求职者来说什么样的方式都值得一试。正因为肖晓光用共同的爱好"晕轮"了面试官的心，这才使人家愿意出面给他提供更多的机会。

　　刚毕业于经贸大学校门的蔡美凤，靠临场的完美发挥为自己赢得一个好机会。当蔡美凤进入一家私企面试时，负责招聘的那名女面试官显得干练而精明。求职者递交应聘材料时，要求应聘者的英语口语达到四级。女面试官一上场就开始用英语提各种各样的问题。一一作答后，蔡美凤发现，女面试官的口语并不怎么好，甚至出现了一些语法错误。于是，蔡美凤在作答时言简意赅，语音平缓，尽量用些简单的常用语。不知不觉中，女面试官感到眼前的蔡美凤不寻常，越谈兴致越高。在面试完后，女面试官的心情十分舒畅。在她的推荐下，蔡美凤顺利地进入这家颇具规模的公司。

蔡美凤看似谦逊，其实是以退为进。如果求职者不看场合，无节制地展现自己"闪光"的一面，其结果可能是事与愿违。也就是说，"到什么山，唱什么歌"，这是面试实战中的一种晕轮效应的技巧。

面试中的晕轮效应之所以较为常见和普遍，主要是因为人的认识具有局限性，并且每个面试官均不可避免地带有或多或少的主观感情色彩，很容易

遮蔽理性的分析和结论。常说的"一好百好"、"爱屋及乌"、"一俊遮百丑"都是晕轮效应的反映。由于面试通常是在一定的时域内进行，面试官对求职者不可能进行全面和深入的考察了解，因而第一印象如何极为重要。如果面试官对某个求职者第一印象很好，在接下来的面试考核过程中，求职者会由于晕轮效应，使本来不算自己强项的方面也获得了较好评价而顺利通过面试。

事实上，面试官在对求职者面试考查时，或多或少总是会被求职者身上突出的特质所吸引，对他产生或喜或恶的情绪。这点在陌生人的首次会面中，表现得尤为明显。这种晕轮效应其实是一种典型的知觉误差，好比因为月晕而看不清月亮的轮廓，所以也称为"月晕效应"。

求职面试过程中，求职者可以很巧妙地利用"晕轮效应"，为自己争取更多的机会。

求职者有一副好的嗓音也是推销自己的一种法宝，适时地电话拜访或查询面试结果是一种积极的行为。如果求职者有一副好嗓音，那么，他已经比其他竞争者多了一件武器。查询结果的电话中，有一副好嗓音的求职者可以试着让面试官回忆你们面试时的场景，如果面试官记起了你的嗓音，意味着你就要赢了。如果求职者不敢肯定自己的嗓音很出众，那记住一点，面试时，多用升调展现自己热情愉悦的性格，多用中音展现自己成熟稳重资深的一面。

求职者写得一手好字能让自己凸显出来。面试官面前总会堆着厚厚的求职简历，求职者花很多心思把简历做得很花哨，不如在自己的简历显眼处留下"墨宝"。面试官都相信"字如其人"，在电子文档风行的今天，一手好字更是显得弥足珍贵。求职者在自己的简历上，手写求职意向，一方面展示自己的书法，一方面显出对此次机会的重视。求职者在填写用人单位的应聘登记表时，一定要用心填写，求职者如果填写得潦草、空白、笔迹模糊，再留下肮脏的手印等等，那么，你已经被淘汰了！

求职者穿得体的服装能增加印象分。求职者的着装得体与否是一种方法，告诉了面试官求职者是如何看待自己的，并且希望他人如何看待自己。面试官对求职者良好的第一印象，包含服饰、位置、语音语调、眼神、肢体和语言本身。

研究表明，谈话的内容本身留给别人的印象只占两个人最初交往的"第一印象"中很少的部分，不到7%。得体的面试着装涵盖三个层面：第一，干净整齐,这是最基本的要求;第二,符合规范,也就是体现职业化;第三,美观。男士最好的面试服装是颜色款式得体的西服,女士应该是职业套装。当然,穿什么去面试也要根据不同的场合以及不同的职业特点。

总之,在面试前、面试中、面试后每个求职的环节,只要求职者是个有心人,巧妙地利用一下"晕轮效应",相信一定能争取到比别人多的机会。

密码51 面试中的度

常言道:"见人说人话,见鬼说鬼话。"求职者在面试中的各种技巧也要灵活运用,要把握好面试中的度。

王蒙前去一个知名企业面试了,尽管他对于申请的职位并没有太多的工作经验,但是凭借他多年的面试经验,连坑带"忽悠"地就轻松越过了人事部门的筛选一关。但当王蒙面对招聘部门经理的时候,发现自己的经验不足会在部门经理面前暴露无遗。部门经理一问及他从事这类工作所操作过的案例时,他发现自己现编的案例在火眼金睛的部门经理眼里,根本就是千疮百孔,经不起任何的推敲,这次面试王蒙一败涂地。

马莉到了面试的最后一关:与新雇主见面。从面试官口中得知,最后这次面试其实很简单,马莉因此也没做什么准备。果不其然,与新雇主的见面非常轻松。老总只是与马莉闲聊了一些生活中的爱好,关于一些对企业的了解以及对企业和职位的期望。马莉认为她这次面试成功是板上钉钉的事情。没想到一星期后,那个面试官告知马莉面试失败。理由是新雇主觉得跟马莉闲聊后,认为她并不是企业想要的那种很有上进心和规划的员工。

从事例中,反映出当前很多求职者在面试中常犯的错误——就是对三个层次的面试官都用同一种方式作答,其效果必然欠佳。求职者心情急切,容易出错。其实,有许多规律可以探索,有许多规则需要遵守,每个人的职业是有一定圆周率的,只要求职者在处理职业问题上掌握好一定的度,就会不偏不倚、恰到好处,就会准确抓住机会。

对于人事部门面试,求职者只要在诸多求职书籍或"面经"中多了解经验,把常见的问题想好答案,背好并详加练习,基本上都能过关。

对于部门经理面试,求职者多准备一些自己以前做过的案例,尤其是有心得、有经验的案例,只有有心得的经验才会在表达中显得自信、有底气。部门经理最愿意听的和最关心的就是这些有真实心得和经验的案例。多谈细节,多谈案例,少说大话。对于自身经验的自信,是这个阶段最为重要的因素。

对于公司老总的面试,求职者要时刻保持警惕。面试前要充分做好各种问题的准备,千万不能因为是闲聊而掉以轻心。对新雇主问的问题,求职者回答时,要像对部门经理那样严谨。不要过分放松,以免自己的不良习惯和心态自然流露出来。对新雇主的问题的回答千万不要大而虚。多用一些实际的经验和故事,更能显得自己的专业性强和经验丰富。严谨、大气、稳重是这个阶段的重点。

除此之外,求职者还需把握好求职面试中的各种"度"。

第一,求职者的心气要有一个"度"。

求职者个人的学历、经历大致决定了自己的职业方向,求职者的个人能力、经验决定了自己的职位层次,求职者的个人家庭、背景又决定了自己的工作地域。所以,这些因素决定了求职者必然在某个职业圆周内,在求职时,可以适当放大半径,放宽选择范围,但是,圆心不能偏离,范围不能太广,否则,摆脱了自己的职业圆周,就偏离了自己的职业轨道,漫无边际地寻找,很难选到合适的职位,甚至在这一轮中踏空,成了流浪者。所以,求职者要掌握好这个度。

第二,求职者的心情要有一个"度"。

有的求职者急于求成,整日忙于奔波,却不去思考成功之路;有的求职者慢条斯理,全然不顾形势的变化、高潮的时间。求职者只有认识到变化的形势,加速进入求职就业的快车道,才能跟上飞速奔驰的列车,否则就会淘

汰。所以，求职者在求职时既不能操之过急，又不能不紧不慢的，一定要掌握好一个度。

第三，求职者在找理想工作时，也要有一个"度"。

求职者如果找工作没有目标，就会没有追求动力，求职者往往是理想太远大，现实太残酷。所以，求职者在找工作时，首先是要切合实际做一个职业规划，要想做大牌，首先做小卒。调整心态，认清职场形势，看到竞争的激烈性，剔除自己不切实际的想法，给自己重新定位。否则，就会犯水中捞月、雾里看花的错误。求职者必须掌握好这个度。

第四，求职者的简历重点掌握两个"度"。

1. 求职者写简历要有一个"度"。

求职竞争太激烈，求职者没有竞争意识是要吃亏的，所以，简历中适当加点调味料，为了让自己的简历富有吸引力，求职者的能力、经验可以适当放大一下，否则，在茫茫人海很难寻求发展空间，如愿以偿进入职业发展的高速公路。如果心仪的岗位条件尚未成熟，就充分利用好现有的工作机会，利用空暇的时间，静下心来为自己充充电，无论哪个行业，哪个企业，哪个职位，实力才是竞争的核心。如果求职者只注重简历造假，那么，简历就会给你帮倒忙。新雇主在招人中更看重的是诚实可信、沟通协调能力、团队精神、承受压力的能力、较高的情商等等，这些指标通常被归入综合素质一类，可不要让面试官给你综合素质差的结论，否则，就死定了。所以，写简历要掌握好这个度。

2. 求职者投简历要有个"度"。

投简历的时候，如果只投自己曾经做过的行业、职位，那就把自己绑在一个小圈子里，限制了自己的职业开拓，可以适当地选择新兴的高薪行业和职位，但是，必须与自己的学历、职位、行业有血缘和连带关系，不能因为电子简历投起来方便，求职招聘网站多多，就到处播种，漫天撒网，结果白白浪费很多时间，最后却石沉大海，杳无音信。就是拿到面试机会，那也是属于别人的职道，你也挤不进去。所以，投简历要掌握好一个"度"。

第五，求职者在面试过程中要掌握好的几个"度"。

1. 求职者的仪态仪容要有度。

服装挺括，得体大方又不要鲜艳时髦、袒胸露臂；装饰合理、搭配得当又不珠光宝器、画蛇添足；头发整齐、略带素妆又不油头粉面、浓妆艳抹；仪态大方、举止得体又不矫揉造作、故作姿态，要掌握好这些度。

2. 求职者的面试礼仪要有度。

彬彬有礼、温文尔雅的风度代表了一个人的素质，是求职的法宝，但是，如果装腔作势，唯唯诺诺，就显得很不得体，所以，要掌握好这个度。

3. 求职者的心理上要有个度。

充满自信是必备条件，自信是敲门砖，自信是一种骨子里的东西，它是不言败的信心。但是自信不是自负，不是自大，也不是自傲。自骄自傲、非我莫属，是求职的最大障碍，但是自卑自贬，忐忑不安，也是阻碍成功的最大敌人，二者的结果都是与机会擦肩而过，失之交臂。所以，既要充满信心，又不要旁若无人，要掌握好这个度。心存疑惑，就会失败，相信胜利，必定成功。

4. 求职者的准备工作要有度。

万一你被通知要参加面试，一定要做好面试前的全方位六大准备：物资准备、心理准备、研究准备、问题准备、仪表准备，礼仪准备，对面试中的每一个环节仔细分析，认真研究，充分的准备可以帮助求职者镇定自己。打有准备之仗，自然心里有底，不慌不忙，充满必胜的信心。可是，也不要诚惶诚恐，小题大做，物资准备过了头，显得很不成熟，问题准备过了头，结果，杂乱无章、理不出头绪。要掌握准备的度。

5. 求职者的介绍优缺点要有度。

所谓的优点是任何求职者自己能运用的才干、能力、技艺与人格特质，这些优点也就是求职者能有贡献、能继续成长的要素，这个优势就是求职者竞争的法宝。求职者最好的办法是把自己的优点集合起来，一一列举，形成一个优势。但是，如果在择业中具备种种优势：学习成绩好，学校牌子亮，专业需求旺，求职门路广，因而盲目自信，陶醉在已有的光环之中。求职者因此在面试中流露出一副咄咄逼人、独占鳌头的模样，那就是自取灭亡。

6. 求职者回答问题要有度。

在面试过程中,最大的困难就是如何回答面试官的问题了。其实如果求职者能够好好准备,加上临场镇定的表现和充分发挥,针对不同类型的问题,要以不同的方式应答,灵活机动,才能有助自己轻松过关,争取求职成功。求职者回答的语速不紧不慢,用词不温不火,表情不僵不狂,眼神不呆不滞、举止不浮不板,求职者要掌握好这些度。

7. 求职者观察问题要有度。

对周围的环境、面试官的表情、态度毫无察觉,不能随机应变,不能灵活处理,面试注定失败。但是,也不能观察过度,甚至仔细分析、想入非非,结果,扰乱了回答问题的思路,甚至没有听到面试官的问话,那就要乱了阵脚。所以,求职者观察也要有个度。

8. 求职者面试后查询要有个度。

不要面试之后,感谢电话一个不打,感谢信一封不写,不闻不问、静候佳音。也不要坐不住板凳,四处打探,甚至电话不断,让人讨厌。求职者要掌握好这个度。

密码 52 —— 面试中的妙招

新雇主对求职者进行面试,是其招聘过程中的一个重要环节。所谓面试,就是新雇主为更深入地了解求职者情况,判断求职者是否符合工作要求而进行的面试官与求职者之间面对面的测试过程。

对于求职者而言,面试则是跨进职场的必经之路。而把守着这"华山一条路"的面试官则是求职者顺利进入职场前必须攻破的一道关隘。

在一家公司的招聘会上,面试官本想招一个有丰富工作经验的资深会计人员,但却破例招了一位刚毕业的求职者,让面试官改变主意的起因只是一个小小的细节:这名求职者当场拿出两块钱的行为。

面试官说:当时这名求职者因为没有工作经验,在面试关就遭到了拒绝,但他并没有气馁,一再坚持。他对负责筛选的人员说:"请再给我一次机会,让我参加完笔试。"负责招聘的人员被其真诚打动,就答应了他的请求。结果,他通过了笔试,复试时由财务经理亲自当面试官。

面试官对他颇有好感,因他的笔试成绩最好,不过,这名求职者的话让财务经理有些失望。由于他没工作过,找一个没有工作经验的人做财务会计不是财务经理的预期,所以,面试官决定结束面试:"今天就到这里,如有消息我会打电话通知你。"

这名求职者从座位上站起来,向面试官点点头,从口袋里掏出两块钱双手递给面试官:"不管是否录取,请都给我打个电话。"

面试官从未见过这种情况，问："你怎么知道我不给没有录用的人打电话？""您刚才说有消息就打，那言下之意就是没录取就不打了。"

面试官对这个求职者产生了浓厚的兴趣，问："如果你没被录取，我打电话，你想知道些什么呢？"

"请告诉我，在什么地方我不能达到你们的要求，在哪方面不够好，我好改进。"

"那两块钱……"这名求职者微笑道："给没有被录用的人打电话不属于公司的正常开支，所以由我付电话费，请您一定打。"

面试官也笑了，"请你把两块钱收回，我不会打电话了，我现在就通知你：你被录用了。"

面试官仅凭两块钱就招了一个没有经验的人，是不是太感情用事了？其实不是。因为面试中的这些细节，反映了他作为财务人员具有良好的素质和人品，人品和素质有时比资历和经验更为重要。第一，他一开始便被拒绝，但却一再争取，说明他有坚毅的品格。财务是十分繁杂的工作，没有足够的耐心和毅力是不可能做好的；第二，他能坦言自己没有工作经验，显示了一种诚信，这对做财务工作尤为重要。所以说，求职者面试时展现一个真实的自己更重要，展现自己还需要一些妙招。

求职者的第一妙招：面试前的充足准备。

求职者参加面试，除随身携带必要的证书、文凭、照片之外，还应事先做些准备工作：

1. 求职者迅速查找新雇主的原始招聘广告，并背熟自己的求职简历。另外，求职者的简历如含有"水分"，现在可能连求职者自己都记不清当初是如何造假了，为避免"露出马脚"，"熟记"是必要的。

2. 求职者设想和预习面试时可能遇到的一些问题。下列问题通常是必提的：个人情况；教育背景和掌握的技能；申请该职位的理由等。求职者可以在面试前有的放矢地进行预习，比如问及申请该职位的理由时，切忌边想边答、吞吞吐吐；问及个人优缺点时，应迅速作出回答，否则，面试官会认为你缺乏自知之明。

3．求职者准备好同新雇主面试时的"道具"。着装与修饰反映出求职者对所申请职位的理解程度。

4．求职者事先查找好交通路线，以免迟到。

求职者的第二妙招：面试中摸清面试官的问题。

常言道："知己知彼，百战不殆。"求职者可从面试官的提问方式看出其水平和个性。

1．按简历表顺序提问的面试官——这样的面试官大多是缺乏经验或缺乏激情的人。面试过程比较平淡乏味，似乎成了简历的复述课。对此，求职者只须按章回答即可。

2．从工作经验提问的面试官——这样的面试官大多经验较为丰富。他们在面试中的提问都是有的放矢，想了解求职者在简历中难以体现的各种能力。

3．漫不经心提问的面试官——这样的面试官大多是"老奸巨滑"。他们为"套"出求职者的真实情况，往往从一些看似同面试主题不太有关或较为轻松的话题切入，如"昨天的球赛你看了吗？"以打乱求职者原先准备好的"套话"，然后一步一步按照其设下的"路线"前进。

4．标新立异提问的面试官——这样的面试官大多好卖弄学问。他们的兴趣是把求职者逼入"死角"，因此会提出一些不着边际的问题，以此难倒求职者。对此，求职者最好尽快"认输"，否则，会遇到更大的难题。

5．爱谈本公司的面试官——这种面试官是最容易对付的。他们对本单位有浓厚的"敝帚自珍"之感，总想让求职者了解自己的成功之处，因此，总是在"推销"自己的单位。对此，求职者只要多吹捧，大多能成功。

求职者的第三妙招：面试中冷静沉着的应答。

面试官的提问是根据面试发展需要层层来进行的，求职者回答时切忌答非所问，既不可啰嗦、不及要领，也不可断章取义、表达不清。现将有关面试中常见问题的应答罗列如下：

1．请你作一下自我介绍——回答时突出自己能力和素质与所应聘岗位的相关性，不谈无关的内容。

2. 请谈谈你的家庭情况——这是面试官想从求职者的家庭教育背景中判断求职者的素质。求职者不要简单罗列家庭人口，可强调家庭成员对自己工作的支持和自己对家庭的责任感等。

3. 请说一下你的缺点——求职者不宜说自己没有缺点，也不要把明显的优点说成缺点。求职者可以说一些对应聘工作"无关紧要"的缺点，甚至看似缺点而从工作角度而言却是优点的缺点。

4. 你为什么想到本公司来应聘——求职者如果对新雇主足够了解，就把真正吸引自己的地方说出来。

求职者的第四妙招：问倒面试官。

面试是求职者与新雇主之间的双向沟通，但一些求职者面对面试官说的"你还有什么问题需要问"或"还有什么需要我进一步说明"这类问话时，往往措手不及。

求职者问倒面试官的目的是抓住提问机会，为自己的前期表现"画龙点睛"，甚至扭转此前的不利局面。以下的三种思路可供求职者选择：

1. 求职者围绕新雇主的企业状况进行提问，包括企业经营现状、发展规划、企业文化及企业理念等。

2. 求职者在面对新雇主时，切忌采用"我不大了解贵企业，请介绍一下"之类的直白提问。求职者应该采取的方式是先谈谈自己所了解到的企业情况，然后再请面试官就某一方面做出更详尽的介绍，比如"从我的了解中，贵公司是……，不知我的认识是否正确，你能否为我做出更详细的说明"。

3. 求职者围绕自己应聘的岗位展开提问，可涉及该岗位工作范围、主要职责以及对应聘者能力、经验等方面的进一步要求等。

求职者的第五妙招：与面试官保持联系。

求职面试结束，这并不是求职者求职过程的终结，求职者不应等待新雇主的聘用通知的到来。

求职者可写信或打电话表示感谢，以加深新雇主对自己的印象，增加求职成功的可能性。求职者打过去的电话最好不超过3分钟；感谢信最好不超过一页纸，可重申对该公司、该职位的兴趣，增加对求职成功有用的新内容，表达自己为新雇主公司发展壮大做贡献的决心。

　　通常面试结束后，面试官大约需要三五天来确定录用人选。如面试两周后或面试官许诺的时间到来时仍未收到通知，求职者可写信或打电话询问面试结果。即使未被录用，求职者最好能与面试官保持联系，这是建立职业关系网的一个重要组成部分，求职者很可能在今后仍有机会进入自己所心仪的公司。

密码53 —— 谁输在第一面

在求职的路上,很多的求职者却输在了跟新雇主打交道的"第一面"上。求职者往往输在了语言不得体、不注意细节、回答不诚实、看不到自信等等方面。

狄九州在一面上败下阵来:他面试时,因为太过兴奋、说话过多被新雇主方认为过于啰嗦而被淘汰。

狄九州是个伶牙俐齿,口吐莲花的人,面试失败后所能感受到的,只有深深的失落和遗憾。原来,狄九州自恃学了4年的新闻传播学,又是学校演讲协会的最佳辩手,所以,当一家省级报业集团到学校招聘记者时,他踌躇满志地报了名。

很快便进入第一面试阶段。"你为什么要选择我们?"面试官笑容满面地向狄九州提问。

不等面试官话音落地,狄九州就侃侃而谈:"贵报业是新闻报刊界的一面旗帜,且素以尖锐犀利、敢讲真话而著称。很多人都喜欢看,我也经常阅读。"

这一招"赞美"策略果然奏效,狄九州看见面试官眼里闪出一道亮光。

"我爸爸在一家出版社当编辑。我从小就受家庭的影响,一直很向往新闻传播职业。"狄九州的"亲和力"路线效果也不错,他瞥见面试官眼里掠过第二道亮光。如果狄九州能就此打住,见好就收就好了。可是狄九州谈兴正浓,忘了"言多必失"的古训,加上受面试官眼光的误导，竟然又滔滔不绝地即兴发挥下去："我从小生长在长江岸边，刚会走路的时候，就……，后来上了小学……"狄九州一直不停地说着，直到面试官不耐烦地向他连连摆手："你先坐下吧，我们知道你的想法了。"

狄九州这才发现由于自己的过度兴奋，不知何时已离开了座位。

求职面试时是需要求职者有好口才的，但求职者好口才并不是演讲台上的抒情诗，也不是公众场合下的口若悬河。面试官明白：言不在多，点到为止，该闭嘴时就闭嘴，才算职场中的好口才。

面试，无论对求职者还是面试官都是重要事件。原则上讲，两方的地位是对等的。然而，眼下的现实却是新雇主方大多占据着强势地位。所以，很多的求职者在"第一面"的时候输了下来。

求职者在面试中的第一输：言语不得体。

求职者在面试时显得没有礼貌，尤其是谈到薪水时，有的求职者就像市场上买东西时的讨价还价，会引起面试官的不快。在面试之前，求职者应该先在人才市场上了解一下，某种职位的工作当前的工资大致是多少，做到心中有数。而且最好不要开口先问薪水。对新雇主而言，一个先了解发展空间的求职者比先问薪水的求职者有吸引力得多。"你们的待遇怎样"、"一个月能给我多少钱"、"有没有休假日，一个月休息几天"这些问题不是不能问，而是要找机会问，要选择时机。否则，新雇主就会认为，我们还没有了解你，就提这么多条件，谁敢用你？

求职者在面试中的第二输：不注意细节。

求职者必须记住：做事即做人。一个行为不得体的求职者很难在工作中有卓越表现，特别是跟人第一次打交道的时候，得体的体态语言能让人产生良好的第一印象。衣服整洁，保持端正仪容很重要。

求职者在面试中的第三输：回答不诚实。

在现实中，一个求职时不诚实的人，是不可能得到别人的首肯和好印象

的。不管求职者是有意"贬损"自己,还是在无意中抬高了自己,除了证明求职者的不诚实之外,一点好处也没有。

求职者在面试中的第四输:没有自信。

求职者在见了面试官时露出了怯意,缺乏自信,面试官也就顺水推舟,予以回绝。有些求职者,本身专业跟新雇主招人要求不太符合,但是他们用理性的分析,巧妙的陈词来打动新雇主,甚至会让新雇主认为他的弱势反倒是他的优势。如果自己都没有自信能做好这个工作,新雇主当然更不会考虑这样的求职者。

密码54 —— 面试中的焦点问题

面试主要是来测评求职者的素质，甄选出求职者的长处和短处，求职者若能扬长避短，综合运用，则事半功倍，否则就很可能事倍功半。因此，在对求职者的甄选实践中，面试官并不是以面试去测评一个求职者的所有素质，而是有选择地用面试去测评求职者身上最能测评的内容。

孙晓萌在求职的路上几乎没有实力。他上的学校一般，学的专业是电子工程；成绩也差，4年没拿过一次奖学金，且经常补考；除了该有的学位证和四级证，其他的证书孙晓萌一样都没有。但孙晓萌还是决定将自己"卖"出去。

孙晓萌的大学四年可谓是蹉跎岁月，大四一开始他就为找工作做准备了。

孙晓萌千方百计通过亲戚、朋友等各路关系，得到了一次面试的机会。面试头晚，孙晓萌一直在琢磨面试时自己该说些什么。因为孙晓萌心里很清楚，如果不是朋友推荐，自己根本不可能得到这次面试机会！分析了半天，孙晓萌觉得自己的优点只有擅长表达，但孙晓萌又很心虚：自己确实什么东西都没学到啊！

孙晓萌面试那天，他一落座，面试官就问："你带简历了吗？你的简历在我的电脑里，我没来得及看。"

当时，孙晓萌心想：完了，人家连我的简历看都没看，肯定是走走过场了。孙晓萌马上将自己手上准备的简历递给了面试官。

面试官问："你是学电子的？"

孙晓萌说:"是。"

面试官接着就说:"那你大概介绍一下自己的情况吧。"

于是,孙晓萌就开始罗列自己的全部优势,大到自己的适应能力、学习能力;小到自己曾经做过的某个社会实践。最后面试官主动打断了孙晓萌的阐述,他说:"这样吧,我们只是想找一名研究开发人员。你谈谈你在学校时,有没有做过一些电子工程方面的经验?"问到这里,孙晓萌所有的思路全停了,便不得不诚实地告诉面试官,自己没有做过任何项目,而且还带点狡辩色彩地说:"您也知道,学校一般都是教课本知识。"面试官看了孙晓萌一眼,笑了笑说:"行,那这样吧,如果我们后面需要复试的话,再和你联系。"

孙晓萌明白自己失去了这个工作。原因是他没有工作经验,因此得不到这份工作。孙晓萌陷入一个鸡生蛋还是蛋生鸡的两难境地。

求职者能否轻易地跳出"鸡生蛋还是蛋生鸡"这样的焦点怪圈呢。求职者要认清面试中的焦点,做个有准备的求职者,靠自己的"思想"绕开面试官设置的障碍。

面试官为了找到最合适的人,面试时可能会让求职者觉得比较苛刻。因此,求职者要学会在面试中发现自己的长处和不足,找到自己的能力优势和公司需要之间的契合点。面试官看重的是求职者的综合素质和潜在能力。求职者在面试前要整合自己的优势资源,分析自己的强弱项。此外,事先要多多了解应聘公司的企业文化和应聘职位的职责要求,只有充分准备、知己知彼,才能在面试中脱颖而出!此外,求职者要了解面试官在面试中关注的焦点问题。

第一,面试官关注求职者的仪表风度。

求职者的体型、外貌、气色、衣着举止、精神状态等。像国家公务员、教师、公关人员、企业经理人员等职位,对仪表风度的要求较高。研究表明,仪表端庄、衣着整洁、举止文明的人,一般做事有规律、注意自我约束、责任心强。

第二，面试官关注求职者的专业知识。

面试官主要是了解求职者掌握专业知识的深度和广度，看其专业知识的更新是否符合所要录用职位的要求，作为对专业知识笔试的补充。面试对求职者专业知识的考察更具灵活性和深度。所提问题更接近空缺岗位对专业知识的需求。

第三，面试官关注求职者的工作经验。

面试官考查求职者的工作经验，一般根据查阅求职者的个人简历或求职登记表，做些相关的提问。查询求职者有关背景及过去工作的情况，以补充、证实其所具有的实践经验，通过工作经历与实践经验的了解，还可以考查求职者的责任感、主动性、思维力、口头表达能力及遇事的理智状况等。

第四，面试官关注求职者的口头表达能力。

面试中，考查求职者是否能够将自己的思想、观点、意见或建议顺畅地用语言表达出来。面试官考查的具体内容包括：表达的逻辑性、准确性、感染力、音质、音色、音量、音调等。

第五，面试官关注求职者的综合分析能力。

面试中，考查求职者是否能对面试官所提出的问题，通过分析抓住本质，并且说理透彻、分析全面、条理清晰。

第六，面试官关注求职者的反应能力与应变能力。

面试中，主要看求职者对面试官所提问题的理解是否准确，回答的迅速性、准确性等。考查求职者对于突发问题的反应是否机智敏捷、回答恰当。对于意外事情的处理是否得当、妥当等。

第七，面试官关注求职者的人际交往能力。

在面试中，通过询问求职者经常参与哪些社团活动，喜欢同哪种类型的人打交道，在各种社交场合所扮演的角色，可以了解求职者的人际交往倾向

和与人相处的技巧。

第八，面试官关注求职者的自我控制能力与情绪稳定性。

求职者的自我控制能力对于新雇主显得尤为重要。一方面，在遇到新雇主批评指责、工作有压力或是个人利益受到冲击时，能够克制、容忍、理智地对待，不致因情绪波动而影响工作；另一方面，对待工作要有耐心和韧劲。

第九，面试官关注求职者的工作态度。

面试官一是了解求职者对过去学习、工作的态度；二是了解其对现报考岗位的态度。求职者在过去学习或工作中态度不认真，做什么、做好做坏无所谓的人，在新的工作岗位也很难说能勤勤恳恳、认真负责。

第十，面试官关注求职者的上进心、进取心。

上进心、进取心强烈的求职者，一般都确立有事业上的奋斗目标，并为之而积极努力。表现在努力把现有工作做好，且不安于现状，工作中常有创新。上进心不强的求职者，一般都是安于现状，无所事事，不求有功，但求无过，对什么事都不热心。

第十一，面试官关注求职者的求职动机。

面试官了解求职者为何希望来本公司工作，对哪类工作最感兴趣，在工作中追求什么，判断本公司所能提供的职位或工作条件等能否满足其工作要求和期望。

第十二，面试官关注求职者的业余兴趣与爱好。

面试官了解求职者休闲时爱从事哪些运动，喜欢阅读哪些书籍，喜欢什么样的电视节目，有什么样的嗜好等，这样有利于对其录用后的工作安排。

密码55 —— 面试中的脱颖而出

一家著名公司向社会招聘。面试那天，徐立背了一包的资料、证书、剪贴本，面试官边翻看徐立的简历、资料，边问："请问你觉得自己有什么优势吗？"

徐立说："我参加了自学考试，获得了两个大学文凭……"

面试官摇头："我们公司20%的员工拥有研究生学位或博士学位，你的学历称不上优势。"

徐立继续说："我曾当过兵，参加过抗洪救灾，比较能吃苦……"

面试官又摇头："现在我们的保安已经满了。"

徐立又说："我过去在一家民营企业的基层干过，后来当了车间主任、办公室副主任，我既有基层工作经验，又有机关的工作经验。"

面试官还是摇摇头说："我们各个部门的管理层干部，都是从基层员工中选拔上来的。你这也算不上优势。"

徐立有些急了，想了想又说："我还自学了日语，口语已达到能够比较熟练地和日本人直接交谈的程度……"

面试官笑一笑："在我们这样知名的公司里，已经从外国语学院招了许多专业人才……"

徐立又拿出自己曾发表过的文章剪贴本，说："我还喜欢写作，业余时间先后发表过很多篇文章。可以说有一定的文字功底。"

面试官翻着徐立在报纸杂志上发表的文章,笑了一下,是说:"目前,我们已经聘请了一位省作家协会的作家和两名报社的记者加盟我们企业。"

徐立额头上已经冒汗了,心想自己没啥优势了,绞尽脑汁搜寻着自己的优势。在情急之中,徐立说:"过去我们企业出现过资金周转困难,我拿出自己结婚的2万元钱帮助公司渡难关,这是过去我们企业报对我的报道。"

面试官看着徐立递过去的报纸,抬眼说:"就这个吗?"

"还有,"徐立说,"一次一位同事晚上说肚子痛,已经是凌晨两点钟了,我立即找车、背人,很快将他送到医院,后来诊断为急性阑尾炎,医生说如果再晚一点儿就有生命危险。"

面试官微笑着点点头,徐立更激动了,继续说道:"我还曾被市里评为'见义勇为先进个人'。一次我们公司的门店里有很多顾客,我看到一个小偷在掏一位顾客的皮包,我上前抓小偷,结果他们是一个团伙,我被歹徒刺伤,我死死拖住一个小偷……这是我的获奖证书。"

面试官露出一丝感动,他凝神片刻说:"你们的企业后来怎么样?"

"因为那是国有企业,体制问题,后来倒闭了,我也下岗了。"徐立解释道。

"你的优势还挺多嘛,这正是无与伦比的啊,你正是我们最需要的人才。"面试官最后说道,就这样徐立被这家公司录取了。

求职者去面试时,要研究公司的历史和企业文化,看看他们最看重的、最缺少的、最需要的是什么,找到并展示自己的优势,从而一矢中的!求职者在面试中脱颖而出往往具有"一锤定音"的作用。经验证明,成功的面试应把握以下几条原则:

第一,求职者化被动为主动才能脱颖而出。

就其形式上来看,面试是新雇主对求职者的挑选。通常是由面试官出题、提问，主导面试进程和结局，面试官的态度、评价，决定着对求职者的取舍。而求职者则是处于被召唤、被支配、被挑选的地位，似乎没有多少主动权可言。其实，如果求职者换一个角度看问题，把面试当成推销自己，展示自己能力的过程和机会，把面试现场当成表现自己的舞台，那么，求职者就可以在一定程度上获得面试的主动权，求职者的主观能动性就会得到充分的发挥，表现出很大的预见性、主动性和创造性。比如，求职者在事先以积极的态度，有目的地进行大量卓有成效的准备工作，包括了解和研究新雇主的需求状况、专业特点、考官心理、应答对策；在面试过程中，就会表现得精神饱满，热情亢奋，思维严谨，灵感不断被唤醒，应对自如，左右逢源，实现正常甚至超常发挥，从而把自己的优势强项与对方的需求有效地对接起来，赢得面试官的好感，最终成为面试的优胜者。

第二，求职者的外在形象与内在素质的有机结合，也能让自己在面试中脱颖而出。

新雇主面试的目的在于全面考查求职者的素质，重点通常放在内在素质方面。但是，从实际情况看，面试官对求职者的第一印象却是十分重要的。求职者以什么样的形象在面试官面前亮相，往往会带来不同的效果。一般来说，外在形象能折射出求职者的内在素质、气质和修养水平等，并易于给面试官形成"首因效应"。良好的第一印象，往往讨人喜欢，进而让人产生由衷的亲和力，这样就在潜意识中对面试官的态度和评价产生了微妙的影响。因此，求职者应坚持外在形象与内在素质有机结合的情况下，在着力表现内在实力的同时，关注一下自己的衣着打扮、行为举止和态度表情，向面试官展示出自己良好的修养和形象，做到自信而不自傲，自然而不放肆，展示而不卖弄，重礼节、礼貌而不拘谨卑微。这样，讨人喜欢的外在表现就成为内在素质的一种烘托、说明和强化，从而大大加深面试官的印象。求职者才能让自己在面试中脱颖而出。

第三，求职者的心理平稳要与自身的才学互动。

一般来说，求职者走进面试现场面对面试官时，心理压力会大大增加。求职者如果不善于进行心理调节，就会出现心理失控，影响面试时的正常应

对发挥。有的求职者非常有才学，但是就是心理素质太弱，一走进严肃的面试现场就紧张出汗，恐惧害怕，不能控制自己的情绪，往往自己先乱了阵脚，这种教训求职者应牢牢记取。

实际上，求职者的心理与才学是一种互动关系。求职者应把自己的心理素质与才学表现协调好，做到以才学稳定心理，以心理支撑才学表现，使两者相辅相成，相得益彰。为此，在面试前既要注意才学准备，又要注意自身心理训练和面试心理准备。在面试中，特别是入场后的前三分钟，要采取措施，进行积极心理调节，稳定情绪，引导自己进入最佳竞技状态。这样在强大的积极心理支持下，才会有出色的面试表现，让自己脱颖而出。

求职者的态度真诚与口才要有机结合在一起。求职者不但应在专业上用劲，还应注意追求嘴巴上的功夫，在面试中常用到的演讲、对话等表达方式，要多加练习。

面试前，求职者要对有关内容进行预测，在材料准备和策略谋划的基础上，精心地进行语言表达技巧，看哪些内容宜直答，哪些宜回避；先说什么，后说什么；追求哪一种表达风格等。

有时候，同样一句话，这样说还是那样说的效果大不相同。在面试过程中，还要把眼、耳、脑、口都调动起来，最大限度地把思想内容表达出来，努力追求出奇新巧，反应敏捷，不断闪现出灼人的灵感火花。

总之，求职者的面试口才最高境界是善于表达真诚，谈吐要真实得体。回答问题一定要说实话，把真诚表达出来，让人信服。真诚的东西才是最有魅力的。

求职者回答问题不是演戏，不是演讲比赛，在这里，面试官考查的是求职者的真实观点、看法和水平。所以，求职者的回答必须发自内心，实话实说。面试时求职者的口才只是一种手段，而不是目的。求职者要善于把个人的真实思想感情，通过卓越的口才表达出来，说得有力度，有重点，有逻辑性，思路清晰，动情感人，形成共鸣。如果求职者夸夸其谈，华而不实，一味地卖弄口才，那只会弄巧成拙，不会让自己脱颖而出的。

密码56 — 面试官的心理

面试在招聘中已经是一道门槛，求职找工作只有经过面试后才有可能成功。实际上面试就是求职者与面试官在心理上的较量。作为求职者来说，只要了解面试官的心理特征，做到"明明白白他的心"，就能变被动为主动。因此，求职者适当学习些心理学，掌握面试官的基本心理特征，有准备、有针对性地参加面试，对面试成功是大有好处的。

沈奕杰是某知名公司的人事经理，拥有丰富的招聘经验，阅人无数，经他录用的人才就有数百人。沈奕杰从业以来最为得意的事情就是发掘出一位奇才，破格录取了一个极其优秀的人才。最为遗憾的也是破格录取，一次看走了眼，录取到一位精心伪装的员工。

在一次巡回招聘中，当沈奕杰和其他几位面试官准备开始按入围名单笔试时，一位文质彬彬的求职者——吴俊飞走过来对他说："沈经理，您好！我对贵单位很有兴趣，一直非常向往，而且做了一些了解。可是我的专业不符合您这里的专业要求，我也不懂相关专业知识，能给个机会让我试试吗？这是我的简历。"

说着，吴俊飞将自己的简历递交上来。沈奕杰感觉吴俊飞的态度非常真诚，而且谦虚中透着一股自信，浏览一下他的简历，的确非常优秀，决定给吴俊飞一个机会试一试。于是，吴俊飞进入了笔试考场。

考场上，沈奕杰作为监考来回巡视，安静的考场一片沙沙声，其他笔试者都在奋笔疾书。过了不到十五分钟，只见吴俊飞起身交卷，并真诚地说："沈经理，非常谢谢您给我笔试的机会！可是我不知道考试内容这么专业，我完全不懂，都不会做，很抱歉！"

吴俊飞说完准备离开考场。这时沈经理开口说："吴俊飞，这张试卷你不会做，我再给一张试卷给你做！"于是掏出了另一份专业的备用试卷，这张试卷上，沈经理让吴俊飞只做一道题，根据材料内容，题目和内容自拟，自由发挥。吴俊飞接过试卷，开始认真答题。

考试结束后，沈经理看到吴俊飞的试卷，脸上露出了满意的笑容，他对其他面试官说："我果然没看错人，虽然吴俊飞完全没有专业背景，但是文章逻辑严密、语言简洁、重点抓得很好，理解能力很强。"

于是，吴俊飞顺利进入面试，这让吴俊飞觉得非常意外，也很高兴。吴俊飞在面试中，他阳光的性格和优秀的综合素质也打动了主面试官。在后来的工作中，证明吴俊飞的确非常优秀，是公司公认的得力干将。

事后，沈奕杰颇为自己的破格录取得意，老总也很欣赏他的魄力和正确决策，觉得他留下了一位"千里马"。

俗话说，智者千虑，必有一失。

老谋深算、阅历深厚的沈奕杰，也有一次很失败的招聘经历，这次也是破格录取，然而后来发现，这只是一个美丽的谎言，精明的小姑娘让资深的沈奕杰也失算了。

又是一次招聘会，沈奕杰等人开完招聘会后，抱着众多的求职简历准备满载而归，在宾馆门口，一个求职者——小红迎了上来。

"你们是某某公司的吧？我不是最好的学校毕业的，但我对贵单位极其向往，能否给我一个机会讲几句？"小红开门见山地问。

沈奕杰看到小红阳光的表情、勇敢的行为，心想，这也许是一个"特殊人才"呢？于是答应给小红面试的机会，老板也很感兴趣，认为应该试验一下招收几个非名校的学生，或许他们更加珍惜机会，敬业爱岗。

面试时，小红给面试官讲述了自己的奋斗经历：高考时自己的目标是北大，平时成绩很好，但是由于考试时发高烧发挥失常，所以才进了一所普通学校。

小红非常机灵，面试时能猜测到面试官的需求倾向，告诉面试官他们想要的答案。

有个细节，沈奕杰还是注意到了，他开车送他们出来时，小红教训起她同来的伙伴："你看看人家，既当人事经理，也能当司机……"

沈奕杰当时听了很不悦，虽然是褒扬自己，还是感觉到她心地不够和善。然而，由于其他方面没发现太大的问题，出于"试验"的原因，录取了她。

报到后小红开始很积极，但不久就原形毕露：经常与同事争执，凡事都要争个高低，与周围人关系极为紧张，工作上斤斤计较，别人的劝说也听不进去，老是为自己辩解。几年内，她的绩效考核多次不及格，自知呆不住，最终另谋出路。同事们偶然发现她居然在网上研究应聘的骗术，看"如何骗过面试官"。

沈奕杰遗憾和自责地说："招人必须看三样：第一，政治立场；第二，性格品行，为人要好，性格开朗大度，谦虚自信，能跟同事和睦相处；第三，聪明能干，综合素质高，学习能力强。与性格品行相比，聪明劲儿还是次要的。"

求职者在面试时，要掌握面试官的三个基本心理特征：即最初印象和负面加重倾向，雇佣压力和暗示，赏心悦目。

面试官的最初印象和负面加重倾向。有学者研究后得出结论，至少有85%的面试官在面试真正开始前，已根据求职者的简历对其产生了最初的印象。最初印象对面试的过程和结果有着十分重要的作用。根据心理学的原理。如你给人留下的最初印象不好，那么要改变这种印象将是很困难的，这就是负面加重倾向的作用。了解了面试官的这一心理特征，求职者就应当认真准备自己的简历，尽可能让自己的缺点和不足被优点和特长所掩盖。当然更不要因为自己的穿着打扮、面试开始时的一举一动而给面试官留下糟糕的印象。

面试官的雇佣压力和暗示。这里所说的雇佣压力，是指面试官面临完成招聘任务的压力。面试官的雇佣压力对求职者来说是个机会。有人曾做过实

验，告诉其中的一组，他们离完成招聘任务的指标还相差很远；而对另一组的人说，他们已快完成招聘任务了。

结果，被告之离招聘任务相差甚远的那组，对求职者面试的评价，要远高于另外一组。当然，求职者较难知道面试官的雇佣压力，但是，在面试中，面试官完全可能无意识地流露出这种情绪。由于急于完成某岗位的招聘任务，面试官可能无意识地用暗示来表现这种情绪，甚至主动引导求职者正确回答问题。比如，他们会说："在外语上，你应该没有什么问题吧"、"根据你的经历，对某技术问题可能不成问题吧"等等。在大部分情况下，暗示不会这么赤裸裸，而是会有点隐晦，比如，面试官认为你的回答是正确时，他会面露微笑，或轻轻地点头。不失时机地把握面试官的雇佣压力，及时地接住暗示，并沿着这条路走下去，求职者就可能达到目的。

面试官看到求职者时，是不是觉得赏心悦目。这里所说的赏心悦目不仅是指求职者的穿着打扮，更强调的是求职者在面试时的眼睛、面部表情。有研究表明，那些善于用眼睛、面部表情，甚至简单的小动作来表现自己情绪的求职者的成功率，远高于那些目不斜视、笑不露齿的人。求职者用眼睛与面试官交流，显得精力旺盛，如果求职者很少有眼睛交流动作，就会表现得没有多少活力。因此求职者要做到下面几点：

第一，求职者要热情自信，并且眉目有神。

一般眼睛里流露出来的都是最诚实的，即能够表现出自信或自卑、诚实或虚伪。面试过程中，面试官会用他的眼睛不时地注视求职者，如若求职者的眼神游离不定，一直在试图避开他的眼光，那么这就表现出了求职者拘谨，也就侧面反映出求职者的自卑心理。若在跟面试官交谈的过程中，求职者敢于迎合他的注视或在对方提问时能够热情大方地注视对方，那么就表示出求职者即有自信又具备坚定的性格。眼睛是心灵的窗口，求职者是否诚实，都是可以透过眼睛让面试官知道的。当求职者的眼睛瞄来瞄去时，就表示求职者的内心正在担心某些事实，又不敢于坦白出来；而只要是诚实的眼睛，就算是避开他人，也是显得在作认真的思索。

第二，求职者要懂得分析，读懂面试官的情绪。

求职者在面试中，用眼睛去注视面试官是相当有用的，但也不能太过头，否则会让对方觉得不自在,求职者自己也会因为分神而没听清楚对方的说话。最好是不时地去注视下面试官,适当地点头或是摇头,以让面试官知道自己是否在听他说的话。

第三,求职者要学会察"颜"观色。

在面试官的眼神里,求职者可以观察出自己留给他的印象如何。若面试官对自己很满意,那么面试官的眼神就必定会有反映。面试官会跟随着自己的话语而加强对求职者的注视,这时求职者就在他的眼里看到一些不一样的光彩。对于求职者的回答,满意的面试官会情不自禁地跟着点头,严肃的目光中忽然闪出亮光。假如求职者能够做到让面试官有这样的表现,那求职者就可以等着收录取通知书了。

密码57 —— 面试中的自我介绍

在面试时,大多数面试官会要求求职者做一个自我介绍,一方面以此了解求职者的大概情况,另一方面考察求职者的口才、应变和心理承受力、逻辑思维等能力。

千万不要小视这个自我介绍,他既是打动面试官的敲门砖,也是推销自己的极好机会,因此一定要好好把握。

面试时,求职者应尽量放松自己,表情自然,面带微笑,给人以真诚、亲切的印象。通常情况下,面试官都会以一句客气话,把求职者引入试题。如"欢迎你应聘我们公司……"这时,求职者应该微笑着点头致意,也可以说声"谢谢"。

在面试官没有请求职者就座之前,求职者不要急于坐下。面试官说过"请坐"之后,你再坐下,挺直身子,目光注视着面试官。面试官会很快切入正题:"请你简单谈谈自己的经历和特长"。

这是每个求职者都应精心准备的内容。开头开得好不好,主要看求职者怎么回答这个问题。

现实面试中,不少求职者回答这一问题时,显得琐碎、啰唆、没有条理。不仅占用过多时间,而且让人乏味。那么,求职者应该怎么介绍自己呢?

下面是一位求职者面试时的自我介绍:

"我的经历非常简单。18岁那年我高中毕业,落榜后就进入某厂当上了一名车工。从此,我操刀切削十多年。其间3次参加全市车工岗位技术大比武,荣获两次第3名,一次第2名。后来企业破产,我下岗失业。下岗后参加过3个月的电脑培训,3个月的英语培训,取得两个上岗证书,为我掌握现代化的数控车床打下了基础。听说贵公司招聘技工，我觉得我是比较合适的人选。"

面试官微笑着频频点头。

从事例中可以看出，求职者介绍自己时，可以从参加工作时讲起，不要拉得太远；重点介绍自己从事什么工种，有何特长，凡与此无关的都可省略；能够显示自己优势的，可以讲详细些，而且与招聘内容联系起来。例如，三次参加技术比武获奖，两次参加技术培训，都显示了求职者的技术水准，可以说正投新雇主所好。所以，立刻引起面试官的兴趣。当然，介绍自己的经历中的成绩时，要注意口气，既巧妙地表露出来，又不显示出自我吹嘘的痕迹，给人以自信、谦逊、不卑不亢的印象。在应聘前的准备过程中，要注意把握好分寸。

在面试当中，木讷的求职者常常因临场反应慢，回答得支支吾吾或不知所云而居于劣势。木讷的求职者应多模仿面试时常被询问的问题，当正式面试出现类似题目时，就可以从容不迫地做答。

求职者接到面试通知后，在家要做好自我介绍的草稿，然后试着讲述几次，感觉一下。面试中自我介绍时，求职者首先应礼貌地做一个极简短的开场白，并向所有的面试人员（如果有多个面试官的话）示意，如果面试官正在注意别的东西，可以稍微等一下，等他注意力转过来后才开始。

求职者要掌握好自我介绍的时间，如果面试官规定了时间，一定要注意时间的掌握，既不能超时太长，也不能过于简短。

求职者的自我介绍内容不宜过多停留在诸如姓名、工作经历、时间等东西上，因为这些在自己的简历表上已经有了，求职者应该更多地谈一些跟自己所应聘岗位有关的工作经历和能力，以证明自己确实有能力胜任你所应聘的工作岗位。

在作自我介绍时，求职者的眼睛千万不要东张西望，四处游离，显得漫不经心的样子，这会给面试官做事随便、注意力不集中的感觉。眼睛最好要多注视面试官，但也不能长久注视、目不转睛。再就是尽量少加一些手的辅助动作，因为这毕竟不是在作讲演，保持一种得体的姿态也是很重要的。

简短自我介绍好比是商品广告，在短短的时间内，针对"新雇主"的需要，将自己最美好的一面，毫无保留地表现出来，不但要令对方留下深刻的印象，还要即时激发起"购买欲"。

求职者的自我认识——一矢中的，首先必须知道自己能带给新雇主什么好处。求职者在作自我介绍时不能空口讲白话，必须有事实加以证明。自我介绍时最理想的是各方面的表现，尤其是声音声调。切忌以背诵来"展示"求职者过去的成就，话题所到之处。必须突出自己对该公司做出的贡献，如增加营业额、减低成本、发掘新市场等。自我介绍的铺排次序、内容的次序极为重要，是否能抓住面试官的注意力，全在于事件的编排方式。所以排在头位的，应是求职者最想让面试官记得的事情。而这些事情，一般都是求职者的最得意之作。与此同时，可呈上一些有关的作品或记录增加印象分。

求职者此时的身体语言也很重要，不管求职者自我介绍的内容如何精彩绝伦，若没有美丽的包装，还是不成的。所以在自我介绍当中，求职者必须留意自己以朗读的口吻介绍自己。身体语言也是重要的一环，尤其是眼神接触。这不但会令面试官专心，也可表现自信。若想面试成功，便应谨记注意一下自己的身体语言。在自我介绍完后不要忘了道声谢谢，有时往往会因此影响面试官对你的印象。总之，只要有心，保持良好的求职心态，相信你会成功的。一段短短的自我介绍，其实是为了揭开更深入的面谈而设的。

密码58 —— 面试中的"说"

求职者只有恰当的、准确、诚恳地用语言表达出自己的思想、才智、修养来，才能最终让面试官确信你是最合适人选。求职者的"说"是表现自我的重要手段。那么，怎样说话才能达到表现自我的目的呢？

这是一家著名的公司，虽然招聘的名额只有一个，但却有六百多人应聘，竞争的激烈程度可想而知。

初试、笔试之后，童晓鲁终于进入最后的复试范围。由老总亲自出马，一锤定音，在参加复试的6人中确定一名最终人选。

复试的内容：上午在公司参观，下午两点谈观后感。6人都不敢有丝毫松懈，他们努力捕捉参观途中的点点滴滴，都希望下午在老总面前的表现能一鸣惊人。

下午两点，他们6人准时来到会议室。奇怪的是，老总还没有来。忐忑不安中，他们一边默默梳理自己的发言思路，一边等待老总的出现。半个小时后，老总来到会议室。老总踱着慢步扫视了一遍求职者，目光深沉而严厉。想着这个人掌管着今天竞争成败的"生死大权"，童晓鲁等求职者都不由地觉得一股威慑扑面而来。

面试很快进入了主题。几个人针对上午参观的情况，争相发言。有的建议公司的企业文化有待进一步深化，有的呼吁公司的环境卫生不可忽视，洋洋洒洒，慷慨陈词。老总始终静静地听着，一言不发。

童晓鲁最后一个发言，他只说了一句话："老总，你今天迟到了

半小时。"在座的都一惊,认为他这样的表现无异于主动放弃竞争机会。

出乎意料的是,当天晚上,童晓鲁就接到了公司的录用通知。原来,迟到半小时到场,是老总的有意安排。其实,童晓鲁都没想到,面试时自己怎么会突然抛开早已准备好的发言提纲,很突兀地冒出那么一句话。

童晓鲁只是觉得:作为一个以管理严格著称的公司老总,无故迟到半小时,并且不作任何解释,是让人无法接受的。

童晓鲁的成功就那么一句话,最简单最直接的一句话,关键是你敢不敢说出来。求职者的"说"是面试的重要测评要素,求职者"说"的优劣,直接反映了求职者的知识和修养。良好的语言表达技巧,会推动面试的顺利进行,协调求职者与面试官的沟通,使面试官能够全面了解求职者的能力和素质。

求职者把握"说"的技巧,就能够突破语言难关。

第一,求职者"说"时,"我"字的使用。

1. 减少"我"字的使用频率。
2. 尽量变单数的"我"为复数的"我们"。
3. 用较有弹性的"我觉得"、"我想"来代替强调意味很浓的"我认为"、"我建议"等词语,以起到缓冲作用。
4. 使用"我们"的替代语,如"大家"等,以转移"我们"的语义积累作用。
5. 对"我"字作修饰和限定,如,"我的拙见"、"我个人的看法"等。
6. 在符合语法的情况下省略主语"我",如将"我认为这是一次成功的运作"省略主语变为"这是一次成功的运作"。

总之,求职者"说"的时候,应慎用和巧用"我"字。

第二,求职者发表意见"说"的技巧。

为了争取面试官的认可,求职者除了要具备真才实学能够发表真知灼见,也要掌握表达自己观点的艺术，以此来促进面试官对自己观点的理解和接受。

1. 面试官提问时请求职者注意听，抓住面试官提问的要点，同时合理组织自己的"说"，面试官未说完，绝不能打断其话头，静待面试官说完后再从容不迫地"说"。

2. 求职者面试时，保持与面试官的及时沟通。

3. 求职者不要固执己见，应该允许面试官提出相反意见，并且虚心倾听，真诚请教。

4. 当面试官提出的问题属于中性或不易引起争论时，求职者可直接坦率地"说"出自己的观点。

5. 当面试官觉得自己的观点不易被接受时，求职者可以使用"层层递推法"和"反证法"来"说"。

第三，求职者恰当地解释怎样"说"。

在面试中解释是常用的表达方式。解释的目的是将面试官不明白或不了解的事实、观点说清楚，或者是阐释某件事的原因，或者是将面试官的误解及时澄清。

"解释"本身并不难，要使自己的"说"达到预期效果，这就需要一定的原则和技巧了。

1. 解释的态度应端正。

求职者在作解释时，不能因为面试官要求自己解释的问题太简单而表现得不耐烦或自傲。面试官要求求职者解释某一问题，往往考查的就是求职者会不会"说"。求职者在"说"时必须态度诚挚，用富有情感的语言来说明问题。

2. 应适时收尾。

当"说"实在难以奏效时，求职者不必着急，"话不投机半句多"。如果面试官已经做了某个判断，求职者往往很难改变他的观点，这时转移话题是最好的解决办法。

3. 有理有据。

求职者的解释其实就是阐明自己的论点和论据。在求职者确凿的证据和一定的逻辑推理的支持下，面试官将很容易接受求职者的解释。

4. 实事求是。

求职者解释时，如果真实情况难以直言，此时求职者不要寻找借口，强词夺理，巧言令色，凭空编造。该解释的，就讲明客观原因，表明自己的态度；不该解释的，不要乱加说明。

求职者若有不便直说的或求职者不愿在面试中表露的，可以如实向面试官说明并请求他们的谅解。

5. 承担责任。

当求职者被要求解释自己过去工作中的失误或某些不足时，若仅仅说明事情的经过而回避自己的责任，那就不明智了。在自己承担责任时，要就事论事，将责任严格限定于所解释的事情上，不要随意扩大。

第四，求职者在面试时"说"的"禁忌"。

1. 面试时抢话，不让别人插话。

2. 语言的反复追加。当求职者说话时反复重复某一句话或经常补充前面的话，就会令面试官烦躁的。

3. 确定性的两个极端。语义的确定性应适时而定。有些求职者形成一种语言习惯，经常使用绝对肯定或很不确定的词语。

4. 语言呆板，重复使用某种句式或词语。

5. 不要随便扩大指代范围。

6. 去掉口头禅和伴随动作。

求职者的"说"是艺术，语调很主要，必定要把强调的重点说明确。而且，要根据人的共性来进行演绎，有的人需要铺垫，有的人爱好一语中的。该直说的不要掖着，该拐弯的不要直捅。求职者应该随着面试官的思维倏地转换掌握"说"的小技巧。

技巧之一：求职者的自我介绍不超过2分钟。

"请你自我介绍一下。"这道题90%以上的新雇主都会问，求职者事先最好以文字的形式写好背熟。其实求职者的基本情况新雇主已掌握，考这道题的目的是考核求职者的语言表达能力、逻辑思维能力以及诚信度。所以，求职者自我介绍的内容要与个人简历相一致，表述方式上尽量采用口语化，注意内容简洁，切中要害，不谈无关、无用的内容，条理要清晰，层次要分明。自我介绍不能超过2分钟，最好把握在1分钟左右。

技巧之二：求职者要强调温馨和睦的家庭氛围。

"谈谈你的家庭情况。"此类问题70%的新雇主都会涉及，求职者应简单地说下家人，只需介绍父母，如果亲属和应聘的行业有关系的也可介绍。回答时注意强调温馨和睦的家庭氛围，父母对自己教育方面的重视，各位家庭成员的良好状况，以及家庭成员对自己工作的支持和自己对家庭的责任感。

技巧之三：求职者用乐群性爱好点缀自己的形象。

"谈谈你的业余爱好"是新雇主乐于问的一道题，因为新雇主主要想通过此题了解求职者的性格是否开朗，是否具有团队精神。所以求职者千万不要说自己没有业余爱好，也不要说自己有那些庸俗的、令人感觉不好的爱好。谈爱好时最好不要说自己仅限于读书、听音乐、上网等一个人做的事，这样可能会令新雇主怀疑求职者性格孤僻，最好能有一些如篮球、羽毛球等，在户外和大家一起做的业余爱好来"点缀"自己的形象，突出求职者的乐群性和协作能力。

技巧之四：求职者的不忘本令面试官难忘。

"你最崇拜谁？"是新雇主爱考的一道题。求职者回答时，不宜说自己谁都不崇拜，或者说崇拜自己，也最好不要说崇拜一个虚幻的或者不知名的人，更不能崇拜一个明显具有负面形象的人。求职者所崇拜的人最好与自己所应聘的工作能"搭"上关系，说明自己所崇拜的人的哪些品质、哪些思想感染着自己、鼓舞着自己。

技巧之五：求职者应该尽量体现机智、果敢和敬业。

"你是应届毕业生，缺乏经验，如何能胜任这项工作？"此题的回答应体现出求职者的诚恳、机智、果敢及敬业。

技巧之六：求职者应说与工作"无关紧要"的缺点。

当面试官问到求职者的缺点时，求职者不能说自己没有缺点，也不能把

那些明显的优点说成缺点,但更不能挑严重影响所应聘工作的缺点,或者说令人不放心、不舒服的缺点。可以说出一些对于所应聘工作"无关紧要"的缺点,甚至是一些表面上看是缺点,从工作的角度看却是优点的缺点。

技巧之七:求职者应尽量回避待遇问题。

面试官问到"你为什么选择我们公司?"时就试图从此题中了解求职者求职的动机、愿望以及对此项工作的态度,求职者最好不要说太多待遇好等等,可以说"我十分看好贵公司所在的行业,我认为贵公司十分重视人才,而且这项工作很适合我,相信自己一定能做好。"

技巧之八:求职者遇到提问陷阱,采用迂回战术去"说"。

"如果我录用你,你将怎样开展工作?"这是一道陷阱题,如果求职者对于应聘的职位缺乏足够的了解,最好不要直接说出自己开展工作的具体办法,以免引起不良的效果。求职者可以尝试采用迂回战术来"说",如"首先听取领导的指示和要求,然后就有关情况进行了解和熟悉,接下来制定一份近期的工作计划并报领导批准,最后根据计划开展工作。"

技巧之九:求职者回避回答对上级具体的希望。

"你希望与什么样的上级共事?"通过求职者对上级的"希望"可以判断出求职者对自己要求的意识,这既是一个陷阱,又是一次机会。求职者要好好把握此机会,最好回避对上级具体的希望,多谈对自己的要求,如"作为刚步入社会的新人,我应该多要求自己尽快熟悉环境、适应环境,而不应该对环境提出什么要求,只要能发挥我的专长就可以了。"

密码59 —— 面试中难缠的面试官

肖莉娜毕业那年,明白好时光不可能降临在自己身上了,于是整整一年都不停地投简历、笔试、面试。肖莉娜和她的同学习惯了早出晚归,也习惯了在出门之前互祝好运。至于结果,就像在大海捕鱼一样,有的人满载而归,有的人犹如大海捞针。

肖莉娜已经去了10场招聘会,投了61份简历,获得16个面试机会,4次闯入最后一关,其中被3家公司"一笔勾销",另外一家则迟迟没有回音,这就是肖莉娜的求职"战绩"。面试失败的经历虽没有对肖莉娜造成沉重打击,但是让她的自信心一路走低。

一天,肖莉娜收到了一家公司最后一轮面试的通知。尽管做了大量的准备工作,但是走进这家公司的会议室之前和走出会议室之后,肖莉娜对自己的未来依然觉得很渺茫。与她一道参加面试的不乏西安交大、华中科大、中科院的研究生。

肖莉娜的心一直忐忑不安,终于,有人过来喊她进去面试。会议桌对面坐着一排人,但每个人在肖莉娜的印象中都很模糊。总经理仔细看了肖莉娜的简历,提了几个简单的问题,肖莉娜都很镇定地回答了。最后,总经理投来不屑的眼神,问肖莉娜:"每年来应聘我们公司职位的不乏清华、北大的学生,相对而言,你就读的学校没什么名气,与他们相比,你有什么优势?"

肖莉娜心想:是啊,我的优势和他们比又在哪里?肖莉娜一时竟然答不上来,足足有20秒的停顿,那一刻,时间好像凝固了。肖

莉娜的脑海中始终浮现着总经理那不屑的眼神，肖莉娜知道自己完了，一直在心中的默想着"镇定"也不起作用。慌乱中肖莉娜作了一些回答就草草收场，根本不知道自己在说些什么。

从会议室出来之后，肖莉娜觉得自己再也不可能踏入这家公司了。

中午，肖莉娜在公司附近的一家面馆就餐，叫了一碗牛肉面。为了赶下午回学校的火车，肖莉娜匆匆吃完面后，立即奔向火车站。走出面馆数百米远，肖莉娜恍然想起自己刚才忘了买单，于是急忙走回面馆。当肖莉娜把 10 块钱交给服务员的时候，服务员吓了一跳，以为碰到了傻子，她以为肖莉娜无论如何是不会回来的，如果肖莉娜不回来的话她就不得不为这个人支付这笔费用。钱不多，而且肖莉娜也有足够的条件"逃离"现场，但肖莉娜没有那么做。

肖莉娜不知道，在餐厅的一个角落里，有个人一直在注视着她。几天之后，肖莉娜收到公司签定协议书的通知。上班之后，副总向肖莉娜提起这件事，肖莉娜才知道角落里的那个人是他，面试的时候他就坐在总经理旁边。虽然肖莉娜面试的表现不佳，但是他认为：一个诚实、勤奋的人走得更远。

事例中的肖莉娜既不幸遇到了一个冷漠高傲难缠的面试官，又有幸遇到了一个默默冷静观察的细心的面试官。求职者在面试中会遇到各种各样的面试官，有一些甚至是很难缠的面试官，其实，各种各样的面试官会通过各种看似与工作无关的话题与求职者交谈，从而观察求职者、审查求职者、评判求职者。所以，求职者必须学会快速观察面试官，了解其说话方式、思维方式，以便应对各类问题。

求职者遇到"谦虚"的面试官应该怎么做？

"谦虚"的面试官一见到求职者，会和求职者边握手边寒暄，让求职者为有如此好的开头而轻松愉快，自信心油然而生，好像自己就是这里真正的主人。其实这是假象。"谦虚"的面试官表面看来易打交道，可内心严谨，拥有卓越的洞察能力。但是，"谦虚"的面试官在表达方式上永远让求职者感到舒服可心，他们多用赞同的方式和求职者交谈，用表扬来观察求职者的反应。

求职者面对这种类型的面试官时，必须保持高度的警觉，诚心诚意、老老实实地谈出自己的想法。不要一味地去迎合这类面试官，求职者也不要妄自尊大，以为自己很了不起。这类面试官表面谦虚，内心却被优越的地位所包裹，妄自尊大最令他反感。

求职者遇到"死板"的面试官应该怎么做？

求职者走进面试场时，内心会感到一股冷气逼人。面试官坐在那里，对求职者的出现没有任何反应，好像在想别的心事。求职者缩手缩脚不知该如何打招呼，就算求职者很客气地和"死板"的面试官打招呼、寒暄，他也不会做出求职者所预想的反应来。"死板"的面试官通常不会注意求职者在说些什么。求职者遇到这样的面试官，再高明的社交能手也会感到不寒而栗，不知如何是好。

求职者要看清这类面试官的性格——内向，固执，坚持原则，他对求职者的考查方式也是一板一眼，这样的面试官对求职者的理解是纯概念的，所以他头脑里的条条框框也是死板的。他面试工作的经验全部来自书本，也会按程序去做。所以，求职者只要按部就班，不做过多发挥便可取胜。

求职者遇到"老练"的面试官应该怎么做？

求职者跟这类面试官打交道，在和对方握手时就可知道。"老练"的面试官的手指尖冰凉，手心板僵硬，不全握求职者的手，只是轻轻地一碰。"老练"的面试官把一切做得非常有礼貌，无可挑剔，但礼貌中深含距离。"老练"的面试官从来不自己起话头，也绝不轻易让求职者了解他的心思。他们不会对求职者的谈话有直截了当的反应，他们通常的做法是点头，一接触到正题，他们更是深藏自己的意图，不肯轻易表态。"老练"的面试官的问话总是话中有话，话中套话，剥了一层又一层，还看不见核。"老练"的面试官不赞扬求职者，甚至在求职者自我感觉最良好时，也会用冷冷的表情搞得求职者无地自容。

求职者遇到这类面试官时需要把自己的好印象——沉稳、坚定、办事精明有效、有责任心、值得依赖等等留给他。求职者要坚持三思而后行，当话

题谈及自己的能力、愿望、要求、感受时一定要慎重,少说为妙,最好说具体点,假设的不说为妙。

求职者遇到"拖拉"的面试官应该怎么做?

求职者遇到这类面试官——做事迟缓,办事总是不紧不慢,感觉上工作效率很低,为人也不爽快,好像对人总是不放心。"拖拉"的面试官会让求职者先把准备好的材料递上去,仔仔细细看一遍。在精心读完之后,仍然要问有关材料上的问题,对求职者不放心似的。"拖拉"的面试官在谈话上没有层次,东拉西扯,更不知何时能了结。

求职者遇到这类面试官时,一定要按捺住性子,说话一定要保持温和谦虚的口气,一定要耐心地回答问题。回答问题要尽量周全详细,遗漏了要想法弥补,多点说明,少些辩驳。求职者听这类面试官说话时,更应该做个耐心而专注的聆听者,少插话,即便不懂的问题,也一定要在主面试官说完之后再问,或者多说些类似"您觉得哪些还不清楚?还需要我补充?"的话,在语气上、表达方式上尽量配合他。求职者千万不要走神,或有厌烦之情,只要有耐心,就能打动这类主面试官。

求职者遇到"坏脾气"的面试官应该怎么做?

这类的面试官,他们认为自己生杀大权在握,并故意给求职者一副惟我独尊的样子。他们说话虽然客气,但神情傲慢,且不带一丝笑意,经常用"哼"、"哈"来应付求职者,甚至对求职者不理不睬。求职者会感觉这类面试官最难对付,几乎一下丧失掉自己的全部自信心,因为面试官那种潜在的"威胁"深深地伤害了求职者的自尊心。

求职者遇到这类主面试官时,首先心理上不能被打败,不要有自尊心受到伤害的感觉。求职者可以多做一些设想:"他一定遇到不顺心的事了""没准他昨天跟太太吵了架"、"一定是他的领导不满意他"……如此一来,求职者便可以不太在意面试官恶劣的态度。其次,求职者一定要和这类面试官进行寒暄,显示出自己平和的心境。求职者的回答要简洁有力,将必要的情况简明扼要地交待就行了,也不必去看他如何反应。这类面试官可能会说刺耳的话,求职者一定要看开,做到不怪不怒,也不要对着硬干。尽力使自己保持愉快的心情，从心底不把他当回事。

求职者遇到"爱说"的面试官应该怎么做？

求职者遇到"爱说"的面试官时开始感觉轻松，而后却感觉紧张，最后竟不知如何应对了。"爱说"的面试官太爱说话了，总是不能克制自己说话的欲望，抢过求职者的话头便口若悬河，不可遏制。"爱说"的面试官既有文学家般夸张的描述，又有理论家般透彻的分析，令人叹服，却又不着重点。他无心问及求职者的情况，只求淋漓尽致地表现自己。

求职者遇到这类面试官，如果能让他无限制地表达，最好是让他能处于自我兴奋状态，这样，求职者多半便会被录用，所以求职者只需要安安心心做个好的聆听者，不要随便插话。求职者一定要表现出对他的演讲怀有浓厚的兴趣，同时不断利用自己的表情，促使他把话讲下去。不要担心时间拉得太长，求职者再有急事，也要抛到脑后。求职者焦虑不安的神态，会使他大感扫兴，其结果自然也不会美妙。

求职者遇到"沉默"的面试官应该怎么做？

"沉默"的面试官好像天生的哑巴，闷头坐在那里，榆木疙瘩般地等求职者作自我介绍、寻找话题、谈天说地，最后，"沉默"的面试官还是没什么话可说，面试谈话就到此结束。

求职者遇到"沉默"的面试官时，要从表象看清背后的实质。"沉默"的面试官一言不发，呆若木鸡，只是为了静观求职者如何在这需要发挥的场合展露自己的才能。求职者的诚惶诚恐、战战兢兢、如履薄冰，自然就暴露出了自己不能独当一面的缺陷，属被淘汰之列。所以求职者千万要当心"沉默"的面试官设下的圈套，想办法改变局面者，才会最后胜出。

求职者遇到"麻木"的面试官应该怎么做？

求职者面试遇到"麻木"的面试官，在求职者的眼里看他对面试的事不那么上心，一切按部就班，一切又漫不经心。"麻木"的面试官做面试工作的时间太长，以至于自己都有些麻木了。面试中的一切都是平平淡淡的，甚至平淡得让"麻木"的面试官厌倦。

面试中,"麻木"的面试官总是心不在焉,提问也总是偏离主题,常常言不由衷,或者一边听求职者回答问题,一边用笔在纸上乱写乱画,要不就是眼睛看着窗外发愣,再不就是不停地做这做那,手脚不停。

"麻木"的面试官的这些毛病,纯属职业病,求职者第一次见这类面试官会颇有新奇之感,但"麻木"的面试官对求职者却是司空见惯了,天天见的都是这样怀着满腔热情的求职者,他早已熟知一切对付求职者的手段,如何了解求职者的家庭背景,求职者的职业能力,求职者的气质与个性,求职者的为人处世,以及如何拒绝求职者。

求职者遇到"麻木"的面试官时,惟一的办法就是刺激他的新鲜感,使他对你有格外深的印象。

密码 60 —— 面试中的"死穴"

求职者在顺利地通过简历关、笔试关后，大多数在面试关却被淘汰。很多求职者百思不得其解，觉得自己比其他求职者优秀，面试官为什么会将自己给淘汰。其实原因很简单，是求职者在面试中碰到了"死穴"，让煮熟的鸭子飞了。

身在面试中的求职者，有时会失去冷静，忽略了一些重要的细节，在或拘谨或张扬中，一次次点中自己的"死穴"，结果是一次次"死"在面试场上。那么，求职者应该回避哪些"死穴"呢？

求职者的"死穴"之一——不自信。

廖晓东参加了很多的招聘会，大大小小加起来有10多场。在一次招聘会上，面试官对廖晓东非常满意，最后就和廖晓东谈论他的薪水问题。

廖晓东觉得如今找工作比较难，自己能找到一份就不错了，所以就没有怎么细想就回答面试官："薪水无所谓，多少都可以！"

面试官马上阴沉着脸，请廖晓东回去等通知，就再也没有了消息。

薪水薪资是求职者对自己水平的一个衡量标准，也是对求职者工作满意程度的回报，更是求职者谋职的重要目的之一。廖晓东连自己的薪资都无所谓，会被新雇主认为，他对以后的工作和公司没有干劲、没有热情；同时，这种不自信，也会让面试官对他的工作实力产生怀疑。缺乏自信的求职者，会让面试官产生其学习能力差、推诿塞责的联想，从而不受新雇主欢迎。

求职者的"死穴"之二——抢风头。

董晓青到一家文化公司去应聘，通过筛选，进入面试的还有9个人。他

们被分成三组来面试，面试时，董晓青为了脱颖而出，表现异常积极，在回答问题的时候总是抢在别人前面，喜欢比别人多说几句。几天后，董晓青收到通知，被告知不需要参加复试了。因为雇主觉得董晓青没有团体合作的精神，爱抢风头，不符合他们的用人要求。

求职者的自信和骄傲往往就在一线之间，骄傲的求职者令人生厌，没有团队合作的概念，不合群，新雇主绝不会喜欢一个单打独斗的求职者。面试时求职者无需炫耀自己的口舌。一般来讲，每个求职者的面试时间都不会太长。因此，求职者都会想方设法在规定的时间内尽可能地展现出自己的才能。但求职者在推销自己的同时，还是要记住中国的一句老话——言多必失。一旦求职者面对面试官滔滔不绝、喋喋不休，他们就会认为求职者是个办事拖拉，缺乏归纳能力的人。因此，面试时最好是有话则长，无话则短，越简洁越好，句句说在关键处最好。

求职者的"死穴"之三——缺乏独立性。

周小燕接到了自己心仪已久的公司的面试通知时，心里非常兴奋，赶紧跟父母交换了一下意见：该公司开出的各方面条件都很不错。于是，周小燕做了很多专业上的准备，然后去面试。

除了她，其他闯入面试的都是男性求职者。面试场地是在一个很小的会议室进行，中间是一张圆桌。周小燕面试结束时，面试官说："根据你的性格特点，我们想把你安排在外事部门，不过户口方面可能还需要再争取。"

周小燕左思右想，轻轻咬着下唇说："那，我跟父母商量一下。"

面试官突然愣了一下，"好吧。"然后微笑着说："不过要记得，以后你参加面试的时候，不要说'和父母商量'，因为这样会显得你没有主见，明白吗？"

凡事依靠父母的求职者，是个没有独立性的人。在如今激烈的就业竞争中，面试场犹如战场。只有知己知彼，方能取得最终的成功。

求职者的"死穴"之四——抱怨老雇主。

在面试中，面试官对齐华说："说说你为什么要离开原来的分公司？"

听到面试官提问，齐华开始大吐苦水，对面试官说："……我以前的老板能力一般，却总对自己的员工要求特别高，最可恨的还是他耳根软，一些人本没什么作为，就因为会粉饰成绩，老板就会格外赏识，这样没眼光的东家，不呆也罢……"

不少求职者在面试中会被问及离职原因，然而面试并不是让求职者来找机会倒苦水的，要知道此时面试官正在观察你的一言一行，在考虑是否录用你。求职者试想一下，如果是你，你愿意和那些经常抱怨、批评别人的人一起工作吗？

答案肯定是否定的。现在的雇主强调团队意识、合作精神，求职者抱怨其他人，正是暴露了自己不能够和谐处理人际关系，无法面对工作中的冲突等弱点。

一些求职者往往会数落原雇主的不是，如薪水过低、原雇主不能知人善任、同事间勾心斗角等，会使面试官认为求职者善于逢迎、善于诿过，是一个不可信任之人，从而会引起面试官的反感。

求职者要记住：别拿面试当"复仇"，即使离职问题源于曾经的老雇主，在面试中借机抱怨也不是明智的做法。凡事要换位思考，如果求职者总在抱怨老雇主哪里不好，你的现任老板会觉得将来有一天你也会这样讲他。求职者抱怨原来工作的不好，说明自己的适应能力、合作力、以及执行力都存在问题，求职者要明确，换工作不是因为现在的工作不顺而换。求职者尽可能避开关于前任雇主的"死穴"问题，侧面提出自己依然热爱那个公司，只是为寻求更好的发展。

求职者的"死穴"之五——弄虚作假，不懂装懂。

吴晓飞在面试时为赢得面试官的好感，大赞新雇主的企业是如何知名，自己是如何向往，一副虔诚的模样，但当面试官要求吴晓飞做一下企业和业内其他企业间的竞争力对比分析时，吴晓飞却哑口无言，显然吴晓飞对企业的了解仅停留在表面，很难同面试官产生共鸣。

求职者在面试回答问题的时候，要"知之为知之，不知为不知"，切忌弄虚作假，不懂装懂。面试的时候面试官经常是人力资源经理及一些相应部门的负责人，大多是业内高手，因此，求职者在被问及一些专业性的问题时，如果一旦涉及自己不懂的问题，千万不要慌张，切忌装懂，最好是坦言告知

对方,并虚心请教,给面试官留下诚实的印象。

求职者要想进入一个公司首先自己得了解这个公司,特别是它的企业文化,求职者只有和公司的企业文化一致或接近,自己面试成功的机率才会高。

有一些求职者为了求职便采取瞒天过海的战术,伪造自己以博取好感。这恰恰犯了面试官的大忌,因为在他们看来,诚信是求职者的起码条件,一个不讲诚信的求职者是难以在商海中生存的。因此,求职者参加面试时不要有任何弄虚作假的行为,实话实说,诚实诚信。也许依靠作假蒙混过了面试关,但纸里终究包不住火,一旦谎言被揭穿,必将被无情地开除且为人所不齿。

Chapter 6

管好细节胜券在握

密码61 —— 别让细节成为面试的败笔

求职者在面试时的细微动作有着定乾坤的作用,所以,求职者要把自己的小动作留在面试场外。求职者的肢体语言、着装打扮,甚至眼神、语气在内的很多细节,都无声地透露着自身的素质,面试官无不在通过这些细节打量眼前的应聘者,并迅速做出是否录用的判断。

在工作难找而招聘信息又铺天盖地的时代,求职者找到一个好的岗位正如大海捞针一般,于娜一开始就把求职目标定得很低,没想到还是失败了。

于娜大学读的是法律,又有两年医药工作的经验,于娜去应聘一个文秘的岗位,自己总觉得是十拿九稳的事情,也就没把别的求职者放在心上。

面试当天,于娜把自己的简历熟悉了一遍,也没怎么准备就去了。到了现场一看,已经有几个求职者在了,看样子都经过一番细心打扮,一个个嘴里念念有词,显然是在温习。看他们那个认真劲儿,于娜有了竞争的真实感。

对于娜进行面试的有两位面试官,他们看上去都非常严肃,被他们眼睛一盯,于娜就慌了神,头不由自主地低了下去,事先准备的说辞全忘了,脑子里一片空白。这时候一个年长的面试官让于娜作自我介绍,于娜几乎把自己的简历记得的都背了一遍,语调就像一根直线,声音也发虚,手又习惯性地去摸头发,一说完于娜就知道,这次面试又完了。

另一个年轻点的面试官问于娜,"你应聘这个岗位的优势在哪里?"

这本来是个好机会,只要于娜把自己的特长、经验说清楚,胜出的概率还是很大的。可偏偏一紧张,平时的那些小动作全出来了,一会儿摸摸头发、一会儿摸摸耳朵,擦鼻子……于娜都不知道手该往哪儿摆,两位面试官看着于娜直皱眉头,问了两个问题就叫于娜出去了。

面试官关注求职者细节的理由其实很简单——一个求职者的行为细节往往最能反映出他的个性。因此,便通过"吃相"、"坐姿"、"面部表情变化"等细节观察揣摩求职者,从而来决定用人的取舍,已经成为一些面试官的习惯。

有这么一个故事。十几个求职者在经过了笔试关之后进行面试,出入者很快发现,面试次序依照的就是笔试成绩的高低。排在越后面的人越没信心,还有几个排在后面的求职者干脆放弃了眼前面试的机会。可是排最后的那个求职者却显得宠辱不惊,他的简历显示他曾在多家企业任职,但这些企业在业内的业绩却都不怎么样。面试官看来也想早点结束这场面试,于是便直接发问:"你的笔试成绩不是很优秀,你怎么说明你比其他人更加适合我们这个公司?"

这位求职者说:"因为我掌握了别人没有的财富,我自己本人即是一大财富。"面试官忍不住笑了起来,都认为这个求职者不是头脑有毛病,就是狂妄自大。连给面试官倒茶的老大爷也忍俊不禁。

面试官不想在这个求职者身上浪费时间了,简单地问了几个问题后就请他等待消息。男子起身走到门口时突然又转过身来对面试官说:"很遗憾你们无法体会我的价值,我的过去或许并不成功,但是那些经历培养了我对人、对事敏锐的洞察力,举个例子吧,这里真正的面试官并不是您,而是这位倒茶水的老人。"

在场所有求职者都感到差异,目光转而注视着倒茶的老人。那老人诧异之际,很快恢复了镇静,随后笑了:"很好!你被录取了,

但是我想知道——你是如何知道这一切的?"

老人的回答表明他确实是新雇主。这次轮到这位求职者笑了。

这位求职者关注的是最值得关注的细节,而这种知道该关注什么的能力,又得益于他长久的积累。求职者的实力和细节,是主与次的关系。对于求职者来说,关注所有细节不是成功之道,知道应该关注怎样的细节才最重要。

密码62 —— 面试中时间上的细节管理

很多的求职者在面试最后5分钟往往出问题,可想而知,如此的求职者,面试官自然会将其淘汰。

黄家荣学的是平面设计,参加了某广告公司的广告文案策划岗位的面试。在面试过程中他都表现得中规中矩,也从面试官那边得到了一些比较良好的暗示。他被录取的机率很大,但问题却出在最后一环。

最后,面试官问:"你还有什么问题要问的吗?"

黄家荣答复:"我想了解一下你们这里做网页设计的工作需要会干点什么,因为这个好像和我的专业也相关的……"结果黄家荣被淘汰出局。

有不少求职者都会遇到黄家荣这样类似的问题。求职者想着要去面试的这个岗位,但是心里还惦记着另外几个岗位,认为自己也能够尝试一下。于是在心里默默地给自己留了几条后路。求职者做多手准备没错的,然而当具体到某一岗位面试时,求职者最好还是按捺住自己"不安的心",先过了眼前的面试关。面试就和相亲一样,求职者的诚意才是最主要的。

于林祥已经工作了5年,在这5年中他感到自己的工作技能有了明显进步,尤其是英语水平更是突飞猛进。

当于林祥在报纸上看到一家著名企业在招聘部门经理秘书时,

信心十足地认为以自己眼下的资格这个职位非他莫属。

于林祥在面试环节的前30分钟里表现得不错，然而却栽在了最后5分钟的"提问环节"上，于林祥最后的提问让面试官啼笑皆非。

于林祥问道："我只想提两个问题：一、据说贵公司遭遇经济危机的打击较深，这一季度颁布的财报不是非常好，请问你们有什么对策？二、最近你们的竞争对手出台了一系列推广新产品的市场运动，收效非常不错，而你们的新产品却迟迟不推出，请问贵公司在新产品推广上是怎么考虑的？具体有哪些市场推广方案呢？"

面对于林祥一脸傲气的样子，面试官非常有礼貌地笑了笑，只是简单地用公关辞令回避了这些问题。于林祥觉得自己的面试非常好，但他始终都没收到对方的录用通知。

事例中的于林祥，面试的是部门经理秘书，只是一个一般的行政职位，并非总经理秘书，更不是董事会秘书，而于林祥最后的提问姿态完全是站在高管或媒体记者的态度上，自然会令面试官啼笑皆非。

求职者最后的面试提问环节，表面看是给予求职者充分的提问空间，其实，面试官暗中考虑的是求职者的关注点和兴趣点是否在于这份工作上，对这个公司的企业文化等是持的什么态度。在其位，谋其职，求职者不要在面试时高估自己。求职者只有"知彼"，方能断定未来的职位和公司是否适合自己，不然就白白糟蹋了提问的机会。

在面试中，求职者还要注意面试开始中的细节问题，很多求职者在面试后往往不到5分钟就被面试官给淘汰出局了。这种结果肯定是求职者和面试官互动得不够好，或者求职者准备得不够充分。面试官对求职者面试的时间长，证明面试官想对求职者有更多、更深入的了解。

求职者在面试的细节上，首先是让面试官对自己感兴趣，面试官就会愿意花时间了解。如果，求职者的自我介绍不像众多人"我叫某某，……"，而是告诉面试官你对公司有哪些了解，告诉雇主对自己要应聘的职位有哪些详细的描述和准备用什么方法去工作，这样就会让面试官觉得求职者是一个负责的人。

其次，求职者让面试官认为自己有价值，面试官才愿意花更多的时间去深入了解。求职者可以告诉面试官，为了找到这份工作，自己交了很多这方面的朋友，并且查了很多具体的工作内容……让面试官知道，求职者是一个愿意学习和进步的人，为了求职成功，自己付出了不懈的努力。

第三，求职者要让面试官觉得在与你的沟通中有收获，起码这个面试是个让人感觉愉快的交流。求职者要了解更多的行业信息，在面试官跟你提出一些建议时，求职者不要脸红脖子粗地去争论或者是非常沮丧地一言不发，要对面试官的建议表示出真诚的感谢；求职者对不能回答的问题，不能去胡说八道，而应该用谦虚的态度向面试官请教。

面试官与求职者一样，都有一套自己的工作方法和表达方式，面试官在面对自己喜欢的求职者时，也会愿意花更多的时间去了解求职者、认识他、留下他。求职者的面试时间越长，就说明面试官越对其感兴趣，所以在面试过程中，求职者要不断地恰当地表现自己，让面试官感觉求职者身上有挖掘不完的宝藏。

密码63 —— 面试中肢体上的细节管理

求职者面试时的微表情,是内心的流露与掩饰。求职者会通过做一些表情把内心感受表达给面试官看,在求职者做的不同表情之间,或是某个表情里,脸部会"泄露"出其内心里的信息。求职者的"微表情"虽然会一闪而过,但它暴露了求职者在压力下的心理素质。

在面试中,求职者的某些动作,哪怕是很细小的动作和表情,可能会使求职者倍添光彩或黯然失色。面试官在大多情况下会下意识地根据求职者的肢体行为语言做出判断,面试官的考查有两点:求职者的自信以及所回答内容的可信度;综合考虑求职者展现的性格特征,考虑是否符合职位需求。

求职者面试时的一颦一笑,一举手一投足,都是自己的内心世界在通过肢体语言向外表现。那么,求职者的肢体语言又有什么妙用呢?

在求职者给面试官的印象中,用词内容占7%,肢体语言占55%,剩下的38%来自语音语调。因此,在面试中,不妨谨记以下这些小细节:仔细聆听、面带微笑、措辞严谨、回答简洁明了、精神风貌乐观积极,这些丰富的肢体语言和恰当的语音语调,势必会使求职者的面试锦上添花、事半功倍!

求职者的微笑代表自信,而微偏头微笑,则表示友善。求职者的指尖搭成塔尖,代表自己有深度自信。研究指出,若紧张时双手十指是难以一下对准的。求职者在面试时,常扶眼镜等小动作,或把玩领带项链等,若作为开发研究类思考性工作则无所谓,但若作为销售等职位,则有可能显示自信不足,心神不宁。求职者用手指摩擦手心,则表示自己的焦虑。要是求职者咬指甲,则是缺乏安全感。求职者若是手插口袋,眼睛左顾右盼,不敢直视面试官,表示紧张害怕,对自己没有信心。求职者抿嘴唇,挠头,则表示自己窘迫紧张，不知所措。求职者的眼睛向上看，说明自己在迟疑。求职者扶眉骨则是典型的羞愧。求职者嘴微张，眼睁大，表示错愕，而向一边撇嘴唇则表示不屑。

在面试时，求职者则要留意肢体语言的不雅行为：

求职者的口袋塞得鼓鼓的或叮当乱响；手指在桌上不住地敲动，摩擦，在桌上玩纸片等东西，在扶手上动胳膊；眼睛乱眨，不时地抽动鼻子或抽动面部神经；摆动自己的头发、首饰、手表、手带等；打手机、手机响个不停；揪耳、揪胡子；抖腿；坐时在椅子上动来动去；目光不时地扫视房间内天花板或墙壁；心神不定地摆弄衣领、衣襟、钮扣；不时地擦嘴唇、鼻子还搔头。绞扭双手或咬指甲；吃口香糖、嘴还不时地发出咀嚼声。以上这些行为，是求职者所忌讳的不文明行为，这些不雅行为，在平时的公共场所也是犯忌的。

求职者正确的肢体语言，你只要做好以下几点，就对你的面试很有帮助了：

面试时的握手：求职者正确的手势是拇指与四指张开成"V"型，与面试官的手相握，手要有力，但千万不能用力去捏对方的手。尤其面试官是女性时，握手摇动应该是肘部发力而不是腕部，腕部发力有甩手之疑。摇动两三下就放手，一般不要太久。摇动的节奏应不快、不慢，应是5秒内完成为宜。

面试时点头：当面试官讲话时，特别是长时间讲话时，求职者要不时地、认真而不死板地点点头，这表示求职者在用心听，并且听明白了。

面试时的微笑：求职者在点头或在其他适当的时候微微笑一下，表示求职者在关注和呼应面试官。但切记万万不能放声大笑，在面试时，求职者就是碰到了很可笑的事，也要有所克制。当然，面无表情也是应禁忌的。

面试时的欠身：求职者紧张地正襟危坐大可不必，面试时，求职者在椅子上随便、懒洋洋地倚靠，一定给面试官太自我、太旁若无人的感觉，这在任何一个集体中都会是不合谐因素。求职者适当地欠欠身，会给面试官一种很专注、很合作的印象，并且也让他表示了求职者的热情。

面试时的手势：求职者在面试官面前讲话，千万不要手舞足蹈，但可以适度地做一些手势。这样，可以帮助面试官记住求职者讲话中的一些重点，

例如求职者说:"三个月内,我可以把小组人员的更迭率降到一半。"求职者可以举起三个指头强调"三个月"的时间,再用动作表示"降"及降的力度。

密码64 — 面试时心理素质上的细节调整

求职者常常把全部精力用于对付面试官的问题，却把一些细节置之度外，殊不知有时候细节也会决定成败。细节是德行的载体，德行不行，实际上封杀了自己的发展空间。求职者的人品往往决定了自己的前景。求职者要能做到"行到水穷处，坐看云起时"的从容、豁达。参加面试，总会有成功和失败，毕竟求职者和雇主各有所求，各有所好。求职者面试时，成也不骄，败也坦然，将个人的良好素质充分体现出来。

赵洋到一家跨国公司应聘，顺利地通过笔试，进入了面试。面试官与赵洋谈了一会儿后，突然说："对不起，还是请您另谋高就吧。"

赵洋起身微笑着说："谢谢各位面试官，我尊重你们的选择。招聘是择优录取，每个企业都有自己的用人标准和尺度。可能我真的不符合贵公司的要求，最后再一次感谢各位面试官，再见。"

在赵洋转身准备走的时候，面试官叫住他说："赵先生请留步，我要恭喜赵先生，你通过了面试中的所有考验，你现在被正式录取了。"

面试的时候，面试官希望看到一个求职者在失败的时候会有什么表现。如果求职者能从容、豁达、自信地面对失败，那么说明求职者自身有着非常好的心理素质。成功与失败是相互依存的，很多成功者都是以失败为起点的，一个在起点上都坚持不住的求职者，何谈以后的漫漫长路呢？赵洋能够坦然

面对失败，这种从容、豁达和大度，正是他良好素质的体现，这样的求职者有承受失败打击的能力，也是一个能够搏击风浪的勇士，这样的求职者才正是雇主所需要的。

常言道：机遇是给有准备的人的。求职面试，机会可能一次次在求职者身边出现，就看求职者怎么去争取。要想在众多的应聘者中脱颖而出，就应该在面试中通过细节"秀"出自己，让面试官看到求职者独具魅力的一面。当然，求职者需要注意的是，不能为了自己的独特展示而不择手段，只有积极、健康、上进的形象，才会让面试官怦然心动。如果求职者能够做到这一点，那被录取就离你不远了。

求职者面试中需要注意的一些行为细节。

面试不迟到，提前多长时间到才合适呢？有的求职者怕迟到，提前1个小时就去了，这个细节会使求职者显得没什么时间观念，而且会打乱面试官的计划。对于对时间的掌控比较严格的面试官来说，求职者不适当的早到会显得很冒失。一般来讲，求职者比约定的面试时间提前5到10分钟到就可以了。求职者要是到得早的话，宁可在外面等一等，也不要贸然闯进去。

在等待面试的时候，求职者还要记住一点：等待中要不急躁。面试要等很长时间可能会有两种情况，一是面试官故意考验你的耐心；二是面试官实在很忙。例如：销售岗位就是特别需要耐心的，面试官故意用迟迟不露面来考验求职者的耐性，求职者可不要上当。去面试时应该做好等半个小时的准备。如果等了一两个小时还不见动静，那不妨有礼貌地向接待人员问问情况，催促一下。不然面试官可能不知道还有人要面试，甚至以为你迟到了。但是求职者切忌一次又一次地敲门，这会使你显得自控力比较差。

求职者迟到不吭声，表明自己不为他人想。面试迟到也是经常发生的事，但不是不能挽救。面试官也是常人，他们会理解交通堵塞、路上遇到一些意外等情况，而且相信大多数求职者面试迟到不是故意的。面试官通常在一段时间内要面试好几个人，一个人迟到10分钟，下一个面试者的时间就会拖延，求职者站在面试官的立场想想，所以，求职者如果面试迟到，一定要通知面试官，讲明原因，让面试官早做安排，将自己安排在最后一个来面试。

周永进面试迟到10分钟，而且没有打招呼。但是面试官还是给了他复试机会。复试时，没想到周永进提前 20 分钟就到了。面试中周永进说："我上次迟到，以为自己没有机会了，没有想到面试官给了我第二次机会，所以，我一定要改过……"。就因为这一点，周永进被录用了，周永进在以后的工作中表现非常出色。面试官能从这样的细节中发现周永进的人品及做事风格。求职者犯点小错误在所难免，只要心中有愧疚，能为别人着想，就说明求职者是一个真诚的人，是对别人、对工作负责的人。

求职者贸然开口问薪水，只能让面试官觉得求职者是冲钱来工作的。面试时可以问薪水待遇，但不是开口第一句话就直接问。一般来说，每个公司每个职位都有薪资标准，上下浮动范围不过几百块钱。求职者急着问薪水意义不大，而且还会让面试官觉得这个求职者是冲钱来的，而不是冲公司、冲职位来的。面试官都是为公司用人部门招聘，招聘时也担风险，如果求职者入职后离职率过高，说明面试官不合格，因此面试官会特别在意这些细节。

求职者在小组面试中如果爱抢着说话，说明求职者缺乏团队意识。在小组面试中很容易就考查出求职者的性格、素质、团队精神。在面试时，打断别人或者遇到不同意见时，一定要注意说话的方式和分寸，千万别互相争抢。

在小组面试中求职者在听别人发言时，求职者的每个细微动作，比如：一个白眼、一次不屑的扭头或不耐烦地翻一页纸，都会被面试官看在眼里。这是求职者不尊重别人的表现，会被淘汰的。面试官还会特别注意求职者的眼睛、眼神。求职者的眼睛飘忽不定是不自信的表现。人在想问题的时候，自己的眼神是比较固定的，求职者回答问题时 60% 的目光看着提问的面试官，40% 的目光投向旁听者，这是求职者自然、坦诚的表现。

密码65 —— 面试中起决定性"负面作用"的细节

求职者的一个小动作,一句脱口而出的话,都有可能会让求职者与心仪的工作失之交臂。因为在这些细节后面具有负面作用,让面试官看到求职者对这份工作的态度。

孟瑞接到了一家著名企业的面试通知。这让她既高兴又紧张,因为孟瑞的面试经验比较少。便在网上泡了好几个晚上,遍阅《面试轻松过关》、《面试宝典》之类的文章,看得是头昏脑胀的。

面试的那一天孟瑞走进面试场后发觉,与她一同面试的还有4个男性求职者。面试场地设在一个狭小的会议室里,中间是一张长桌。面试官坐在长桌一边,孟瑞和别的求职者坐在另外一边。工作人员送来六杯水,别的求职者直接拿起自己面前的水杯就开始喝。孟瑞一转念,不对啊,面前的面试官都还没有水喝呢,自己怎么可以抢先呢?于是很有礼貌地把杯子递给了面试官。

"还是女孩子心细啊。"面试官说,另几个正在喝水的求职者立刻窘住了,面面相觑。孟瑞暗暗自得,对面试官莞尔一笑。

面试官先介绍了公司的一些具体情况,回答问题时,由于刚才的"喝水事件",另外几个求职者都比较拘谨,反倒是孟瑞和面试官谈笑自如。面试官突然问了孟瑞一个意想不到的问题:"你的简历上写着会跳舞,你会跳哪种舞呢?"

孟瑞立刻懵了。小时候孟瑞的确学过一点舞蹈,后来就没再进行过舞蹈训练。要是说实话,多丢面子啊。于是孟瑞就扯个谎说会跳新疆舞，说完之后就觉得脸有些发热。谁知面试官要求孟瑞随便摆个姿势看看。孟瑞窘极了，从头到脚都无所适从，只好站起来原地转了个圈。

面试结束后，面试官把孟瑞叫了出去，对她说："根据你的性格特点，我想把你安排在客服部门，但是，宿舍方面还需要你自己解决。"

听到这面试官这样说，孟瑞差点脱口而出："你们不是答应可以解决吗？"她想了会儿，最后说："这样啊，我回去考虑一下。"

面试官也突然愣了一下，孟瑞马上意识到说错了什么。

"这样也好。"面试官微笑着说，"不过要记得，以后你参加面试的时候，不要说'回去考虑'的话，因为这样会显得你没有主见，明白吗？"孟瑞意识到自己错失这个机会了。

求职面试中细节虽小，却事关重大。一个企业老总，总是十分有趣地坐在企业大门观察求职者，看哪个求职者会去整理地面上散乱的扫帚，哪个求职者又对他不客气地问路等。面试是求职者需要面对的场合，求职者往往将注意力更多地放在如何在能力、经验的展现上，而忽视了面试现场的一些细节。有一句话说得好："细节决定成败"，很多求职者就是失败在了这些"小细节"上。

很多面试官是通过观察求职者一些小细节来行使他的"否决权"的，比如：求职者嘴里的大蒜味让他难以忍受；求职者在面试中的坐姿"坐"得不对，面试时，求职者要避免坐姿过于僵硬。如果觉得"正襟危坐"过于紧张，可以尝试不对称地坐姿；略向前倾，表示你非常关注面试官的谈话。求职者切记不要将整个身子陷在座椅里面。

求职者在面试中，你的目光"看"对了吗？求职者的目光要时刻与面试官保持接触，因为目光接触传递的讯息是：我很重要，你也是。但切记一定要自然，不要给人"死盯着看"的坏印象。如果求职者长时间拒绝与面试官有目光接触，或一旦接触到来自面试官的目光时就迅速避开，这给面试官的印象：这个求职者缺乏信心，他对我的话题不感兴趣，他在说谎……

求职者在面试中，你的笑容"笑"对了吗？求职者记住这一句重要的话：

面试不需要谄笑、媚笑、奸笑、傻笑、狂笑、大笑，只需要一种：自然真诚的微笑。

求职者在面试中，起决定性"负面作用"的细节还有下面一些值得注意的地方。

第一，求职者的外表及个人卫生情况。

面试前要洗澡、要理发、要修剪指甲和胡子。求职者要做到自己没有口臭、汗味儿、葱姜蒜韭菜或者羊肉味儿等等，也没有弥漫在自身周围10米范围内空气中的香水味。面试时可以穿便宜衣服，但是不要选择"阿迪达斯"这类山寨货。更不要浓妆艳抹或者奇装异服，或者明显超过求职者身份的贵重服饰。

第二，求职者神经质的一些小动作。

比如，求职者连续避免与面试官的眼神交流，求职者长时间直视虽属不礼貌，但是自己也不能一付做贼心虚的样子。和面试官握手时的软弱无力，会给面试官一种不可靠的感觉。面试中无精打采地坐在椅子上、坐立不安、打响指、挖耳朵、玩头发、拧手指之类。

第三，求职者表现出极度缺乏自信心。

求职者回答问题时，犹豫不决。讲话声音小得让面试官听不清或者大得隔壁都能听到。对所有问题的回答都要先重复一遍问题。在回答面试官提问时过于简单，比如"是"。面试中总是打断面试官的说话。求职者过分贬低自己的成就或者能力，超过了"客气"的范畴。缺乏自信的求职者，面试官会十分怀疑这样的求职者在未来工作中的积极性甚至简历及面试回答的真实性。

第四，求职者负面的价值观行为表现。

求职者的傲慢、行动迟缓、满不在乎的迟到、走神、敌对言辞，求职者在面试中表现出来的行为也是他今后在工作表现出来的行为。求职者的懒惰、缺乏激情、没有活力。求职者的不诚实、夸夸其谈、说谎、恶意隐瞒。求职者的不服从指挥、不遵守规定、一直抱怨或责备他人。求职者的不稳重、不适当的行为、不知进退。求职者没有责任心，没有执行力。

　　以上这些小细节，对于一个有经验的面试官来说，他只需要几分钟就可以观察出求职者的致命缺陷，而这些问题或许需要求职者一点点地去在意，是需要花一些时间才可以弥补或者改正。求职者去面试之前，要确保这些都在自己的"掌控"之中。

密码66 —— 面试前改头换面的细节管理

求职者面试时,需要注意身上的服装饰品这些细小的地方。

郁笑宪染了一头麦黄色的头发,身穿一身休闲服走进了面试现场,他的双肩包上挂满了各式小铃铛,随着他的走动不断发出声响,脖子上戴的项圈和手腕上的腕链闪闪发亮。

求职者的着装是给面试官的第一印象。求职者良好的着装、发型不仅能为自己加分不少,而且得体的着装能使求职者充满自信,从而在面试中能更好地发挥。

求职者的着装:求职者选择着装的要领是看求职职位的要求。如果应聘公司文秘,求职者的衣着要偏向传统正规;应聘公关、销售等,求职者适当在服装上加些流行元素,显示出自己对时尚信息的捕获能力。求职者的仪表服饰主要是必须干净整齐,不要太标新立异了,除了应聘娱乐影视广告这类行业外,最好不要选择太过奇异的衣着。求职者也能够穿休闲类套装,它相对正规套装来说,面料、鞋子、色彩的搭配相对比较自由。值得注意的是,求职者面试时不宜佩戴太多的饰物,这容易分散面试官的注意力,求职者也会给面试官留下不成熟的印象。

求职者的发型:求职者的发型不仅要与脸形配合,还要和年龄、体形、衣着、应聘的岗位相配合,去体现出求职者的整体美感。求职者不宜留色彩夸张怪异的染发,尤其是男性不易留长发或者光头。

求职者的发型要根据衣服来搭配,如穿套装,最好将头发盘起来,这样才显精干。求职者要擅长利用视觉错觉来转变脸形，比如：求职者是脸型过长的人，就可留较长的前刘海，并且尽量使两侧头发蓬松，这样长脸看起来不太明显；如果求职者是脖子过短的人，则可抉择干净爽利的短发来拉长脖子的视觉长度；如果求职者是脸型太圆或太方的人，特别不适合留齐耳的发型，也不合适中分发型，应当适当增长头顶的发量，使额头部分显得饱满，在视觉上削弱下半部分脸型的宽度。求职者不论是什么发型，都应保持头发的干净。